KB254017

숨기고 잊어버린 역사 새로 읽기

전술과 전략 그리고 전쟁, 베일을 벗다

원작 KBS 역사스페셜

효형출판

차
례

일본의 신라 침공, 발해가 막다 · 9

신라는 어떻게 강대국이 되었나? – 울진 봉평비의 비밀 · 31

신라는 당군을 어떻게 이겼나? – 매소성 전투의 비밀 · 55

일본의 신라 침공, 발해가 막다

한때 신라를 정벌했다는 신공황후(神功皇后)가 모셔진 향추묘(香椎廟). 이곳에는 일본의 오랜 숙원이 기록되어 있다. '기필코 신라를 정벌하리라. (…) 올해 신라를 침공해 반드시 승리하리라.' 762년 일본은 신라를 침공할 야심 찬 계획을 세우고 있었다. 그 전쟁의 야욕을 누가 막을 수 있을 것인가.

일본의 신라 침공 계획

오래 전부터 일본은 끊임없이 한반도를 위협했다. 그 결과 7년간의 임진왜란이 일어났고 일제 침략으로 한때 한반도의 주권을 빼앗기기도 했다. 그런데 그동안 잘 알려지지 않은 일본의 또 한 번의 침략 계획이 있었다. 신라가 삼국을 통일한 지 90여 년이 지난 762년, 일본은 신라를 정벌할 계획을 세웠다. 하지만 그 해에 전쟁은 일어나지 않았다. 발해가 일본의 신라 침공을 무산시켰기 때문이다. 당시 신라, 일본, 발해 세 나라 사이에는 어떤 일이 있었을까?

후쿠오카는 부산과 자매 결연을 맺을 만큼 한반도 남해와 가까운 도시다. 이 도시의 서쪽 외곽 지역에 8세기의 중요한 유적이 하나 남아 있다. 후쿠오카와 이웃 도시인 마에바라(米原)에 걸쳐 있는 오래된 성 터다. 성문 터에 세워진 비석은 이 성이 756년부터 쌓기 시작한 이토(怡土)성 이라고 전한다.

이토성은 다양한 축성법으로 만든 성이다. 먼저 지형지물을

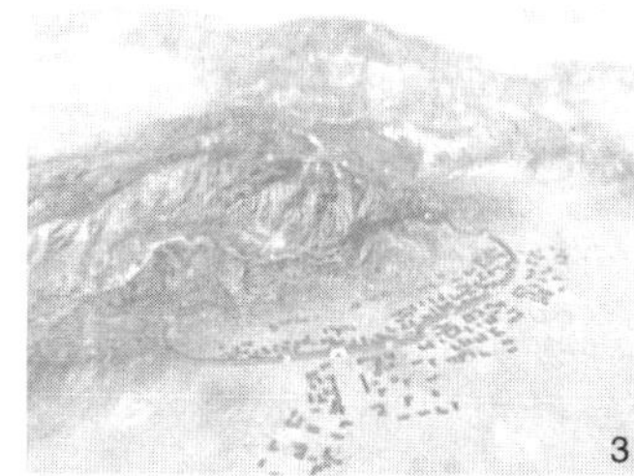

1 이토성의 입구
2 토성 부분
3 영상 복원한 이토성의 전경

이용할 수 있는 부분들은 그대로 산을 깎고, 지반이 약한 곳은 돌을 사용했다. 그리고 평지나 산세가 낮은 지대는 흙을 다져 겹겹이 쌓아올렸다. 성벽 바깥을 15m 폭의 해자가 둘러싸고 있었다는 것이 조사 결과 확인되었다. 성벽은 산 전체를 둘러쌌고, 성벽의 높이는 10m 안팎, 산 정상에서 평지까지 연결하는 성이었다. 8세기, 현해탄과 인접한 후쿠오카 서부에 이토성을 쌓은 특별한 이유가 있었을까.

이토성 북쪽에 '슈센지(主船司)'라는 지명이 남아 있다. 슈센지는 군함을 집결시키는 관청으로, 이런 관청을 설치한 것은 전쟁을 위한 것으로 볼 수 있다. 756년, 후쿠오카의 작은 반도에 세운 이토성은 새로운 전쟁을 위해 만든 병참 기지였던 것이다.

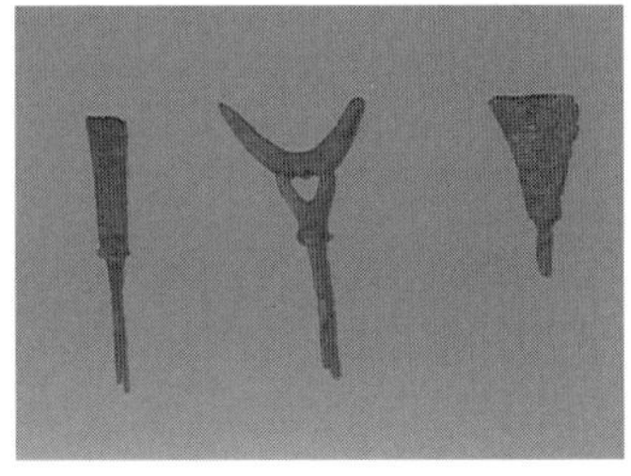

(왼쪽)모토오카쿠와바라 유적. 제철 현장이 곳곳에 발견된다.
(오른쪽)제철 현장에서 발굴된 무기류

1997년 이토성에서 4km 떨어진 곳에 또 하나의 이상한 유적이 발견되었다. 발견 당시 일본 학계를 떠들썩하게 했던 모토오카쿠와바라 유적 발굴 현장은 큐슈에서 최초로 발견된 제철 유적이다. 현장 곳곳에는 고대에 철을 만들던 흔적들이 확인된다. 사철(砂鐵)을 녹여 철과 불순물을 분리하던 용광로 등은 철을 대량으로 만들어내던 고대의 제철공장임을 말해준다.

그런데 현장에서 발견된 불순물을 조사한 결과 이토성의 축성 시기와 동일한 것으로 확인되었다. 발굴 현장에서는 화살촉이나 철검 같은 무기류도 발견되어, 제철공장 옆에는 무기공장도 함께 있었을 것으로 추측된다. 이곳에서 제련한 철로 무기를 만들어 이토성에 공급한 것으로 볼 수 있다. 일본은 분명 전쟁을 준비하고 있었던 것이다.

이토성과 제철공장이 세워진 8세기는 일본의 나라시대(奈良時代, 710~785)다. 지금의 나라는 당시의 수도였다. 나라시대에 일본은 중국 당나라의 수도 장안(長安)을 본떠 헤이죠쿄(平城京)라

는 계획도시를 건설했다. 세
계문화유산으로 지정된 헤이
죠쿄 터는 지금도 발굴작업
이 한창이다. 2003년 현재 48
년째 작업중이지만 앞으로
50~60년을 더 내다보는 장기
적인 계획을 세우고 있다.

지금도 발굴작업이 한창인 헤이죠쿄 터

헤이죠쿄 터 옆에 자리잡은 나라 문화재연구소에는 각 분야
의 전문가들이 모여 발굴 작업을 기획하고 조사 결과를 연구하
고 있다. 발굴 현장의 출토품은 아무리 작고 사소한 것이라도
그냥 버리지 않는다. 이 유적은 1300년 전, 8세기 나라시대의 비
밀을 풀어줄 중요한 보고(寶庫)인 것이다.

나라시대는 율령 정치를 선포하며 화려한 귀족 문화를 꽃피
웠다. 평화로운 시대에 일본은 왜 성을 쌓고 무기를 만든 것일
까. 과연 무엇을 위한 전쟁이었을까.

8세기 중반 나라시대에 일본에서 무슨 일들이 일어나고 있었
는지 당시 사료에서 단서를 찾아보았다. 나라시대의 정통 역사
서인 『속일본기』에서 이상한 기록들이 발견된다. 761년 정월, 일
본은 갑자기 정부 차원에서 미노(美濃)와 무사시(武藏) 지역의
소년들을 선발해 신라어를 가르친다. 그보다 2년 전인 759년에
는 전국에 500척의 배를 만들라는 지시를 내린 바 있다. 지역마
다 구체적인 수까지 할당하고 있는데 그 내용을 살펴보면, 7개
도 가운데 호쿠리쿠도(北陸道)에 89척, 산인도(山陰道)에 145척,

산요우도(山陽道)에 161척, 난카이도(南海道)에 105척씩, 4개도에
나누어 한가한 달마다 꾸준히 만들라고 했다. 또 배의 완성시기
는 3년 안이라고 못박고 있다. 759년부터 3년 뒤면 762년이다.
일본은 762년에 무슨 일을 벌이려고 했을까?

당시 일본이 급하게 배를 만든 목적을 알아보기 위해 일본 고
대사 연구가인 사카요리 마사시 교수에게 자문했다. 그의 얘기
로는 500척을 만든다는 것은 고대 일본에서 예가 없었던 엄청난
계획이다. 국내에서 싸우는 데는 배가 500척이나 필요하지 않다.
500척의 배는 대외 전쟁을 하려는 강한 의지로 만들었음에 틀림
없는 것이다. 사카요리 교수의 말대로 『속일본기』에는 그 무렵
일본이 전쟁 세부계획안까지 만들었다는 내용이 확인된다. 그리
고 그 목적이 "장차 신라를 정벌하기 위해서(將伐新羅也)"라고
분명히 명시되어 있다.

756년부터 치밀하게 준비한 전쟁 계획은 신라를 정벌하기 위
한 일본의 야심 찬 계획이었다. 모든 침공 준비는 762년을 향하
고 있었다.

일본은 왜 신라를 침공하려고 했나?

『속일본기』의 759년 기록 가운데 "향추묘에 신라를 정벌할 계획
을 아뢰다"는 내용이 있다. 대체 향추묘는 어떤 곳이기에 신라
정벌의 계획을 미리 알렸을까. 이곳은 일본이 신라를 정벌하려

던 계획과 어떤 연관이 있을까.

『속일본기』에서 향추묘라 부르는 곳은 후쿠오카에 남아 있는 오래된 신사 향추궁을 가리킨다. 이곳은 3세기 전설의 영웅이었던 신공황후를 모신 신사다. 고대 일본은 신라와 크고 작은 분쟁이 생길 때마다 향추궁에 와서 일일이 보고하고 신라에 대한 처벌을 기원했다. 남장을 하고 신라를 정벌했다는 신공황후의 전설을 역사의 진실로 믿어왔기 때문이다.

"신공황후가 병선을 이끌고 신라로 건너가자, 겁먹은 신라 왕은 싸우지도 않고 투항해왔다. (…) 소식을 들은 고구려, 백제 왕도 찾아와 조공을 약속했다."

이런 전설은 신라에 대한 일본의 적개심과 신라 정벌이라는 숙원이 만들어낸 이야기는 아닐까. 하지만 마치 역사적인 사실처럼 『일본서기』에 기록되어 있다.

향추궁 앞뜰에 있는 삼나무에도 신공황후의 전설이 전해 내려온다. 신공황후가 신라를 정벌하고 돌아와 이곳에 지팡이를 꽂자, 가지가 자라고 뿌리가 생겨나 지금의 우람한 나무가 되었다는 것이다. 오랫동안 신라 정벌을 꿈꿔온 일본인들에게 신공황후는 전설로나마 숙원을 이룬 영웅인 것이다.

후쿠오카에서 차로 30분 거리에 있는 다자이후(太宰府)에는 신라에 대한 일본의 적대감을 말해주는 유적이 또 하나 남아 있다. 665년에 세운 오노(大野)성은 산 능선을 따라 세운 일본 최초의 산성이다. 석축과 토루를 쌓고 침입하기 쉬운 계곡에는 석단을 쌓는 축성법은 이전의 일본성에서 볼 수 없는 백제만의 기

오노성

술이다. 오노성은 665년, 백제·일본 연합군이 나·당 연합군에게 패배했을 때 나·당 연합군이 일본으로 올 것을 두려워해서 쌓은 것으로 알려져 있다. 오노성을 시작으로 일본 전역에는 모두 11개의 백제식 산성들이 잇따라 세워졌다. 그것은 663년 전투에서 생긴 신라에 대한 앙금 때문이었다.

한반도 금강 하구의 백촌강(白村江)은 663년 나·당 연합군에게 함락당한 백제가 일본과 손잡고 마지막 재기를 도모한 곳이다. 백촌강 전투에 참가한 일본군은 모두 2만 7천여 명이었다. 하지만 일본군은 나·당 연합군에게 무참하게 패하고 신라에 대한 깊은 원한만 품고 돌아왔다.

백촌강 전투에서 패한 직후, 일본은 다자이후라는 지방 관청을 설치했다. 다자이후는 신라와 당나라 등 외국 사신들이 입국할 때 외교 절차를 거치던 곳이다. 『속일본기』에는 이곳에 온 신라 사신들을 그냥 돌려보낸 몇 차례의 사건들이 기록되어 있다. 사신을 돌려보낸 이유에 대해 일본은 신라가 믿음이 없고 예의가 없기 때문이라고 했다. 특히 8세기, 신라와 일본 사이의 외교 마찰은 심각했다. 신라로 간 일본 사신들도 오만하고 무례하다는 이유로 왕을 보지 못하고 돌아오기가 수 차례, 서로 쫓아내고 쫓겨나는 외교분쟁이 끊임없이 불거졌다.

고대 일본의 한시문집인 『경국집(經國集)』에는 신라에 대한 당시 일본의 극단적인 감정이 담겨 있다.

"요즘 신라가 버릇이 없다. 날뛰는 고래와 멧돼지를 잡듯이 신라를 잡으려고 하는데, 싸우지 않고 신라를 굴복시킬 방법을 논하라."

다자이후 정청 터.
주말이면 이 터 주변(사진에는 보이지 않는다)은 많은 행락객들의 쉼터가 된다.

757년 11월 시행된 관리 임용시험 문제다. 당시 일본에는 중국에서 수입하고 편찬한 율령이라는 통치 이념의 토대가 있었고, 이 같은 지식을 바탕으로 신라에 대해서도 번국(藩國, 복속국, 신하국)이라는 개념을 사용했다. 신라 사절에게도 번국으로서 예의를 요구했다. 신라 사절들은 이에 대해 무관심하기도 하고, 일본의 요구에 맞춰주기도 하면서 상업적인 목적을 달성했다. 어쨌든 신라를 번국이라고 지칭하고 조공국이라고 주장했다는 것은 일본 조정에게 신라가 경계 대상이었고, 극복해야 할 대상이었던 것으로 해석할 수 있다.

신공황후의 전설이 내려올 만큼 신라 정벌에 대한 오랜 염원을 가져온 일본은 백촌강 전투와 외교 마찰을 겪으며 762년, 마침내 신라를 침략할 계획을 세운다.

일본이 한때 신라를 지배했다는 신공황후의 전설은 지금까지도 상당수 일본인들이 역사의 진실로 받아들이는 전설이다. 분명 전설일 뿐이지만 그 속에는 한반도 정벌이라는 일본인들의 숙원이 담겨 있다. 그런 가운데 일본은 백촌강 전투에서 신라에게 깊은 원한을 갖게 된 것이다. 그래서 국가 체계를 갖추기 시작한 나라시대부터 신라를 신하국으로 대접했다. 그러나 삼국을 통일한 신라가 일본의 이런 입장을 순순히 받아들일 리 없었다. 그래서 8세기 중반, 두 나라는 극단적인 외교 마찰을 겪게 되고 일본은 신라에 더 큰 앙심을 품는다. 이것이 바로 일본이 신라를 침공하려 한 기본적인 명분이다.

신라 침공의 주모자 후지와라 나카마로

일본이 762년을 침공 원년으로 삼은 데는 두 가지 중요한 이유가 더 있었다. 당시 신라와 우호적인 관계에 있던 당이 '안사(安史, 안녹산과 사사명)의 난'으로 심각한 정치적 혼란을 겪고 있었다. 무려 10년이나 계속된 난으로 당은 국제 정세에 주의를 기울일 여력이 없었다. 바로 이때 신라를 공격한다면 신라의 우방인 당나라도 돕지 못할 것이라는 일본 나름의 계산이 있었던 것이다.

또 한 가지, 일본이 신라를 침공해야 했던 내부적인 원인이 있었다. 일본 정계를 흔들던 한 인물의 야망 때문이었다.

당시 일본의 수도 나라에는 쇼소인(正倉院)이라는 일본 최대 규모의 왕실 유물창고가 있다. 이곳에는 역대 천황이 소장해온

1만여 점의 유물들이 보관되어 있는데, 그 중에는 한반도와 중국 대륙에서 건너온 외국의 귀중한 유물도 상당수 포함되어 있다. 쇼소인은 1년에 100점씩, 단 1주일 동안만 황실 유물을 공개한다. 쇼소인의 도록을 살피던 중, 특이한 목록을 발견했다. 나라시대 황실의 유물을 쇼소인에 처음으로 수납할 때 모든 수장품을 일일이 기록한 목록이다.

그런데 목록의 끝에 당시 최고 책임자의 서명이 있다. 후지와라 나카마로(藤原伸麻呂)라는 인물이다. 당시 내상(內相)의 자리에 앉아 있던 그는 일본 조정의 병권을 쥐고 내외제병사를 장악할 만큼 최고의 권세를 누리고 있었다.

헤이죠쿄 터 바로 옆에 위치한 코후쿠지(興福寺)는 오직 후지와라 가문의 번영만을 위해 710년 궁궐과 함께 나란히 창건한 사찰이다. 후지와라 나카마로의 집도 헤이죠쿄에서 1km도 채 떨어지지 않은 곳에 있었다. 나카마로의 집터가 발견된 것은 20년 전인데, 거대한 규모의 집터를 발굴, 조사하며 일본 학계는 이곳이 나카마로의 집터였다고 확신했다. 궁궐이나 사찰에만 사용한 거대한 주춧돌을 사택에 쓸 수 있었던 인물은 나카마로뿐이었던 것이다.

당시 발굴 현장에서 출토된 유물들은 후지와라 나카마로의 위세가 어느 정도였는지 짐작케 한다. 화려한 연꽃무늬를 새긴 기와막새는 나라시대 천황이 머물던 궁궐에서만 사용하던 문양으로, 개인의 집에서는 감히 쓸 수 없던 막새다. 천황의 처소를 내려다보며 살았다는 나카마로는 당시 어린 준닝(順仁) 천황을

(왼쪽)나카마로 집터 발굴 현장
(오른쪽)발굴 현장에서 출토된 기와막새. 연꽃무늬가 새겨져 있다.

완전히 휘어잡고 있었던 것이다.

준닝 천황이 자신의 아버지라 여길 만큼 나카마로의 위세가 극에 달하자, 당시 일본에는 그의 전제정치를 비난하는 여론이 들끓기 시작했다. 권력이 후지와라 나카마로에게만 집중되자 당연히 다른 씨족이나 후지와라 가문의 다른 파벌에서 반발이 일어난 것이다. 그런 반발을 잠재우려고 나카마로는 신라 정벌을 계획했다. 후지와라 나카마로는 자신의 권세를 위협하는 여론을 외부로 돌리기 위해 신라 정벌이라는 국가적인 숙원 사업을 대대적으로 일으킨 것이다.

신라는 일본의 침공 계획을 모르고 있었나?

일본의 도발 움직임을 신라는 전혀 눈치채지 못했을까? 『속일본기』에는 764년 신라의 사신이 일본에 갔을 때의 기록이 있다.

일본측에서 "당신네 나라에서 온 백성들이, '우리 신라에서 병사를 모아 경계를 하고 있는데, 이것은 일본국이 와서 죄를 물을까 의심하기 때문'이라고 했다. 그것이 사실이냐"고 묻는다. 그러자 신라 사신이 "당나라가 매우 혼란스러워서 해적이 날뛰기 때문"이라고 대답했다. 병사를 내서 경비를 강화하고 있다는 사실은 부인하지 않은 것이다. 그렇다면 신라는 실제로 일본의 침략에 대비하고 있었던 것일까.

경주에서 울산으로 가다보면 두 도시의 경계 지역인 모화리(毛火里)라는 마을이 나온다. 이곳에 산 능선을 따라 만든 신라의 옛 산성이 하나 있다. 722년 10월에 쌓은 길이 12km 가량의 석성이다. 경주를 방어하며, 울산으로 들어오는 왜적에 대비하기 위해 쌓은 것이다. 지금은 훼손되지 않은 하부만 남겨두고 원형과 똑같이 성벽을 복원해놓았다. 위로 갈수록 점점 좁아지는 형태의 이 산성은 모화리의 옛 이름을 따서 모벌군성(毛伐郡城)이라 불렀다.

기록에 따르면 모벌군성에는 특별한 군사들이 주둔해 있었다. 수천 명의 신라 노사들이 이곳을 지킨다는 것이다. 모벌군성을 지키던 신라 노사는 어떤 군사들이었을까?

당시 신라에는 활의 일종

모화리 산성. 표시 부분 위는 후대에 복원한 것이다.

인 '노'라는 비밀 병기가 있었다. 노는 삼국시대에 중국에서 처음 들어왔지만 신라의 기술이 더해져 신라를 대표하는 무기로 발전했다(노에 관해서는 64~68쪽 참고).

모벌군성에서는 신라 노를 다루는 군사들이 오래 전부터 일본의 침입을 대비하고 있었다. 일본의 신라 침공 준비가 한창이던 경덕왕 시절(재위 742~765), 삼국을 통일한 신라는 어느 때보다 평화로운 시기를 보내고 있었다. 하지만 경덕왕은 8세기 중반 대대적으로 군사 개편을 실시한다. 경덕왕은 중앙군을 육기정(六畿停)이라는 하나의 시스템으로 재편해 왕경 방어 체제를 더욱 강화했다. 그리고 지방을 새롭게 주(州)로 정비하여 유사시에 대규모 군사를 동원할 수 있는 네트워크를 구축해놓았다. 경덕왕대는 신라 중대(654~780) 전제 왕권기의 황금기에 해당한다. 대내적으로 전반적인 개혁을 단행했고 일본에 대해서도 강력한 국력을 과시하던 시기다.

그렇다면 일본의 신라 침공 준비는 어떻게 진행되고 있었을까. 신라를 침공하기 직전인 761년 11월, 일본은 실제로 각 지역에 절도사를 임명하여 전쟁에 동원할 선박과 선원, 군사의 수를 모두 점검했다. 최종적으로 보고된 수는 백촌강 전투에 동원된 군사력의 2배 수준이었다. 동해도(현재의 도쿄~오사카 일대), 남해도(현재의 시코쿠 섬), 서해도(현재의 큐슈 섬)에서 각각 마련한 배는 모두 394척, 군사는 총 4만여 명이었다.

그렇다면 그 군사력으로 신라를 침공했을 경우 어떤 결과가 나왔을까. 일본 고대 군사학의 최고 권위자인 사사야마 교수를 만나 가상 시나리오를 짜보았다. 일본은 섬나라이므로 대륙국가처럼 실전 경험을 쌓을 수 없었다. 4만 병사들이 바다를 건너갈 수는 있지만 실전 경험이 없고 병법에 어둡기 때문에 신라와 맞서 제대로 싸울 수 없었다. 백촌강 전투의 결과가 재현될 가능성이 높았던 것이다.

762년, 만약 일본이 각 지역에서 동원한 4만 명의 군사들과 400척의 병선을 이끌고 신라를 침공했다면, 이미 대대적인 개편을 거친 신라의 중앙군과 지방군의 총반격을 받아 완패했을 가능성이 크다. 상륙에 성공하더라도 노 부대가 미리 주둔하고 있던 모벌군성을 넘기는 어려웠을 것이다.

일본, 발해에게 협공 제안

신라는 이미 일본의 침공에 대비해 주도면밀한 방어태세에 돌입했다. 이전보다 군사력이 훨씬 보강된 셈이다. 하지만 일본이 신라의 군사력을 모를 리 없었다. 그래서 승산 없는 침공 계획이 될 거라는 계산 아래 또 하나의 비책을 준비하고 있었다. 발해와 협공하는 것이다.

삼국통일 이후 신라와 당은 우호관계에 있었다. 새롭게 성장한 발해는 신라와 당을 견제하기 위해 바다 건너 일본과 손을 잡았다. 결국 당시 외교 정세는 십자형 구도로, 일본이 신라 공격을 위해 발해에게 협공을 요청한 것은 당연한 일이었다.

동해가 바라보이는 후쿠라 항구는 1300년 전 발해 사신들이 동해를 건너 일본에 첫발을 디딘 대표적인 항구다. 발해 사신이 처음 일본에 온 것은 727년, 건국을 알리고 일본과 우호적인 관계를 바라는 국서를 들고 발해가 먼저 일본을 찾아온 것이다. 발해는 국서에 자신들은 고구려의 옛 땅을 회복한 고구려의 후손이며 부여의 옛 풍습을 간직하고 있다고 강조했다.

그런데 758년, 일본은 전례를 깨고 이례적인 사절단을 발해에 파견했다. 이전까지는 발해에서 사신이 오면 배웅하는 형식으로 사신을 파견하던 일본이 그 해 처음으로 오노타모리(小野田守)라는 인물을 앞세운 사절단을 먼저 발해로 보낸 것이다. 발해로 떠난 오노타모리는 5년 전 신라에 일본 사신으로 갔다가 내쫓기는 수모를 겪고 돌아온 장본인이다. 753년, 오만무례하다고 하여 신라 왕을 만나지도 못했던 오노타모리가 발해 사신으로 발탁된 데는 숨은 이유가 있었다. 신라와 긴장관계에 있던 발해를 끌어들여 신라를 남북으로 협공할 것을 제의한 것이다.

발해에 건너간 오노타모리는 특별한 손님을 데리고 귀국했다. 바로 발해의 대장군이던 양승경을 대사로 하는 발해 사절단이었다. 일본에 초청된 발해 사신 양승경은 헤이죠쿄에 머물면서 이전에 없었던 특별한 대우를 받았다. 특히 송별회라는 명목으로 나카마로의 집에서 연회를 열었을 때, 나카마로는 천황의 선물이라며 대궐의 무희와 1만 둔(屯)의 솜을 양승경에게 주었다. 당시 일본이 외국 사신에게 주던 솜은 300둔으로, 양승경은 규정보다 무려 30배가 넘는 솜을 선물받은 것이다. 게다가 엄청난

양의 비단, 명주 등도 함께 선물받는다. 나카마로는 양승경을 집에 초대했을 때, 신라를 침공하려는 계획을 털어놨을 것이다. 그리고 발해가 꼭 협조해줄 것을 간곡히 요청했을 것이다.

일본의 간절한 요청을 안고 양승경 일행은 759년 2월, 다시 발해로 떠났다. 당시 발해는 고구려의 옛 영토를 회복하기 위해 수도를 지금의 중국 흑룡강성 영안시인 상경(上京)으로 옮긴 직후였다. 건국한 지 60년이 되어가던 무렵, 발해는 이 계획 도시를 건설하며 고구려 계승국임을 대외적으로 알리고 있었다. 그렇다면 발해의 문왕(文王)은 일본의 제안을 어떻게 받아들였을까?

문왕이 어떻게 대응했는지 사료에는 전혀 나타나지 않는다. 단 한 권의 역사서도 남아 있지 않은 발해의 역사는 『속일본기』에도 전하지 않는다.

그런데 신라를 침공하려던 762년, 일본은 또 한 번 발해로 먼저 사절단을 보낸다. 이번 사절단은 무사시의 지방관인 고려대산(高麗大山)이라는 이에게 맡겨졌다. 고려라는 성씨와 그가 사신으로 선택된 데에 어떤 연관이 있을까?

고대 무사시(武藏)는 지금의 도쿄 근처였다. 그곳에 고려신사라는 낯익은 이름의 신사가 있다. 고구려의 사신으로 일본에 머물다가 조국이 멸망하자 일본에 망명해버린 약광(若光)이라는 이를 기리는 신사다. 오늘날 이곳은 출세와 합격을 기원하는 신사로 알려져 있지만, 코마(高麗, 고려) 성씨를 얻고 일본에서 살던 고구려 후손들의 영혼이 깃든 곳이다. 고려신사의 제단에는 약광의 동상이 모셔져 있다. 하지만 이 동상은 코마 성씨를 가

1 사이타마현 히다카에 있는 고려신사
2 고려 성씨 가문의 집 3, 4 일본 고려 성씨의 족보

진 약광의 직계 후손들만 볼 수 있다고 한다.

신사의 바로 옆에는 코마 가문의 집이 있다. 그곳에는 아직도 코마 성씨를 쓰는 마지막 후손이 살고 있다. 후손은 일본 코마 씨의 족보를 꺼내 보였다. 이들은 모두 1300여 년 동안 코마 성씨를 이어온 고구려의 후손들이다. 716년 당시 일본의 조정이 이곳에 코마군(高麗郡, 고려군)을 설치하고 관동 지역의 고구려 유민 1799명을 집단 이주시켰다. 그리고 고구려 유민 중에서도 지위가 높은 사람들이 코마라는 성을 사용했다.

762년, 발해로 떠난 고려대산은 바로 발해와 뿌리가 같은 고구려 후손이었다. 일본은 그를 통해 발해를 마지막으로 설득하려 한 것이다.

일본과 마찬가지로 건국 당시 발해는 신라와 적대관계에 있었다. 특히 732년 두 나라의 관계가 더욱 악화되는 사건이 있었다. 발해가 당의 등주(登州)를 공격한 적이 있었는데, 당의 지원 요청을 받은 신라가 군사를 이끌고 발해를 공격하러 나선 것이다. 발해에겐 당을 도와 자신들을 공격하려 한 신라가 눈엣가시였다. 일본은 신라에 대한 발해의 적대감을 신라 침공에 이용하려 한 것이다. 일본이 신라를 침공하기 위해 반드시 필요했던 발해의 협공, 발해는 과연 어떤 결정을 내렸을까.

발해의 거절

발해의 답변에 대한 추적은 엉뚱한 곳에서 실마리를 얻었다. 오사카에 거주하는 전직 고등학교 역사 교사 우에다 타케시 씨는 은퇴한 후 발해 사신에 대해 연구하고 있다. 주로 발해 사신이 일본에 남기고 간 흔적들을 모아 시대에 따라 조금씩 변한 발해 사신의 성격을 분석하고 있는데, 그가 특히 흥미로워 하는 것은 발해 사신들이 남긴 한시다.

고요한 여름밤에 / 밝은 달만 덩그러니 / 두어 점 산에 그림자 또렷하고 / 만물은 하늘과 강물로 새로워라 / 버림받은 계집은 달 보며 가

슴 태우고 / 나그네 쓸쓸한 마음 아득히 흔들려오네 / 뉘 말했던가, 천 리를 떨어져 있어도 / 두 곳의 사람 능히 다 비춘다고.

타케시 씨가 가장 좋아한다는 왕효렴(王孝廉)이라는 발해 사신이 일본에 남긴 한시다.

발해가 일본에 보낸 사신들은 모두 장군직을 맡은 무관들이었다. 애초에 신라를 견제하려는 군사적인 목적 때문이다. 그런데 762년 고려대산과 함께 온 왕신복(王新福)이라는 사신은 문관이었다. 발해는 멸망할 때까지 문관만 사신으로 파견했다. 무관에서 문관으로 교체된 후기 발해 사신들은 일본 대신들과 한시 대결을 즐겼다고 한다.

발해 사신이 무관에서 문관으로 갑자기 변한 시기는 바로 신라 침공을 눈앞에 둔 762년 10월, 고려대산이 발해에서 데려온 왕신복부터였다. 그는 정당성 좌윤(政堂省 左允)이라는 직책을 맡고 있던 고위직 문관이었다. 왜 그 해 발해는 문관을 사신으로 파견했던 걸까?

이러한 변화에 주목한 학자가 있다. 일본 쥬오(中央) 대학의 이시이 마사토시 교수는 762년 발해 사신을 무관에서 문관으로 바꾼 조치에는 일본의 신라 협공 제안과 깊은 연관이 있다고 주장한다. 고려대산은 마지막으로 발해에 신라 협공을 재촉하기 위해 파견된 사람이다. 협공 제안에 답하기 위해 온 발해 사신이 왕신복인데, 그는 기존의 관례와 달리 문관 출신의 사신이었다. 왕신복이 파견된 것은 일본과 손잡을 수 없음을 밝히는 발해의 뜻으로 추측된다.

문관 왕신복이 발해 사신으로 온 이후,『속일본기』에는 신라 침공 준비에 대한 기록이 단 한 줄도 발견되지 않는다. 그리고 764년, 후지와라 나카마로는 반란을 일으키다 관군에게 처형되고 만다. 그의 몰락과 함께 신라 침공 계획도 역사에서 완전히 사라졌다.

그렇다면 발해는 왜 일본의 신라 협공 제안을 거절했을까? 그 단서를 찾기 위해 당시 발해의 흔적을 추적해보았다. 북한은 북청(北靑)토성 유적지를 발굴·조사한 후, 이곳이 발해의 남경남해부가 있던 자리라고 발표했다. 남경남해부(南京南海府)는 발해의 오경 가운데 신라와 가장 가까운 곳이다.

『신당서』에 따르면 발해에는 외국으로 가는 길이 5개 있었다. 그 가운데는 남경남해부를 지나는 신라도(新羅道)도 있었다. 당시 발해의 수도였던 상경에서 시작되었을 신라도는 동경과 남경을 지나 신라의 국경 지역이던 천정군(泉井郡)까지 이르는 길이었을 것이다.『삼국사기』에도 발해의 동경에서 신라의 천정군까지 39개의 역이 있었다고 전한다. 발해와 신라 사이에 역들이 설치되었다는 기록은 두 나라 사이에 분명 신라도라는 상설 교통로가 있었음을 증명한다.

발해와 신라가 내내 대립

북청토성 터

관계로 있었다고 주장하던 기존의 학설을 깨고 송기호 교수(서울대·국사학)는 신라도에 주목해 두 나라 사이에 활발한 교류가 있었음을 밝혀냈다. 신라와 발해가 국경선에 성을 쌓은 기록은 있지만 전쟁을 벌인 기록은 전혀 없다. 이것은 발해와 신라가 대립적이지만은 않았다는 뜻이다.

송 교수가 주목한 것은 경덕왕대, 신라 국경지역인 천정군에 쌓았다는 탄항관문(炭項關門)의 존재였다. 오래 전 발해를 경계해 쌓았던 장성에 비로소 문이 열린 것이다. 그것은 경덕왕대에 이르러 두 나라의 관계가 달라졌음을 말해준다. 결국 발해와 신라 사이에 교류 창구를 만들었다는 의미다.

신라도는 두 나라 국경지대에 관문이 생겼을 때 비로소 열린 교류의 길이었을 것이다. 그렇다면 두 나라는 왜 경덕왕대에 교류를 시작했을까?

8세기 중엽에 이르러 발해와 신라 사이에 아주 활발한 교류가 이뤄진다. 거기에는 여러 가지 요인이 있지만 무엇보다도 일본을 견제하기 위한 목적이 가장 큰 것이었다. 경덕왕대 발해와 신라는 한 민족이라는 의식을 갖고 서로 손을 잡기 시작했다. 결국 일본의 야심 찬 신라 침공 계획은 두 나라의 변화 속에 거창한 청사진만 남기고 만 것이다.

신라는 어떻게 강대국이 되었나?
—울진 봉평비의 비밀

일본의 7대 사찰 가운데 하나인 쿄토의 코류지(廣陸寺)는 6세기 무렵 일본 정부의 고위 관리였던 하타 가와가츠(秦河勝)가 세운 것으로 알려져 있다. 하타 씨는 현재 일본에서 가장 유력한 씨족의 하나다. 그런데 이들이 고대 신라인의 후손이며, 고향이 한반도의 울진이라는 주장이 제기되어 관심을 끌고 있다.

그 근거는 지난 1988년 1월 경북 울진군 죽변면 봉평(鳳坪) 2리에서 발견된 비석이다. 비석에 새겨진 글자는 고대 신라의 모습과 역사를 되살려주는 비밀의 열쇠다. 이 신라비가 담고 있는 신라사의 비밀은 과연 무엇일까?

또한 이 비석은 약 1500년 전 신라인들이 세웠다고 하는데, 이 비석과 일본의 '진(秦)' 씨, 즉 하타라는 성을 가진 사람들 사이에는 어떤 관계가 있을까? 일본의 하타 씨가 신라에서 건너갔다는 사실을 비석은 어떻게 증명하고 있을까?

'모즉지 매금왕'은 누구인가?

높이 204cm인 이 비석은 현재 남아 있는 신라 비석 가운데 가장 크다. 1500년 전, 신라인들은 왜 이 비석을 세웠을까? 비석에 새겨진 398자(399자나 400자로 보기도 한다)에는 고대사의 많은 비밀들이 담겨 있다. 비밀을 풀기 위한 첫 번째 열쇠는 비석의 주인공을 찾는 것이다. 비문에는 '갑진년 정월 15일, 탁부 모즉지 매금왕(啄部牟卽智寐錦王)'이라고 씌어 있다. 모즉지 매금왕은 누구일까?

이 비석은 한 농가에서 논의 흙을 고르다가 땅 속에 묻혀 있던 것을 파낸 것이다. 하지만 발견된 지 석 달이 지나도록 마을 개천가에 버려져 있었다. 우연히 마을 이장이 돌을 긁어보고서 표면에 글씨가 새겨져 있는 것을 발견했다. 아무도 그 존재를 알지 못했던 신라시대의 비석이 고대로부터 이어온 오랜 침묵에서 깨어나는 순간이었다.

울진 봉평 신라비는 현재 남아 있는 신라 비석 가운데 가장 많은 글자가 새겨져 있어 학계의 관심이 집중되었다. 비석에 새겨진 글자 가운데 약 서른 자는 심하게 훼손되어 알아보기 어렵지만 나머지는 판독이 가능했다. 비문의 내용은 갑진년 정월 어느 날 모즉지 매금왕과 6부 대표가 모여 이 지방에 일어난 어떤 사건에 대해 논의하고 처벌을 내리는 과정을 담고 있다. 그렇다면 이 비석은 신라의 어느 시기에 누가 세운 것일까.

비문 해석 작업과 함께 학자들은 비석의 연대를 추정할 수 있는 몇몇 단어들에 주목했다. 비문에는 신라의 통치세력이던 신라 6부(部)와 도사(道使), 군주(軍主) 등의 관직명이 등장한다. 이것은 비가 세워졌을 당시, 신라가 일정 수준의 국가 통치체계를 갖추고 있었음을 의미한다. 또 비문의 첫 문단은 비석을 세운 때가 갑진년이며 비석을 세운 사람은 모즉지 매금왕이라고 밝히고 있다. 그렇다면 모즉지 매금왕은 누구인가.

중국 집안(輯安)에 있는 광개토대왕비는 5세기 무렵 신라와 고구려의 관계를 알 수 있는 중요한 사료다. 여기에 흥미로운

1, 2 울진 봉평 신라비. 1의 표시 방향에 해당하는 면에 글씨가 새겨져 있다. 2는 이
비를 뒤에서 본 모습. 여느 비와 달리 독특한 모양새를 하고 있다.

3 울진 봉평 신라비가 놓인 비각(표시 부분) 일대. 울진에서 죽변으로 가는 7번 국도
위, 바로 봉평해수욕장 가에서 본 모습이다. 하천 맞은편의 논에서 발견된 것을 이
곳에 옮겨놓았다. 비각 주위는 마을 사람들의 쉼터가 되고 있다.

기록이 있다. 광개토대왕대에 신라 매금(寐錦)이 고구려에 직접 와서 조공했다는 내용이다. 학계에서는 이 '매금'이 신라의 왕을 뜻한다고 해석했다.

광개토대왕비보다 조금 후대에 세워진 중원고구려비에는 '매금'이라는 명칭이 무려 여섯 번이나 등장한다. 그러나 이 두 고구려비 외에 삼국시대를 기록한 우리나라 사서에는 '매금'이란 명칭이 보이지 않는다. 이 때문에 '매금'은 고구려가 신라 왕을 낮춰 부르는 이름이란 주장도 있었다.

그러나 울진 봉평 신라비의 발견은 '매금'에 대한 이런 해석을 달리하게 했다. 신라인들이 직접 만든 비석에서 왕을 '매금'이라고 기록했다면 이것이 고구려의 비칭일 수는 없기 때문이다. '매금'은 중국식 왕호를 사용하기 이전 신라 사람들이 사용한 고유한 왕호임에 틀림없다. 그런데 지증왕대에 들어와 '매금'이란 호칭이 사라진다. 이것은 전대 왕의 위상과 새로운 왕의 위상이 병존한 과도기의 왕호로 해석된다.

이제 '매금'이 신라의 어느 시기, 왕을 부르던 호칭이란 사실은 확인되었다. 그렇다면 울진 봉평비가 세워진 '갑진년'에 신라를 통치했을 '모즉지 매금왕'은 누구일까? 신라 역사상 갑진년에 재위한 왕은 104년의 파사왕을 비롯해 마지막 왕인 경순왕까지 모두 15명이다. 그러나 이 가운데 '모즉지'라는 이름을 가진 사람은 없다.

'지'는 신라인들의 인명 끝에 붙이는 존칭어로 오늘날 '님'에 해당하는 접미사다. 그렇다면 '모즉'이 이름이 되는데, 중국의 사서인 『양서(梁書)』 「신라전」에 보면 신라왕 '모진(募秦)'이 양 나라에 처음으로 사신을 파견했다는 기록이 있다. '모진'은 봉 평비를 세운 '모즉지'왕의 중국 이름으로 추정된다. 그리고 보 통(普通) 2년인 521년, 신라를 통치한 왕은 23대 법흥왕이다. 모 즉지 매금왕이 법흥왕이라면 비석을 세운 갑진년은 524년이 된 다. 이것은 진흥왕 순수비나 단양 적성비 등 기존에 알려진 신 라 비석보다 훨씬 앞선 시기다.

1500년 전 울진은 독립을 원했다

현재 우리나라에 남아 있는 삼국시대의 비석은 모두 스무 개 정 도다. 대부분 역사적으로 중요한 사건이 있었거나 국가 차원에 서 의미가 있는 지역에 세워져 있다. 6세기 무렵 신라 24대 진 흥왕은 한강 하류 지역을 비롯해 멀리 함경도까지 영토를 넓혔 다. 진흥왕 순수비는 확장된 신라의 영역, 즉 서울의 북한산과 경상남도 창녕, 함경남도 황초령과 마운령에 세워져 당시의 역 사를 기념하고 있다.

충주는 5세기 무렵 고구려의 전략적 요충지이자 남진 정책을 위한 전진 기지였다고 알려져 있다. 고구려는 이곳에 비를 세워 남진 정책의 성과와 이를 이끈 장수왕 시기의 역사를 중원 고구 려비에 기록했다.

그렇다면 경상북도 울진에 세워진 비석의 경우는 어떨까. 비문의 첫 문단은 524년 신라의 법흥왕과 지배 세력인 6부의 주요 인물들이 모여 울진에서 일어난 어떤 사건에 대해 논의한 내용을 담고 있다. 울진은 동해안의 한 끝에 위치한 작은 지역이다. 신라 시대에는 수도 경주에서 한참이나 멀리 떨어진 변방이었다. 그런데 이곳에서 일어난 사건에 대해 왕과 관리들이 모여 회의를 하고 비석까지 세웠다. 이것은 무엇을 의미하는 것일까? 1500년 전, 신라 법흥왕 시대에 울진은 대체 어떤 곳이었을까?

울진군의 남쪽 외곽, 읍남리의 한 야산에는 고대 울진의 모습을 짐작할 수 있는 흔적이 남아 있다. 읍남리 고분이 그것이다. 산 속 군데군데 크고 작은 30여 기의 고분이 흩어져 있다. 봉분의 규모가 제법 큰 것들도 눈에 띈다. 봉분의 입구는 누군가가 이미 열어놓았다. 도굴 흔적이다.

무덤의 주인을 알려줄 만한 부장품들은 이미 도굴당했지만 무덤의 내부 구조는 그대로 남아 있다. 무덤 내부의 크기를 직접 측정해봤다. 오랜 옛날 망자와 부장품들이 묻혔을 무덤의 석

울진군 읍남리 고분의 입구(왼쪽)와 내부(오른쪽).
내부 구조는 비교적 온전히 남아 있고, 천장을 덮은 세 개의 커다란 바위가 보인다.

실은 폭이 약 1m, 길이 4.5m나 되었다. 땅을 깊숙이 파서 만든 무덤 내부는 양쪽 벽과 바닥을 돌로 촘촘히 쌓았다. 그리고 천장은 세 개의 커다란 바위로 덮여 있다. 무덤 안에 부장품이 남아 있지 않아 정확한 시기는 알 수 없지만 무덤 구조로 볼 때 6, 7세기 전후로 추정된다.

석실을 덮은 봉분도 제법 크다. 경주에 있는 왕릉급 고분에 버금갈 정도로 높이 약 5m, 둘레는 46m에 이른다. 6, 7세기 무렵 이 정도 규모의 고분을 만들 수 있었다면 무덤의 주인은 당대의 세력가였을 것이다. 게다가 이곳에는 규모와 구조가 비슷한 고분이 대여섯 개나 집중해 있다. 그렇다면 읍남리 고분군은 울진 지역 지배층의 공동 묘역이었을 것으로 추정된다. 6세기 무렵 이곳에 상당한 세력이 형성되어 있었음을 보여주는 증거다.

봉평비가 발견된 울진군에는 이런 대규모 고분군과 함께 청동기시대의 지석묘도 나타난다. 이것은 울진군 일대에 일찍부터 거대한 세력이 존재했음을 의미한다. 학계에서는 울진이 고대 한반도의 부족국가 가운데 하나였던 실직국(悉直國)의 일부라고 추정한다. 그렇다면 이러한 울진이 신라의 영향권에 들어간 것은 언제일까?

이에 관한 기록은 『삼국사기』에 나온다. 파사왕 23년인 102년, 실직국이 인근 부족국가들과 함께 신라에 항복했다는 내용이다. 그러나 이들 부족국가들은 비록 나라의 이름은 잃었지만, 각 지방의 토착 지배계층을 중심으로 자신들의 세력을 유지한 것으로 보인다. 경주 사로국과 주종관계를 유지하면서 5~6세기까지 존재했던 것이다.

지방 독자 세력들이 계속 남아 있었다면, 중앙 정부와 마찰이 일어날 가능성도 컸을 것이다. 봉평비에는 바로 이러한 정황을 짐작하게 하는 구절이 있다.

"거벌모라 남미지촌 사람들은 본래 노인(奴人)인데 (…) (왕명을 따르지 않아) 크게 군사를 일으키게 되었다. 이와 같은 일을 도모한 자는 처벌할 것이다. (…) 이후의 일들은 노인법(奴人法)에 따르라."

신라가 이곳에서 대군을 일으켰다는 내용이다. 대군을 일으켰다는 것은 중앙 정부와 관련된 사건이라고 볼 수 있는데, 이 지역이 고구려와 접경 지역이었고 원래 신라 지역이 아니라 새로 편입된 지역이기 때문에 중앙 정부가 어떻게 대하느냐에 따라 언제든 이탈해나갈 가능성이 있었다.

봉평비에 적힌 내용이 중앙 정부와 지방 세력 간의 무력 충돌이라면 그 이유는 무엇이었을까? 그 단서 역시 비문에 있다. 거벌모라도사(居伐牟羅道使)와 실지군주(悉支軍主) 등의 명칭이 그것이다. 그들은 신라 정부가 이 지역에 파견한 관리였다. 이 무렵 신라 정부는 고유 세력을 유지하고 있던 복속 지방에 관리를 파견함으로써 중앙 집권을 강화하고자 했다. 봉평비에는 당시 신라가 새롭게 복속된 지방과 지방민들을 어떻게 대우했는지 엿볼 수 있는 대목이 있다. '노인'과 '노인법', '대노촌(大奴村)'과 같은 표현이다. 이것은 당시 신라의 지방 통치체계를 보여준다.

경남 함안은 신라가 복속한 지방 가운데 하나였다. 여기서 발견된 목간(木簡)에도 '노인'이란 단어가 나온다. 이들은 신라 정부에 세금과 노역 등의 부담을 지고 있었다. 노인에 사용된 '노' 자는 노예, 노비 등 사회적으로 천대받는 자들을 가리킨다. 따라서 복속된 지방이 신라에 편입될 때 거세게 저항했고 그 대가로 상당한 차별을 받았음을 암시한다. 따라서 이 지역에서 일어난 저항은 노인촌으로 편제된 이후의 차별대우에 대한 불만이 폭발한 것으로 해석할 수 있다.

중앙 정부의 지배와 차별대우에 반발한 지방 세력의 반란이 울진에서 일어난 사건의 전모였다면 그 결과는 어땠을까? 봉평비엔 이런 기록이 있다. "신라 6부에서 얼룩소를 죽이니, 다리가 오므라들고 피가 용솟음쳤다 (…) (사건 책임자인) 아대혜촌사인 나이리는 장(杖) 육십에 처하고 (…) 남미지촌사인 익사방유는 장 백에 처한다."

신라 육부에서 얼룩소를 죽여 의식을 치른 뒤, 사건 책임자들에게 처벌을 내린다는 내용이다. 신라 정부는 울진에서 일어난 소요사태를 진압하고 그 결과를 비문에 새김으로써 지방 지배의 강력한 의지를 보였다.

이렇듯 봉평 신라비에는 신라가 세력을 확장하고 중앙집권체제를 확립해나가던 6세기 초의 시대 상황이 고스란히 담겨 있다.

울진은 고구려와 신라의 전장이었다

봉평 신라비에는 소요사태의 주모자들을 처벌하면서 얼룩소를 잡아 제사를 지낸다고 했다. 아마도 한반도의 고대 사회에서 이런 제사 의식이나 토착 신앙이 널리 퍼져 있었던 모양이다. 5세기 후반에서 6세기 초 사이의 신라 비석으로 알려진 포항 냉수리비의 탁본에도 소를 사용한 의식에 관한 기록이 있다. "전사(戰士)인 7명은 일을 마치고 소를 잡아 하늘의 뜻을 묻고 이 사실을 기록한다"는 내용이다. 소를 잡아서 하늘의 뜻을 묻는다는 것은 무슨 말일까? 『삼국지』 「위지」의 「동이전」 가운데 「부여전」에 그 단서가 될 만한 내용이 있다. 전쟁을 할 때 소를 죽여서 길흉을 점치는데, 소의 발굽이 벌어지면 흉하고 합쳐지면 길하다는 내용이다.

봉평비에서 얼룩소를 잡았다고 기록한 의식도 비슷한 목적에서 이뤄졌을 것이다. 이 비에는 6세기 무렵의 역사는 물론, 생활 모습까지 보여주는 다양한 시대상이 담겨 있는 것이다.

그렇다면 6세기 한반도의 정세는 어떠했을까? 신라는 한반도를 분할하고 있던 삼국 가운데 가장 후발주자였고, 영토 역시 한반도의 남부 일부에 불과했다. 그러나 5세기 무렵부터 신라는 점점 세력을 확장하기 시작한다. 이 같은 영토 확장 사업의 거점이 바로 고구려와 국경을 맞대고 있는 변방이자 울진 봉평 신라비가 서 있는 동해안 지방이었다.

강원도 삼척은 신라시대에 '실직주(悉直州)'라는 이름으로 불

(왼쪽)갈야산성의 흔적. 오십천 가의 죽서루에서 서쪽으로 조금 떨어진 곳에 있다. 주위는 온통 채소밭이다.
(오른쪽)실직군왕릉. 갈야산성에 인접해 있다. 삼척 김씨의 시조이며 경순왕의 손자인 김위옹(金渭翁)의 능이다. 실직군왕은 왕건이 경순왕의 복속을 받아들이고 실직군왕으로 책봉·대우한 것이다. 1937년 삼척 김씨 문중에서 석의를 갖추어 능으로 봉하였다. 사진에는 잘 보이지 않지만, 봉분 앞에 마주 선 문인석의 얼굴 표정이 매우 인상적이다.

렸다. 지금의 울진도 실직주 영역의 일부다. 삼척 시내 중심부에 있는 갈야산성(葛夜山城)에서는 시내가 한눈에 바라다보인다. 지금은 성의 일부만 남아 있을 뿐이지만 신라시대에 이곳은 동해안 지방의 주요 성 가운데 하나였다. 지금도 성 주변 곳곳에서는 신라시대 토기 파편들을 쉽게 찾아볼 수 있다. 당시 이곳에 대규모 촌락이 형성되어 있음을 보여주는 흔적이다.

1995년 갈야산 고분 발굴 당시 이 일대에서 수많은 신라 유물들이 출토되었다. 그 가운데는 신라시대 지배 계층이 사용한 것으로 보이는 금제 굵은 고리 귀고리도 있었다. 삼척시립박물관에 당시 출토된 토기류 가운데 일부가 전시되어 있다. 신라시대의 문양이 뚜렷한 토기들 가운데 고위층이 사용했을 법한 귀중품들도 눈에 띈다. 지금의 동해안 지방인 실직이 신라시대에 무척 중요한 지역이었음을 짐작할 수 있다.

『삼국사기』에는 505년 지증왕이 실직에 군주를 보냈다는 내용이 있다. 신라 정부가 지방 통치체계를 정비하면서 처음으로 군주를 파견한 곳이 바로 실직주였던 것이다. 지증왕은 동해안 지방의 요소마다 12개의 성을 쌓았다. 이렇게 신라가 동해안 지역에 관심을 쏟은 이유는 무엇일까. 삼척은 동해안 영역을 차지하는 데 군사적으로 매우 중요한 곳이다. 신라가 삼척을 차지하면 함흥, 원산까지 모두 신라 영역이 된다. 고구려에게도 마찬가지로 울진, 영덕까지 손에 넣을 수 있는 거점이다. 그래서 신라와 고구려는 모두 삼척을 노린 것이다.

눌지왕 34년(450) 고구려 장수가 지금의 삼척 일대에서 국경지방을 순시하다가 피살되었다. 그때까지 두 나라는 비교적 우호관계였으나 이 사건 이후 고구려는 공격적으로 변하여 신라 침공을 감행한다. 이는 장수왕의 남하정책과 맞물린 것이기도 했다. 『삼국사기』에는 고구려와 신라의 전쟁에 관한 기록이 수차례 나오는데, 이 무렵 고구려는 신라의 북쪽 지방인 평해, 영덕 일대까지 점령했다.

경북 포항에는 당시 상황을 엿볼 수 있는 흔적이 있다. 바로 영일 냉수리 고분이다. 포항은 삼국시대 초기부터 신라의 영토였다고 알려져 있다. 그런데 냉수리 고분의 내부 구조는 뜻밖에도 고구려 무덤의 형식을 따르고 있다. 돌로 만든 무덤 가운데 복도를 내고, 오른쪽으로 방을 만들었다. 안쪽에는 관을 놓았던 방이 따로 있다. 고구려 고유의 무덤 양식인 측실형 고분이다.

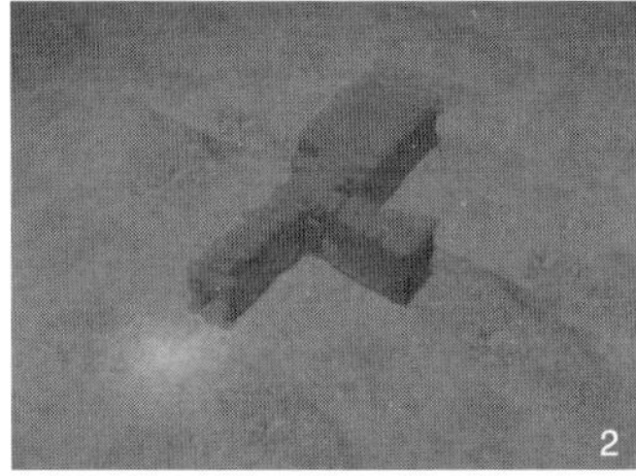

1, 2 냉수리 고분(1)과 내부(2, CG)
3 3중으로 된 쟁반형 토기

이곳에서 나온 유물들도 대부분 고구려의 것이다. 부뚜막형 토기와 3중으로 겹쳐진 반형(盤形) 토기는 전형적인 고구려 양식이다. 무덤을 만들 당시 이곳은 고구려의 영향권이었던 것이다.

봉평비가 세워진 울진군에도 고구려는 강한 영향력을 갖고 있었다. 봉평비의 모양이 이를 증명한다. 현재 남아 있는 신라시대 비석들의 모양을 살펴보면 이 같은 차이가 분명하게 드러난다. 남산 신성비나 단양 적성비와 같은 신라시대 비석들은 대부분 1m 정도의 작은 크기에 둥글넓적한 모양이다. 좁고 기다란 봉평비와는 한눈에도 차이가 느껴진다. 봉평비의 모양은 오히려 광개토대왕비나 중원 고구려비 같은 고구려 비석과 닮았다.

옛날부터 신라 영토였던 동해안에 고구려의 영향력이 강해지는 것을 신라 입장에선 묵과할 수 없었을 것이다. 더구나 당시

현존하는 신라·고구려 비석들의 모양
① 남산 신성비 ② 창녕 진흥왕 척경비 ③ 단양 적성비 ④ 봉평 신라비 ⑤ 광개토
왕비 ⑥ 중원 고구려비

의 동해안은 신라 북진정책의 거점이었고 울진은 수도 경주와 국경 지대를 연결하는 교통로였다. 신라로선 포기할 수 없는 요지였던 셈이다. 처음 신라를 건국한 박혁거세 세력도 동해안 경로를 따라 경주까지 왔다고 전한다. 이 경로를 따라 시베리아 쪽으로 올라가는 교통로를 개척한다든지 동해안 지역에서 나는 풍부한 농산물을 얻고자 했던 것이다. 봉평비가 발견된 죽변 지방을 당시엔 '거벌모라[居伐(넓은 들판) 牟羅(마을)]'라고 불렀는데, 이곳은 말 그대로 동해안에서도 '엄청나게 넓은 농경지가 펼쳐진 곳'이었다. 신라는 이처럼 중요한 동해안의 중심, 울진에 비석을 세웠다. 그것은 신라의 세력 확장 의지가 담긴 시대의 산물이다.

하타 씨의 선조는 울진인가?

동해안 지방을 사이에 둔 고구려와 신라의 공방전을 배경으로 한 흥미로운 학설이 있다. 일본의 유력 성씨인 '하타'의 선조가 고구려와 신라의 전쟁을 피해 일본으로 망명한 울진의 지방 호족이라는 것이다. 그동안 하나의 가설에 불과했던 이 주장이 봉평비의 발견과 함께 새로운 관심을 끌고 있다. 비문에 새겨진 단어 하나 때문이다. '파단(波旦)'이라는 단어는 울진군의 한 지역을 가리키는 옛 명칭의 하나다. 파단을 일본어로 읽으면 '하타'라고 발음된다. 그리고 울진에서 건너갔다는 일본의 '진' 씨 성의 발음 역시 '하타'다. 똑같은 발음으로 읽히는 두 단어는 어떤 관계가 있을까?

하타 씨의 근원을 확인하기 위해 이 학설을 주장한 일본 역사학자를 찾았다. 쿄토 대학의 명예교수 우에다 마사아키(上田正昭)씨는 고대 일본 문화가 한반도에서 도래한 사람들에서 비롯했다고 주장하는 학자들 가운데 한 사람이다. 대표적인 예가 하타 씨라는 것이다.

우에다 씨는 하타 씨가 신라계 호족이라는 것은 일본에서 이미 인정된 학설이라고 한다. 하지만 그동안은 하타 씨의 고향이 한반도 어느 지역인지 확인할 수 없었다. 하타 씨의 발음과 한국어 '바다'의 발음을 관련지어 하타 씨의 고향을 동해안 지방으로 보는 견해도 있었지만 이런 설명에는 다소 무리가 있다.

봉평비 발견이 일본 학계의 주목을 받은 것도 그 때문이었다.

비문의 내용에 하타 씨의 고향으로 추정되는 단어가 있었던 것이다. 울진군의 한 지역을 뜻하는 고대 명칭인 '파단'이다. '파단'을 고대 일본식 발음으로 읽으면 '하타'라고 발음된다. 이 발음을 그대로 옮겨놓은 것이 바로 일본의 하타 씨라는 것이다. 한반도에서 일본 열도로 건너간 도래계(渡來系) 씨족들은 대체로 자신이 예전에 거주했던 지역명을 어딘가에 반드시 남긴다. 특히 자신이 살던 지역이나 본관 등을 자신의 씨족명으로 쓰는 경우가 대단히 많다. 파단이란 지역에 거주했던 씨족들이 일본으로 건너오면서 하타라는 성씨로 남은 것이라는 주장이다.

이 같은 주장은 일본에서 큰 공감을 얻고 있다. 일본 요고쿠지(楊谷寺)의 주지이자 하타 씨의 후손인 구사카 다이코 씨도 자신의 선조가 한반도의 울진에서 왔다고 믿고 있다. 그는 1999년 이를 확인하기 위해 직접 울진을 방문하기도 했다.

쿄토 우즈마사의 코류지(廣陸寺)에는 하타 씨와 신라의 관계를 보여주는 중요한 유물이 있다. 일본이 자랑하는 국보 1호, 미륵보살반가사유상이 그것이다. 불상의 모습은 신라의 불상인 금동미륵반가사유상과 쌍둥이처럼 닮았다. 그래서 이 불상은 신라에서 전해졌다는 의견이 지배적이다. 게다가 코류지를 세운 사람은 6세기 무렵 하타 씨의 우두머리였던 하타 가와가츠였다. 신라계 호족 하타 씨가 신라의 불상을 모신 절이 바로 일본의 코류지인 것이다.

이 절이 있는 우즈마사는 한자로 '태진(太秦)'이라고 쓴다. 이것은 진 씨, 다시 말해 하타 씨가 모여 살던 지역을 뜻한다. 쿄

쿄토 시내에 보이는 '하타' 라는 지명

토의 지명에까지 흔적을 남겼다면 일본에서 하타 씨의 세력은 어느 정도일까.

쿄토의 가이코노 야시로 신사에서 하타 씨가 쿄토에 선진문물을 전했다는 사실을 확인할 수 있었다. 신사의 안내문에는 하타 씨가 쿄토에 양잠기술을 전했고 이 신사에 양잠신을 모셨다고 기록되어 있다. 인근에 있는 가도노 대제방 역시 하타 씨가 세웠다고 전한다. 5세기 무렵 하타 씨는 이곳 가츠라 강에 제방을 쌓아 이 일대를 농경지로 만들었다. 비록 일본 내 기반이 없는 신라계 호족이었지만 하타 씨는 이러한 기술력을 바탕으로 빠르게 세력을 키울 수 있었다.

코류지를 세운 하타 가와가츠의 묘가 있는 곳은 그의 이름을 따서 가와가츠란 지명으로 불린다. 이처럼 하타 씨의 흔적은 일본 곳곳에 남아 있고 그 후손 역시 홋카이도와 동북 지방을 제외한 일본 전역에 퍼져 있다. 일본이 자랑하는 역사의 도시 쿄토에는 1500년 전 한반도의 파단에서 건너간 신라인들의 흔적

1 가기코노 야시로 신사
2 쿄토 가츠라 강의 가도노 대제방
3 하타 가와가츠의 묘

이 고스란히 남아 있는 것이다.

　비석에 새겨진 것은 하타 씨의 고향으로 생각되는 '파단'이라는 두 글자뿐이지만 그것이 의미하는 바는 훨씬 더 크다. 당시 신라의 문화 수준이 고대 일본 문화의 근간을 이룰 수 있을 정도로 높았다는 것, 그리고 신라가 한반도 남쪽 끝의 약소국이 아니라 광개토왕 이후 천하를 호령하던 강국 고구려와 당당히 겨룰 정도로 성장했음을 짐작할 수 있다.

법흥왕은 누구인가?

신라의 24대 왕인 진흥왕 때 신라는 백제 영토였던 한강 하류 지역을 점령하고 김해 지방의 대가야를 복속했으며 북쪽으로는 함흥까지 영토를 넓혔다. 신라 개국 이래 최대의 세력을 자랑하게 된 것이다. 이 같은 신라의 발전이 진흥왕대에 와서 갑작스럽게 이뤄진 것은 아니다. 비석에 기록된 '모즉지 매금왕', 즉 진흥왕 바로 이전 대에 신라를 통치했던 법흥왕에게 주목하는 까닭도 여기에 있다.

법흥왕이 통치하던 5세기 전반 신라의 모습은 어떠했을까? 경남 울주군 천전리에는 법흥왕 시대를 조명할 수 있는 중요한 유적이 있다. 천전리 서석에는 청동기시대부터 신라시대까지 고대인들이 새겨놓은 다양한 그림과 문자들이 남아 있다. 그 가운데 주목할 것은 서석 아래쪽에 새긴 문자들이다. 이 글귀가 새겨진

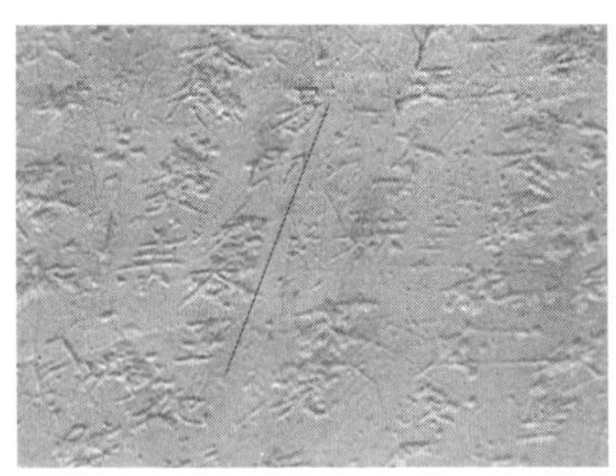

천전리 서석의 일부. 표시 부분에 각각 '另卽知太王(무즉지태왕)' (왼쪽), '聖法興大王(성법흥대왕)' (오른쪽) 이라고 새겨져 있다.

539년, 법흥왕은 '무즉지 태왕(另卽知太王)'이라고 기록되어 있다. 봉평비에서 '모즉지 매금왕'이라 불린 것에 비하면 커다란 변화다. 천전리 서석에는 법흥왕을 뜻하는 또다른 명칭도 보인다. 바로 '성(聖)법흥대왕'이다. 법흥왕의 명칭에 크다는 뜻의 '태'나 '대', 또 성스러울 '성'자 등이 붙어 있는 것은 무엇을 의미할까?

법흥왕 당시에는 새로운 용어인 성법흥대왕이란 용어도 쓰였고 무즉지 태왕이란 이름도 쓰였는데, 공통점은 태왕을 강조한다는 것이다. 그래서 법흥왕부터 태왕, 성스러운 왕이라는 것을 내세우고 있다. 이것은 매우 중요한 변화라고 할 수 있다.

법흥왕 시대를 증언하는 또 하나의 유물은 국립경주박물관에 보관된 이차돈(異次頓) 순교비다. 순교비에는 특이하게도 글자가 아닌 그림이 새겨져 있다. 법흥왕 14년인 527년, 불교를 전파하다가 사형당한 이차돈의 죽음을 묘사한 것이다. 사형 당시 이차돈의 목에서는 흰 피가 솟구쳤다는 설화가 전한다.

법흥왕은 이차돈이 죽을 때 일어난 기적에 힘입어 불교를

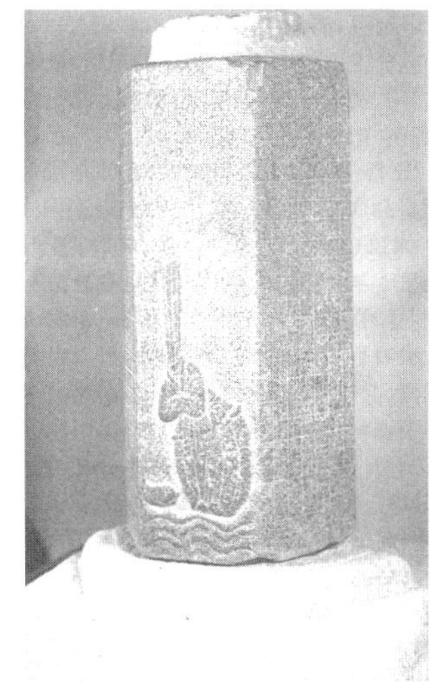

이차돈 순교비

공인한다. 이차돈이 착공했던 흥륜사는 544년, 신라 최초의 사찰로 완공되었다. 법흥왕이 불교를 통해 얻고자 했던 것은 두 가지, 그것은 다양한 토착신앙이 팽배한 신라 사회의 사상 통합과 왕권 강화였다. 신라가 국가의 면모를 갖추고 발전해나가기 위해선 이 두 가지가 절대적으로 필요했던 것이다.

521년, 법흥왕은 양(梁)나라에 처음으로 사신을 보내 국교를 열었고 주변 국가들과 활발한 외교 관계를 펼쳐나갔다. 법흥왕 19년(532)에는 금관가야를 흡수한다. 지금의 김해 지역인 이곳을 통합함으로써 신라는 넓은 농경지와 영토 확장의 기반을 마련했다. 536년에는 마침내 '건원(建元)'이라는 연호를 사용하기에 이른다. 당시 중국의 주변국이 독자적인 연호를 사용하는 것은 국가의 자주성을 강조하는 의미였다. 이것은 신라의 힘에 대한 법흥왕의 자신감이기도 했다. 가장 신라다운 국가체제를 정비하고 발전을 도모하면서 고구려, 백제와 대등한 삼국체제를 향하는 전환점이 법흥왕대였던 것이다.

봉평비가 세워질 당시 법흥왕은 신라 6부의 하나인 탁부(啄部)의 대표자, 모즉지 매금왕에 불과했다. 그러나 국가의 통치체계인 율령(律令)을 반포하고 불교로 사상 통일을 이룬 법흥왕의 업적은 말 그대로 신라 발전의 초석이 되었다.

514년부터 540년까지 26년간 재위한 법흥왕은 말년에 이르러 '법운'이라는 법호를 받고 승려가 되었다고 전해진다. 6세기 초반, 격변기의 신라를 이끈 법흥왕은 삼국통일이라는 대업을 이룬 강국 신라의 기틀을 마련한 진정한 의미의 '태왕'이었다.

법흥왕이 세운 울진 봉평 신라비는 그동안 논란이 되었던 고대사의 많은 부분을 해결해주고 있다. 특히 학계에서 손꼽는 성과는 신라 율령의 반포 시기나 신라 6부의 성립 시기를 확인할 수 있다는 것이다. 법흥왕이 율령을 반포했다는 사실이 『삼국사기』에 기록되어 있기는 하지만 이에 대한 근거 자료가 없었고, 『삼국사기』 초기 기록에 대한 진위 논쟁이 겹치면서 율령의 반포 시기를 훨씬 후대로 보는 시각도 있었다. 그런데 봉평비를 통해 『삼국사기』의 기록이 사실임을 확인한 것이다.

울진 봉평 신라비는 찬란했던 신라 천 년의 역사 가운데 중요한 한 시대를 증언하는 기념비적 존재인 동시에 고대로 가는 여행을 가능하게 해주는 비밀의 문이다.

신라는 당군을 어떻게 이겼나?
−매소성 전투의 비밀

현재 중국 역사학계가 인정하는 중국의 역사 지도에는 한반도의 백제와 고구려 지역이 당나라의 영토로 표시되어 있다. 당나라는 신라와 연합해 백제와 고구려를 무너뜨린 뒤 이 지역을 당의 지배 아래 두려고 백제의 옛 땅에는 웅진도독부(熊津都督府)를, 고구려의 옛 땅에는 안동도호부(安東都護府)를 설치했다. 중국에서는 이것을 당나라의 영토로 보고 현재의 역사 지도를 그린 것이다. 만약 신라가 나당 전쟁에서 승리하지 못했다면 한반도 전체가 당나라 것으로 그려졌을 것이다.

한반도를 지배하려는 당나라의 이런 야욕을 꺾어버린 것이 나당 전쟁이다. 나당 전쟁은 무려 7년에 걸친 대규모 장기전이었다. 신라는 민족의 생존을 걸고 당과 치열한 전투를 벌였다. 격전에 격전을 거듭한 끝에 마침내 신라는 한반도에서 당나라를 완전히 몰아냈는데, 승리를 결정지은 것이 바로 매소성〔買哨城, 대전리성지(大田里城地)라고도 한다〕이라는 작은 성에서 벌어진 전투다. 『삼국사기』에는 매소성 전투를 이렇게 적고 있다.

"주둔한 20만 대군을 격파하고 노획물로 말 30,380필과 많은 무기를 얻었다."

당시 동아시아 최강국이던 당나라를 상대로 신라는 어떻게 대승을 거둘 수 있었을까?

매소성 전투, 당의 최정예 기병과 싸우다

당나라 대군이 주둔했다는 매소성은 어디쯤일까? 경기도 연천군 청산면 대전리, 국도를 끼고 한탄강이 흐르는 곳에 나지막한 야산이 있다. 전곡 일대를 관망하려면 반드시 이 산에 올라야 한다. 산 정상에서는 막힘 없이 사방이 훤히 내려다보인다. 두말할 나위 없는 천혜의 군사 요충지다. 여기가 바로 20만 당나라 대군이 주둔했던 매소성이 있던 자리다. 이 지역이 군사적으로 중요한 것은 전곡 평원에서 강을 건너려는 군사들을 감지하고 저지하기에 더없이 좋은 곳이기 때문이다.

산 정상에서 조금 아래쪽에는 성벽의 잔해들이 남아 있다. 성돌은 일정한 크기로 다듬어져 있다. 매소성이 석성(石城)이었음을 알 수 있다. 무너진 돌 사이에서 기와 조각도 나온다. 기와 파편들이 주로 발견되는 곳은 산 정상에서도 가운데 부분이다. 이 어딘가에 건물 터가 있을 것이다. 안쪽으로 좀더 들어가자 꽤 넓고 평평한 평지가 나왔다. 양쪽에 솟은 봉우리를 중심으로 성벽을 길게 둘러 쌓고, 일대가 한눈에 보이게 정상엔 장대를 세웠을 것이다. 당군은 매소성에 총사령부를 두고 그 일대를 장악한 채 넓게 포진했을 것이다.

전곡 일대에는 당시 치열했던 전투의 기억이 지금도 구전으로 전한다. 예로부터 말무덤이라고 전하는 곳이 있는데, 신라와 당나라의 격전지인 이곳에서 전사한 말을 묻은 장소로 알려졌다. 말무덤으로 전하는 곳은 모두 다섯 군데로, 대부분 훼손된

(왼쪽)대전리 성터(표시 부분)
(오른쪽)대전리 성터에서 내려다본 연천군 전곡읍 일대. 오른쪽으로 한탄강이 흐른다.

채 이야기만 전하고 있다. 그런데 실제로 말무덤이라고 알려진 곳이 청산면 대전리마을에 남아 있다. 밭으로 쓰고 있어 훼손되긴 했지만 아직까지 고분의 형태가 남아 있다. 왜 이곳에는 유독 말에 관한 구전이 많은 것일까?

당나라의 수도였던 중국 서안(西安)에는 중국에서 두 번째로 크다는 섬서(陝西)역사박물관이 있어 당나라 시대의 진귀한 유물을 볼 수 있다. 특히 이곳엔 당나라 군사들의 모습이 남아 있다. 유물로 남아 있는 당나라 군사의 모습은 대부분 말을 탄 기병의 모습이다. 당은 국초부터 북방 돌궐에게 끊임없이 시달렸다. 기병이 절대적인 힘을 가진 돌궐에 대응하려면 기병을 양성할 수밖에 없었다. 당은 기병을 주력 부대로 삼았다. 당 태종은 말갈과 거란을 병합해 이들 기병을 당의 정예 부대에 편입했다. 당의 군조직도 보병에서 기병으로 전환하고 기병 양성에 주력했다. 당 태종 때 말의 수는 무려 70만 마리에 이르렀다. 비단 한 필 값이면 말을 살 수 있을 정도였다.

말무덤으로 전하는 고분(전곡군 청산면 대전리)

당나라가 기병 양성에 주력한 데는 그만한 이유가 있다. 그 단서를 중국 병법서인 『육도(六韜)』에서 찾을 수 있다. 전투에서 보병과 기병의 전력 차이는 크다. 평지에서 기병 1기는 보병 8명에, 험한 지형에서는 보병 4명에 필적한다고 한다. 기병의 전력이 훨씬 막강한 것이다. 기병의 위력을 말해주는 단적인 예가 있다. 송나라의 기록에 따르면 금나라 기병 17명이 송나라 보병 2천 명을 대파한 적이 있다. 말의 최고 속도는 시속 60km다. 속도는 기병의 최고 무기인 것이다.

당시 신라의 주력군은 보병이었다. 매소성에 주둔한 당의 막강한 20만 기병과 맞선 신라 보병의 병력은 어느 정도였을까? 매소성 전투에 동원된 병력의 구체적인 기록은 없지만 아홉 명의 장수가 거느리는 군대가 모두 출동한 것으로 알려져 있다. 한 장수가 거느리는 병력은 적게는 1천 명, 많게는 약 3천 명에 이른다. 그러므로 매소성 전투에 동원된 병력은 1만~3만 명 정도일 것으로 추정된다. 3만 대 20만. 신라는 수적으로도 열세였다. 보병과 기병의 전력차는 말할 것도 없다. 그렇다면 신라는 막강한 당나라의 20만 기병을 어떻게 이겼을까?

매소성 전투 승리의 비밀 1 －장창

당나라 군대와 신라 군대가 전쟁터에서 맞닥뜨린 기록이 있다.

"신라의 장창당(長槍幢)은 당나라 군사 3천 명과 부딪쳐 그들을 모조리 잡아 대장군의 병영으로 보냈다."(『삼국사기』 권 43 「김유신열전」)

당의 주력은 기병이었으니 이들 3천 명의 당군도 기병이었을 것이다. 대장군의 병영으로 보냈다는 것은 포로로 삼았다는 것인데, 어떻게 3천 명의 당 기병을 모조리 잡아서 포로로 삼을 수 있었을까? 신라 군대 장창당은 도대체 어떤 부대였을까?

고구려 벽화를 통해 우리는 삼국시대 병사의 모습을 짐작할 수 있다. 갑옷으로 중무장한 기병이 있고, 도끼를 든 도끼병과 창을 든 보병도 있다. 신라의 장창 보병은 옛 벽화 속 병사와 같은 모습이었을까? 또한 신라의 장창은 어떤 무기일까?

전통 무예를 연구하는 한 단체에서 전통 장창술을 재연했다. 조선 정조 때의 군사 훈련 교범인 『무예도보통지』에 실린 내용을 복원한 것이다. 이 책에는 장창에 관해 자세히 적어놓았다. 신라의 장창도 이와 크게 다르지 않았을 것이다.

장창은 이름 그대로 긴 창을 말한다. 창자루가 길고 창날은 짧고 두껍다. 장창의 길이는 450cm로 자그마치 어른 키의 3배에 이른다. 길이가 이렇게 길다 보니 정교한 무술을 펼치기는 어렵다. 그 때문에 기병대의 돌격을 저지하는 용도로 널리 쓰였음을 추측할 수 있다.

기병의 돌격을 저지하려면 먼저 창의 뒷부분을 땅에 박는다. 땅에 박은 장창은 한 사람이 발로 밟고 앉아 고정시킨다. 또 한 사람은 앞에서 장창의 날이 위로 향하도록 각도를 잡아준다. 이것이 돌격해오는 기병을 제압하는 장창 보병의 기본 자세다. 장창 보병이 겨눈 것은 말 위에 탄 사람이 아니라 말의 가슴이나 목이었다. 장창 보병에 걸려 첫 대열이 낙마하면 자연히 뒤에 오는 대열이 밀리게 되고, 기병의 속도가 떨어졌을 때 보병이 그들을 포위한다. 돌격하는 말에 장창을 겨눠 대열을 교란하는 것이 장창 보병의 역할이다.

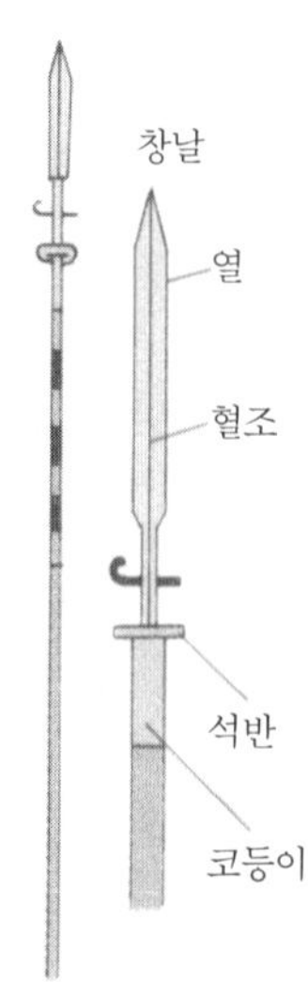

장창의 구조와 명칭

그뿐이 아니다. 활의 사거리는 약 200m로, 이 거리를 기병은 15~24초에 달린다. 그 사이에 궁수들은 두 발 정도의 화살밖에 쏠 수 없다. 궁수들이 두려움 없이 정확하게 조준할 수 있도록 방패 역할을 하는 것이 장창 부대의 또다른 역할인 것이다.

실제로 전투에서 장창 보병은 기병에 맞서 어떻게 싸웠을까? 중세의 서양 전투도에서 장창 보병의 전투법을 볼 수 있다. 기병 제압용 장창은 세계적으로 보편적인 무기였다. 장창 보병들은 창을 높이 세워 들고 빽빽하게 붙어 서 있다. 장창으로 인간 방어벽을 만드는 것이다. 장창 부대가 밀집 대형을 이뤘을 때 고슴도치 같은 장창의 밀집 방어벽은 위력적인 무기가 된다. 중

1 전통 장창술을 재현하는 모습 2 장창 보병의 기본 자세
3, 4 중세 서양의 전투에서 보이는 장창병의 모습

세 프랑스 기병과 프로방스 장창 보병이 싸운 쿠트레 전투에서 장창병의 위력을 확인할 수 있다. 프랑스 기병은 1천 명 가까이 전사한 반면 프로방스 장창병은 100명 정도만 전사했다.

밀집 대형, 장창 보병의 위력은 여기에 있었다. 그렇다면 신라에도 장창 보병용 대열이 따로 있었을까? 『삼국사기』에 주목할 대목이 있다.

"문무왕 14년 9월 왕이 영묘사 앞길에서 군대를 사열하고 아찬 설수진(薛秀眞)의 육진병법(六陣兵法)을 관람했다."

신라의 육진법은 과연 어떤 것일까? 당시 기병 제압용으로 꽃

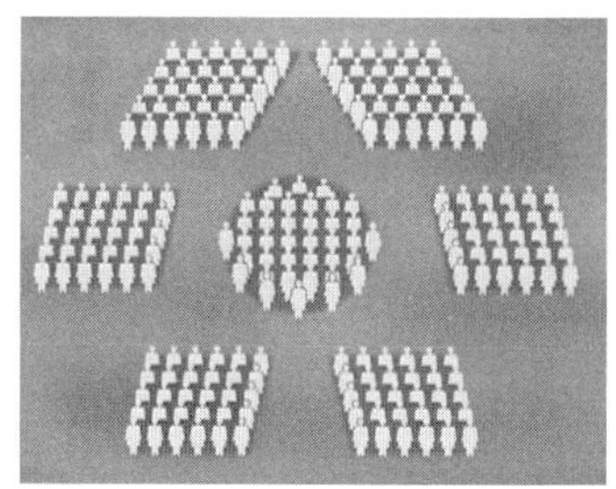

(왼쪽)육화진영의 대형 (오른쪽)신라군의 전투대형(CG)
① 장창병 ② 궁수. 장창병의 앞에 있다가 활을 쏘고 뒤로 빠졌다.
③ 도끼를 든 병사 ④ 칼을 든 병사

잎 여섯 개 모양의 육화진법(六花陣法)이 널리 알려져 있었다. 신라의 장창 보병도 이와 같은 진법을 사용했을 것이다.

전투대형을 보면 선두에 활을 든 궁수가 선다. 궁수 뒤에는 장창병이 있다. 그 다음은 도끼와 칼을 든 병사들이 백병전을 준비하고 있다. 기병이 돌진해오면 먼저 궁수가 선두에서 활을 쏜다. 기병이 가까이 왔을 때 궁수는 뒤로 빠지고 장창 보병이 말을 향해 장창을 겨눠 기병의 돌진을 막는다.

신라도 20만 당 기병을 이렇게 무찔렀을 것이다. 3만 대 20만, 믿기지 않는 매소성 전투의 승리에는 신라의 장창 보병 부대가 있었다.

매소성 전투 승리의 비밀 2 - 노 부대

장창 부대의 역할은 수비를 담당하는 것이었다. 그렇다면 공격은 어떻게 했을까? 기병을 무찌르는 무기로 장창 외에 비밀 병기가 하나 더 있다. 노(弩)라는 것이다. '쇠뇌'라고도 하는 노는 활에서 발전한 고대의 무기인데, 신라가 자랑하는 최강의 무기였다.

신라의 노는 당 고종까지 탐낼 정도였는데 『삼국사기』에 그 이야기가 있다. 신라의 노는 성능이 좋아 자그마치 1천 보를 날아간다. 이 소문을 듣고 당 고종은 신라에 사신을 보내 노 만드는 기술자를 보내달라고 한다. 신라는 어쩔 수 없이 노의 명수 구진천(仇珍川)을 당나라에 보내는데, 구진천이 당에 가서 노를 만들긴 하지만 30보, 60보 이상을 날아가지 못한다. 일부러 부실하게 만들었기 때문이다. 당 고종이 호통을 치고 구슬리기도 하지만 구진천이 끝까지 신라의 천보노를 만들지 않아서 끝내 당은 천보노의 비밀을 알 수 없었다는 얘기다. 구진천이 목숨을 걸고 지킨 신라의 노는 과연 어떤 무기였을까?

한국토지박물관은 귀한 유물을 한 점 발굴했다. 나당 전쟁의 격전지인 임진강 유역에서 발견된 철촉인데, 화살촉이라고 하기엔 너무 크다. 함께 발견된 다른 화살촉의 2배 크기다. 발굴된 철촉의 길이는 22cm로, 날 부분만 15cm가 넘는다. 무게 또한 74g으로 다른 화살촉의 23g보다 3배나 더 나간다. 학자들은 보통의 화살에는 쓸 수 없는 이 철촉을 두고 기계장치에 의한 활,

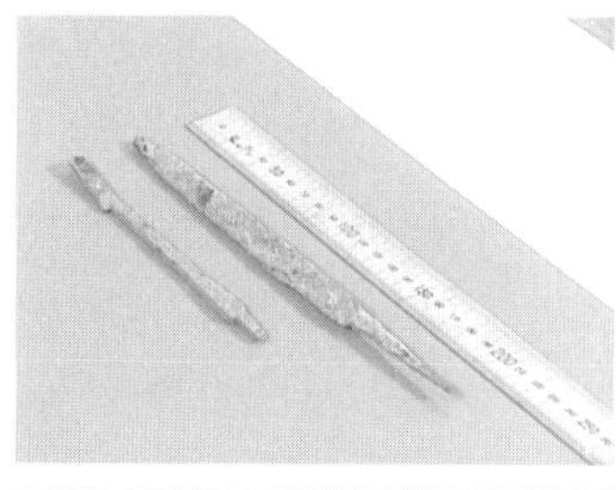

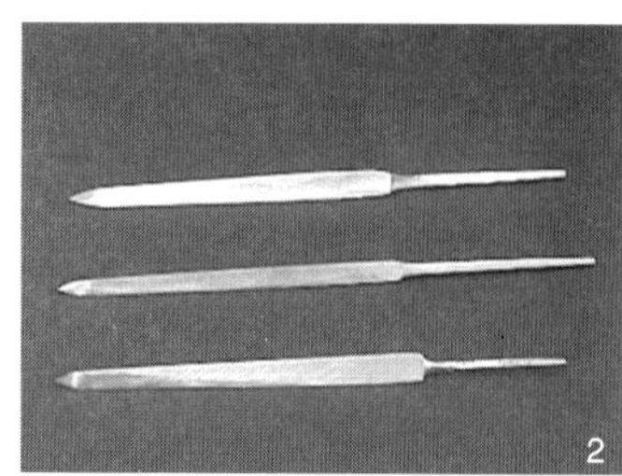

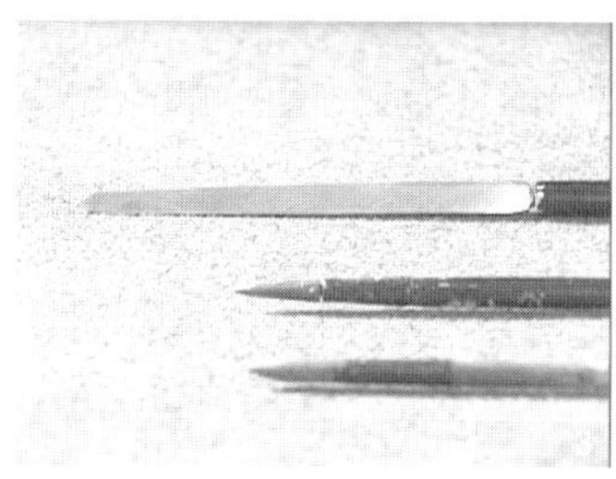

1 임진강 유역에서 발견된 철촉(가운데)과 일반 화살
2 복원한 철촉. 단면이 삼각형이다.
3 노의 화살(맨 위)과 일반 화살의 끝 부분

즉 노에 쓰인 화살촉으로 추정한다.

그렇다면 철촉을 사용하는 노의 화살은 어떤 모습일까? 궁시(弓矢) 전문가 유세현 씨의 도움으로 철촉에 맞는 화살을 복원해보았다. 우선 발굴된 철촉을 재현했다. 여러 차례 담금질을 해 화살촉의 날, 그리고 슴베의 길이와 두께를 맞췄다. 철촉의 단면은 삼각형이다. 부식되기 전에 날은 상당히 날카로웠을 것이다. 발굴한 철촉의 크기와 무게가 거의 같은 화살촉이 완성됐다.

이 정도의 철촉을 달고 화살이 날아가려면 화살대는 어느 정도나 되어야 할까? 철촉의 무게에 맞추려면 화살대도 보통 화살대보다 더 무거워야 할 것이다. 일반적으로 화살대는 가벼운 대나무로 만들지만 철촉의 화살대는 보통 나무다. 화살과 화살촉의 비율이 맞아야 똑바로 날아가는데, 화살촉이 무겁기 때문에 화살대도 좀더 단단한 나무로 만든 것이다.

발굴된 철촉을 근거로 노의 화살을 복원했다. 길이가 1.4m, 일반 화살보다 무려 60cm나 길다. 일반 화살촉과는 비교가 안 될 정도로 복원된 화살촉은 강력해보인다. 이런 화살을 날리는 노는 과연 어떤 무기일까?

노는 활에 기계적인 장치를 달아 화살을 발사하는 무기다. 종류가 다양하며, 시위를 당기는 힘에 따라 그 위력도 다르다. 시위를 걸개에 걸고 발사 장치를 걸어서 발사 끝을 당기면 화살이 날아간다. 노는 시위를 걸고 나서 정확히 조준할 수 있기 때문에 그만큼 명중률이 높다. 『삼국사기』에 기록된 「만노구발(萬弩俱發, 많은 노를 일시에 쏘았다)」이라는 말은 신라군에게 노가 보편적인 무기였음을 말해준다. 결국 신라는 고구려, 백제를 제어하기 위해 대(對)기병전에 유용한 노를 개발했고, 전투 부대에 기본적으로 보급될 정도로 노가 많았다는 것을 의미한다. 뿐만

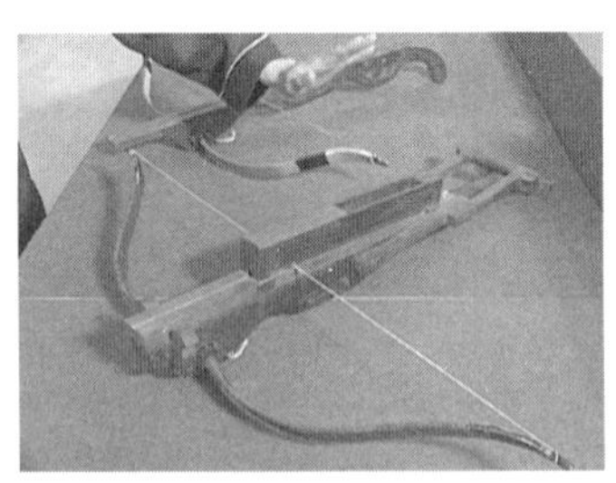

(왼쪽)손으로 당기고 쓰는 수노
(오른쪽)녹로노(轆轤弩). 뒤에 보이는 물레로 활을 당긴다.(68쪽 그림 2 참조)

수노를 쏘는 장면
1 화살을 끼운다. 2, 3 활을 당긴다. 4 계속 아래로 당기며 발사한다.

아니라 노를 전문적으로 다루는 노 부대가 있었으며, 이 부대가 나당 전쟁 때 당나라 기마병을 막는 데 결정적인 역할을 했을 것으로 추정할 수 있다.

1천 보를 날아간다는 신라의 천보노는 어떤 모습이었을까? 천보노를 추정할 수 있는 단서가 있다. 고려의 팔우노(八牛弩)다. 팔우노는 여덟 마리의 소가 끌어야 시위가 당겨질 정도라는 뜻으로, 아주 강력한 노다. 고려 초기에 만든 팔우노는 신라의 기술을 받아들인 것으로 보인다. 신라의 천보노는 고려의 팔우노와 유사한 형태였을 것이다. 세 개의 활을 사용하는 고려 팔우

1 복원한 삼궁 활우노. 앞에 두 개, 뒤에 한 개의 활이 있는데, 뒤의 것은 방향
이 반대로 되어 있다. 2 물레를 이용하여 활을 당기는 모습
3 도구를 이용하여 발사하는 모습 4 화살은 철판을 이렇게 관통했다.

노는 받침대를 만들어 활을 올린 일종의 상노다. 앞에 활이 두
개, 뒤에 하나가 더 있다. 세 개의 활시위가 모두 연결되어 있어
서 시위를 당기면 세 개의 활이 동시에 휘게 된다. 그만큼 강력
한 힘을 발휘할 수 있다.

　신라노의 위력은 어느 정도였을까? 복원된 팔우노로 신라노의
위력을 알아보았다. 1mm 두께의 철판을 간격을 두고 여러 장
겹쳐서 과녁을 만들었다. 복원된 화살을 장전하고 시위를 당기
자 철판 과녁에 정확히 꽂혔다. 화살은 다섯 장의 철판을 관통
했다. 이렇듯 신라에는 강력한 무기인 노가 있었다.

매소성 전투 승리의 비밀 3
−전쟁 노하우가 있는 신라, 국운을 건 대공세

노는 원래 중국에서 개발한 무기다. 신라는 중국 기술을 받아들여 중국보다 뛰어난 노를 만들었다. 신라는 당의 무기 기술을 적극 수용했다. 당의 군사 기술, 전쟁 전략 등을 받아들여 자기 것으로 소화해 역으로 당을 친 것이다. 나당 전쟁에서 신라의 전투력은 탁월했다. 거기에는 그만한 이유가 있었다.

나당 전쟁 7년간 당군은 한 번도 임진강 이남을 밟지 못했다. 신라는 어떻게 당의 남하를 막았을까? 한강 이남을 지키는 남한산성은 남한에서 가장 큰 성이다. 성의 길이가 8km에 이른다. 이 거대한 남한산성은 나당 전쟁 때 신라가 쌓은 주장성(晝長城)으로 추정된다.

성을 축조하는 데는 막대한 인력과 시간이 필요하다. 당과 치열한 전쟁을 치르는 동안 신라는 산성 축조에 공을 들인다. 672년에서 673년 사이에 신라는 무려 열 곳에 성을 쌓았다. 당나라와 전면전에 대비해서 지역 방어를 견고히 하기 위한 방어선을 구축한 것이다.

임진강 일대는 나당 전쟁 당시 당과 신라의 주(主)전선이었다. 이곳에 신라와 당이 치열한 공방전을 벌였던 성이 하나 있다. 파주시 적성면에 있는 칠중성(七重城)이다. 지금은 성은 붕괴되고 석축만 남아 있다. 칠중성은 당과 신라, 두 나라 군대에게 전략적으로 중요한 성이었다. 칠중성 인근의 임진강은 수심이 얕

아서 당군이 남하하기 좋은 이동로다. 반면 시야가 트여 있어서 신라군이 당군의 남하를 저지하기에도 좋은 위치다. 신라는 이처럼 당군의 주요 이동로에 산성을 확보하고 당의 남하를 막았다. 수많은 산성 축조도 그 때문이었다.

나당 전쟁 당시 세 곳에 방어선이 구축되어 있었다. 제1방어선은 임진강·한탄강 저지선이고 그 다음은 양주·포천 중심의 임진강과 서울 사이의 분지들이다. 이곳에 제2방어선을 만들고 제1방어선을 지원하기도 하며 중간 거점 역할을 했다. 제3방어선은 한강 북쪽 북한산성으로 추정되는 아차산성과 남쪽의 이성산성(二聖山城)이었다. 당군이 한강까지 남하하려면 150개나 되는 신라의 성을 통과해야 했다. 수많은 산성은 임진강 저지선을 구축하며 일종의 마지노선 역할을 했다.

한편, 신라는 어떻게 짧은 기간에 그 많은 성을 쌓을 수 있었을까? 신라는 성곽을 신속하게 축조할 수 있는 전문 기술자로 특수 부대를 편성한 것으로 볼 수 있다.『삼국사기』에 기록된 대장척당(大匠尺幢)이 그 해답이다. 대장척당은 축성 전문 기술자와 무기 제조 기술자로 구성된 부대였다. 신라는 특수한 기술을 가진 집단으로 구성된 부대를 잘 활용했다. 대표적인 것이 쇠뇌를 쏘는 노당, 구름사다리를 운용하는 운제당, 성곽을 부수거나 성문을 파괴하는 데 이용되는 충차(衝車)를 다루는 충당, 투석기를 활용해 적의 인명을 살상하는 투석당 등으로, 전문적인 조작이 필요한 무기를 사용하는 이들 특수 부대가 활발하게 운용되었다.

이들이 사용한 무기는 어떤 것일까? 높은 성벽을 오르기 위해 사다리를 펼칠 수 있도록 고안한 무기 운제(雲梯)는 운제당에서 이용했다. 충당은 거대한 쇠망치를 앞뒤로 흔들어 성벽이나 성문을 파괴한다. 발석차는 투석당에서 사용한 무기로 수백 가닥의 줄을 한꺼번에 잡아당겨서 거대한 돌을 날려보내는 무기다. 기계장치를 이용해 화살을 발사하는 노당 역시 특수 부대였다.

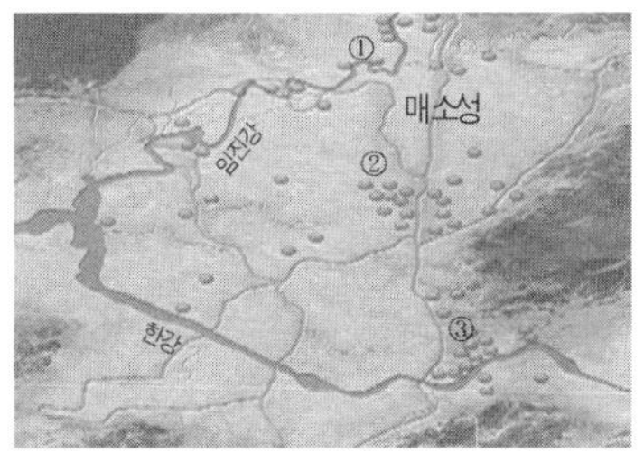

(위)칠중성
(아래)나당 전쟁 당시 신라의 세 방어선
① 임진강 부근의 1차 방어선
② 양주·포천 중심의 2차 방어선
③ 아차산성·이성산성 중심의 3차 방어선

『삼국사기』에 주목할 만한 대목이 있다.

"문무왕 14년 8월 서형산성(西兄山城) 아래에서 왕이 군대를 사열했다. (…) 같은 해(9월) 왕이 영묘사 앞길에서 군대를 사열하고 설수진의 육진병법을 관람했다."

전쟁 중에 신라는 대규모 군사 훈련과 전시 효과를 노린 군대 사열에 열중했다. 군사 행렬과 왕이 참석하는 진법 연습 행사는 승리에 대한 자신감을 심어주는 일종의 심리전이었다.

신라는 철통 같은 방어망과 고도로 훈련된 특수 부대를 보유하고 있었다. 만반의 전투태세를 갖춘 것이다.

나당 전쟁의 승부수, 매소성 전투 복원

전쟁의 교과서라는 『손자병법』에는 다음과 같은 내용이 있다.

"전쟁에서 승리를 거둔다 할지라도 장기전이 되면 병사는 무뎌지고 날카로움이 꺾인다. 그러므로 전쟁을 할 때는 서툴더라도 재빨리 결말을 지어야 하며, 썩 잘하더라도 오래 끌어 성공한 예는 아직 보지 못했다."

전쟁에서 장기전은 실패로 끝나게 된다. 특히 원정군에게 장기전은 치명적이다. 보급 문제가 걸려 있기 때문이다.

나당 전쟁은 7년을 끈 장기전이었다. 게다가 당나라 군대는 기병이 주축이었다. 매소성에 주둔한 20만 당 기병에게는 극심한 어려움이 있었다. 보병에 비해 기병에게는 보급의 어려움이 더 크다. 전쟁 중에 말은 죽기도 하고 다치기도 한다. 그래서 기병에게 말은 끊임없이 보충해야 하는 보급품이자 무기였다.

말먹이를 공급하는 것도 문제였다. 현지에서 조달한다 해도 한계가 있었을 테니 상당 부분 보급에 의존했을 것이다. 말 한 마리는 한 끼 1.5kg씩 하루에 4.5kg 가량의 먹이를 먹는다. 당시 당군의 기병과 보병의 비율은 3:7이다. 그렇다면 매소성에는 7만의 기병이 있었을 것이다. 말과 병사에게 필요한 하루치 식량은 얼마나 될까? 말 한 마리가 하루에 먹는 양은 약 5kg, 7만 마리에게 필요한 하루치는 350t이다. 당군 20만 명의 하루 식사량은 60t이나 된다.

매소성의 당군에게 가는 보급선은 서해와 임진강을 통하는 뱃길이었을 것이다. 경기도 파주의 임진강변에 위치한 오두산성(烏頭山城)은 천성(泉城)으로 추정하는 산성이다. 드문드문 쌓아올린 석축의 모습이 남아 있고 성 아래로는 절벽이다. 천성은 수로 위에 자리한 천혜의 요새였다. 임진강과 한강이 합류하는 지점에 위치하여 서해안 방면에서 들어오는 모든 선박을 볼 수 있다. 매소성 전투가 있기 한 달 전, 신라 수군은 천성 주위에 함대를 집결시키고 당군의 보급품이 강을 거슬러 올라오기를 기다렸다. 천성에서 신라는 당의 보급선단과 전투를 벌였다. 천성 전투로 매소성에 주둔한 20만 당군의 보급은 차단되었다.

매소성에 겨울이 찾아오고 있었다. 20만 당군에게 보급품 차단은 적지 않은 충격이었다. 겨울을 앞두고 보급품마저 끊긴 상황에서 당은 최후의 결전을 준비하지 않을 수 없었을 것이다.

연천군 청산면에는 초성리 토성(哨城里土城)이라는 작은 성이 있다. 매소성 바로 아래의 평원 지대다. 신라는 이곳을 전초기지로 삼았다. 초성리토성을 시작으로 이곳에서 한강까지 이어지는 협곡 양쪽 산성에 방어선을 쳤다. 당과

오두산성(표시 부분). 드문드문 쌓아올린 석축의 모습이 남아 있다.

신라는 전력을 투입해 최후의 결전을 준비하고 있었다.

675년 음력 9월, 당 기병대와 신라 보병은 정면 승부를 벌인다. 결과는 신라의 완벽한 승리였다. 매소성 전투의 승리는 한반도에서 당을 완전히 몰아낸 빛나는 승리였다.

매소성에서 참패한 후 불과 몇 달을 못 버티고 당은 결국 한반도에서 완전히 철수한다. 신라가 당나라 20만 최정예 대군을 격파한 것은 그저 얻어진 결과가 아니었다. 당 기병에 대응하기 위해 신라는 그야말로 발빠르게 움직였다. 장창 부대를 새롭게 만들고 대규모 산성을 축성해서 철저하게 방어했다. 신라의 전투력은 탁월했다. 그 뒤에는 우수한 무기와 특수 부대에서 훈련된 병사들이 있었다. 전쟁 요소들을 적절하게 운용할 줄 알았던 신라가 있었기에 한반도에서 당나라를 몰아낼 수 있었던 것이다.

신라는 당나라를 몰아내고 고구려의 옛 땅인 대동강 유역과 원산만 일대를 회복했다. 한민족 존망의 최대 위기를 극복해낸 신라는 민족 통일의 분명한 주역이었다.

안시성 싸움, 고구려는 어떻게 당을 이겼나?

고구려와 당나라가 숙명의 대결을 벌인 안시성(安市城) 전투는 고구려의 대외 항쟁에서 빼놓을 수 없는 사건이다. 하지만 안시성이 어디인지 최근까지 그 위치조차 제대로 알려지지 않았다. 중국이 개방되고 고구려 유적 답사가 가능해지면서 안시성에 대한 연구도 활기를 띠고 있다.

천혜의 요새 안시성

압록강을 사이에 두고 신의주가 한눈에 보이는 중국 국경 도시 단동(丹東)은 예로부터 중국으로 들어가는 길목이다. 단동을 지나면 지금도 고려문이라고 부르는 지역이 있고, 그 문을 지나면 천혜의 요새인 고구려 봉황성(鳳凰城)이 나타난다. 봉황성은 사방이 깎아지른 듯한 절벽으로 천연의 장벽을 이룬다. 1500년이 지난 지금도 군데군데 고구려의 흔적이 남아 있는 이 거대한 성은 조선시대까지만 해도 안시성이라고 불렸다. 그러나 중국에 드나들면서 봉황성을 여러 차례 답사한 실학자 연암 박지원은 이곳이 안시성이 아니라고 단언했다.

"이 성을 안시라 함은 잘못이다. (…) 안시성에서 동으로 수암하까지 3백 리, 또 다시 동으로 2백 리를 가야 봉황성이 있다." (박지원 『열하일기』)

연암은 이곳이 안시성이 아니라는 사실을 밝힌 최초의 학자다. 이곳은 고구려의 최전선에 있었던 안시성이 아니라 후방 전

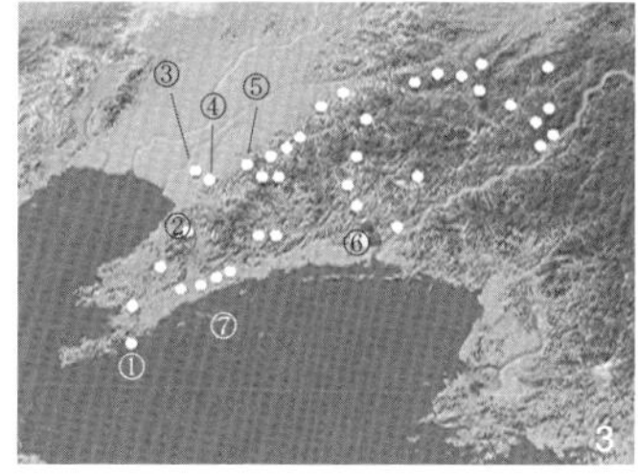

1 고려문
2 봉황성의 일부
3 봉황성에서 반경 500리 이내의 성들
① 비사성 ② 건안성 ③ 해성시 ④ 안시성으로 추정하는 영성자산성 ⑤ 요동성 ⑥ 봉황성(오골성) ⑦ 장산군도

진 기지였다는 것이다. 그렇다면 안시성은 어디인가?

연암 박지원은 봉황성에서 서쪽으로 500리 지점에 안시성이 있다고 했다. 최근의 연구 결과 학자들은 해성(海城)시에 있는 지금의 영성자(英城子)산성을 안시성으로 지목하고 있다.

영성자산성이 있는 해성시에 병풍을 두른 듯 마을을 감싸고 있는 산이 있다. 먼 곳에서도 한눈에 산성임을 알 수 있다. 그러나 안시성은 외부인의 출입을 철저히 통제하고 있다. 고구려 성을 답사하는 한국인들의 발길이 이어지면서 중국 당국이 내린 조치다.

성 안에는 농경지와 마을이 있다. 마을로 들어가는 입구에는 두 군데의 성문 자리가 남아 있다. 안시성은 토성으로 알려져

1 안시성 입구의 출임금지 표지판
2 안시성 내부. 표시 부분은 각각 성문 자리이고, 그 사이로 성 안 마을이 있다.
3 성 안 마을의 일부 4 성 안에서 본 장대(군사지휘소)

있지만, 성에서 가져온 돌이 많은 것으로 볼 때 토성과 석성이
혼축된 성임을 짐작할 수 있다. 좀더 구체적인 안시성의 모습은
어떠했을까? 안시성의 모습을 정확히 복원하기 위해 우선 위성
위치 측정기로 그 위치를 측정했다. 북위 40도 45분 32.6초, 동
경 122도 47분 31초였다.

　위성사진을 이용해서 지리를 분석하는 위성 원격탐사 연구소
(용인시 구성읍)에 안시성이 있는 해성시의 위성촬영을 의뢰했
다. 그동안 비밀에 부쳐졌던 미국의 최첨단 군사위성을 상업용
으로 이용할 수 있게 되면서 지리 연구에 획기적인 전기가 마

련된 것이다. 축구공 크기의 물체까지도 식별할 수 있는 고해상도 위성사진을 바탕으로 안시성이 서서히 모습을 드러내기 시작했다.

안시성은 요새 중의 요새였다. 성의 모양은 물론 성문 터도 정확하게 확인되었다. 산 전체가 성 주변을 에워싸고 있다. 안시성은 마치 럭비공을 갈라놓은 것처럼 오목한 모양의 천연 요새였다. 위성사진은 지상에 있는 모든 실물의 높이를 계산할 수 있다. 이를 통해 세계 어느 지역, 어떤 물체도 원형대로 복원할

1, 2 위성사진에 나타난 안시성의 일부
(1)① 성 안쪽 ② 능선 ③ 성 밖　(2)사진 1의 세부. 화살표 부분은 성문 자리고, 아래 표시한 곳은 토루의 흔적이다.
3, 4 정밀 위성사진을 바탕으로 영상 복원한 안시성

수 있다. 안시성도 위성사진과 일반적인 고구려 성(土城)의 특징을 감안해서 완벽하게 복원할 수 있었다.

당 태종이 안시성까지 온 까닭

1400년 전 안시성에서 고구려와 당나라의 운명을 건 한판 대결이 벌어졌다. 성 안에는 고구려군 10만이, 성 밖에는 당 태종이 이끄는 당나라군이 진을 치고 있었다. 연인원 100만 명이 동원된 대규모 전투였다.

　여기서 주목해야 할 것은 당나라 황제 태종이 직접 전투에 나섰다는 것이다. 당시 당나라의 수도 장안에서 안시성까지는 아무리 빨라도 서너 달은 걸리는 거리다. 중국의 황제가 이민족을 정벌하기 위해 이렇게 멀리까지 직접 나선 경우는 매우 드물다. 그럼에도 불구하고 당 태종이 직접 온 이유는 무엇일까?

　당나라의 수도였던 서안의 한가운데 거대한 규모를 자랑하는 장안성이 있다. 주말이면 이곳에서 관광객을 대상으로 화려한 문화 행사가 열린다. 당나라 때 장안성에 들어오는 수많은 외국 사신과 방문객을 맞이하던 입성식(入城式)을 재현하는 것이다.

　수나라 이후 혼란한 정국을 통일한 당나라는 국외로 눈길을 돌렸다. 그 결과 당나라는 중국 역사상 가장 넓은 영토를 차지한 강대국이 되었다. 그 기반을 닦은 이가 바로 태종 이세민(李世民)이다. 그래서 중국인들은 그를 역사상 가장 위대한 황제로

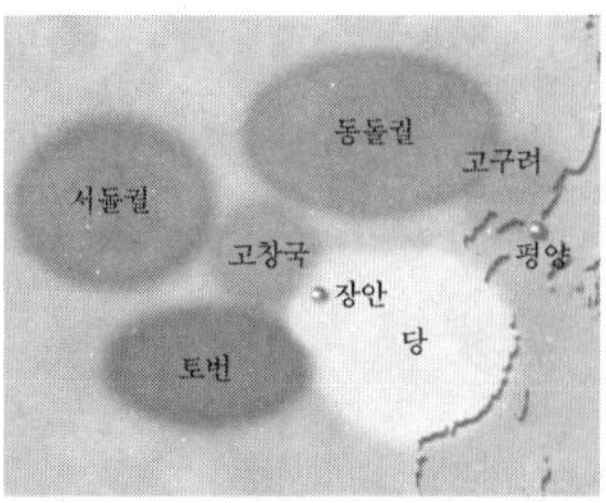

(왼쪽)돌로 조각한 6준마(駿馬)의 일부. 비림박물관에 전시되어 있다.
(오른쪽)당 태종 당시의 당과 주변 국가

꼽는다.

서안에 있는 비림(碑林)박물관에는 당 태종의 무덤을 발굴하는 과정에서 발견한 세계적인 유물이 전시되어 있다. 그 가운데 통일 전쟁 당시 당 태종이 탔던 말을 형상화한 거대한 돌 조각품은 전장에서 볼 수 있는 말의 여섯 가지 동작을 사실적으로 표현했다. 당 태종은 18세 때부터 전쟁터에서 말을 탔다. 여섯 마리의 말 조각품은 그의 혁혁한 공을 기리는 기념물이다.

당 태종은 여섯 마리의 준마와 함께 중국을 통일한 후 곧바로 주변국을 토벌하기 시작했다. 동돌궐, 토번, 서돌궐, 그리고 고창국을 차례로 정복해나갔다.

그러나 고구려는 당의 정복 대상이 아니라 오히려 당을 위협하는 존재였다. 당시 요하 서쪽은 고구려의 영향력 아래 있었다. 요동은 완전히 고구려의 점령하에 있었고 요서에도 자주 진격했다.

당 태종은 고구려를 정복하기 위해 치밀한 준비를 한다. 전쟁이 일어나기 4년 전인 641년, 당 태종은 진대덕(陳大德)을 고구려에 사신으로 보낸다. 당시 그가 맡은 직책은 직방낭중(直方郎中)이었다.

직방낭중은 6부(部) 가운데 병부(兵部)에 속하며, 지도를 관리한다. 특정 지방의 도로, 지세, 산세 등 지리적 사항을 파악하는 것이다. 즉 사신 진대덕의 임무는 고구려 염탐이었다. 그것은 그의 보고서를 통해 잘 알 수 있다.

〈신성 – 남소성 70리, 평양성 – 국내성 670리, 평양성 – 오골성 700리, 안시성 – 은산 100리, 평양성 – 압록수 450리… 〉(『한원(翰苑)』「고려기」)

말하자면 이것은 고구려의 주요 산성 위치, 거리를 상세히 기록한 정보 문건이었다.

고구려에 대한 정보 수집을 마친 당 태종은 전쟁을 일으킬 명분을 찾기 시작한다. 우선 당시 당나라와 신라의 우호적인 관계를 핑계삼아 사신을 보내 고구려를 위협한다. 계속해서 신라를 괴롭히면 전쟁을 일으키겠다는 협박이었다.

그러나 당의 이러한 협박에 연개소문(淵蓋蘇文)은 굴복하지 않았다.

"우리는 싸움을 그칠 수 없다. 신라가 지난번 전쟁에서 빼앗아간 땅을 돌려주지 않는 한…."(『삼국사기』)

급기야 644년, 연개소문은 당나라 사신 장엄(蔣儼)을 토굴에 가둔다. 전쟁의 직접적인 계기가 되는 일대 사건이었다.

마침내 요동반도에 전운이 감돌기 시작한다. 당 태종은 그동안 치밀하게 준비한 정예군 6만 명을 유주에 집결시킨다. 당나라는 세 갈래 길로 진군하기 시작했다. 이세적(李世勣) 총사령관이 이끄는 선발대 6만 명, 당 태종이 직접 지휘하는 친정군 20만 명 그리고 장량(張亮)이 이끄는 500척의 배를 앞세운 당나라 수군 4만 3천 명, 당군은 645년 고구려를 향해 총공격을 감행했다.

스스로를 천하의 중심이라고 했던 당나라와 불과 30년 전 수나라를 멸망시키고 자신감에 차 있던 고구려. 두 나라의 전쟁은 피할 수 없는 숙명이었다.

안시성 전투

당나라 군대는 고구려군을 교란하기 위해 세 갈래 길로 공격한다. 먼저 육군 총사령관 이세적은 요동성(遼東城)까지 파죽지세로 달려와 당 태종이 이끄는 군대와 합류한다. 요동성을 어렵게 함락한 당군은 다음 공격 대상을 놓고 고심한다. 건안성(建安城) 공격을 두고 당 태종과 신하들 사이에 의견이 엇갈린다. 건안성이나 오골성(烏骨城)을 치자는 의견에 반대한 신하들은 안시성을 치지 않고 다른 성을 먼저 치면 배후 공격을 받아 당나라의 군량미 수송에 차질이 생긴다고 주장했다. 안시성을 치지 않고는 더 이상 진격하기 어려운 상황에 맞닥뜨린 것이다. 그만큼 안시성은 전략적으로 중요한 곳이다(77쪽 그림 3 참조). 그렇다면 안시성 전투는 어떻게 전개되었을까?

당나라 대군이 성을 포위한 가운데 성 안에는 주민을 비롯한 고구려인 10만 명이 공격에 대비, 팽팽한 긴장 속에 맞서고 있었다. 이때 연개소문은 안시성을 지원하기 위해 말갈병을 포함한 고구려군 15만 명을 급파했고, 곧이어 안시성 밖에서는 당군과 고구려 지원군 사이에 일대 격전이 벌어진다.

전투 결과는 고구려의 대패였다. 고구려의 지휘관 3500명이 당나라로 압송되고 고구려의 용병이던 말갈(靺鞨)병 3300명이 생매장당했다.

"직접 그들과 맞서 싸울 일이 아니다. 최선의 방향은 접전을 피하고 지구전을 벌이는 한편 기습 부대를 편성, 적의 군량 수송을 차단하는 것이다."(『삼국사기』 권 21)

『삼국사기』에는 성을 이용해 지구전을 펼치면서 한편으로 기습 작전을 감행하는 고구려의 전통적인 전술을 무시한 결과라고 기록되어 있다.

고구려 지원군을 섬멸한 당 태종은 성 안의 남자를 모조리 구덩이에 생매장하겠다고 협박한다. 고도의 심리전이 시작된 것이다.

"일제히 성벽 위에 올라가 북을 울리며 고함을 지르고 당 태종에게 온갖 욕설을 퍼부었다."

안시성 안에 있는 고구려인들도 이에 맞서면서 지루한 공방전이 계속된다. 당 태종은 난공불락의 안시성을 함락하기 위해 획기적인 묘책을 세운다.

안시성 내부를 볼 수 있게 당나라 군대가 성 앞에 쌓은 토산(컴퓨터 그래픽 사진. 이하 CG로 표기.)

"강하왕 도종(江夏王 道宗)이 무리를 독려해 성의 동남쪽 모퉁이에 흙산을 쌓고 차츰 성으로 육박해왔다."(『삼국사기』)

안시성 동남쪽에 흙으로 산을 쌓아 안시성을 위협한 것이다. 위성사진에서 토산의 흔적이 실제로 확인되었다(79그림 2 참조). 인위적으로 쌓은 것이 분명한 언덕이었다. 안시성을 내려다볼 수 있는 거대한 높이의 산을 쌓아 성 안을 공격하려는 작전이었다. 연인원 50만 명을 동원, 무려 60일 만에 거대한 토산이 완성되었다.

그런데 여기서 사건이 발생했다. 토산이 안시성 쪽으로 무너진 것이다. 토산이 무너지면서 고구려의 성벽 일부도 무너졌다. 당군에게는 안시성으로 들어갈 수 있는 절호의 기회였지만 오히려 고구려군에게 전화위복의 계기가 되었다. 성벽이 무너지자 고구려군은 재빨리 성벽 밖으로 나와 이를 점령하고 나무를 쌓아 불을 지르니 당군은 접근조차 못했다. 당 태종은 패배를 인정할 수밖에 없었다.

"성주는 성에 올라 절을 하고 황제는 성을 굳게 지킨 것을 가상히 여겨 비단 100필을 내렸다."(『삼국사기』)

당 태종의 퇴각로

당 태종의 고구려 원정은 치밀한 계획 아래 황제가 직접 군사를 이끌고 와서 벌인 사활을 건 전쟁이었다. 그런데 안시성 전투에서 패하고 돌아가는 길에 당 태종은 성주가 성을 잘 지켰다고 비단까지 하사했다고 한다. 안시성 전투의 기록에는 뭔가 석연치 않은 부분이 많다. 그렇다면 기록의 이면에는 또다른 진실이 숨어 있는 것일까?

첫 번째 의문은 당 태종의 퇴각로다. 만주 벌판을 가로지르는 거대한 강, 요하(遼河)는 발해만(灣)으로 들어가는 하류로 내려갈수록 강폭이 넓어진다. 요하 하류는 지금도 비가 오면 강물이 범람해서 곳곳에 자연 늪이 생긴다. 대와시(大洼市)라는 지명도 늪지의 갈대라는 뜻에서 유래했다. 곳곳에서 볼 수 있는 연못 때문에 이 지역을 요택(遼澤)이라고 부른다. 지금은 둑을 쌓아 마을이 되었지만 예전에는 이 일대가 사람의 출입이 없는 늪지대였다. 지금도 마을 바로 옆에는 예전의 모습이 그대로 남아 있다.

당 태종은 바로 이 길로 퇴각했다. 기록은 당시 상황을 잘 묘사하고 있다.

"황제는 1만 명의 군사에게 풀을 베어 진흙길을 메우게 하고 물이 깊은 곳에서는 수레를 다리 삼아 건너게 했다. 황제가 직접 말채찍으로 나무를 묶어 이 일을 도왔다."(『삼국사기』 권 21)

황제의 퇴각은 이처럼 다급하고 처참했다.

고구려 수군과 육군의 합동 작전

왜 당 태종은 온 길을 두고 굳이 이렇게 험한 요택으로 퇴각했을까? 최근 일부 학자들이 이에 대해 재미있는 추론을 했다. 기록에 따르면 당나라군은 안시성 위쪽의 고구려 성들을 함락했다. 그런데 이것이 고구려의 작전상 후퇴였다는 것이다. 안시성에 당나라군이 집결했을 때는 이미 고구려군이 이 지역을 재탈환한 이후로, 이런 이유가 아니면 당 태종이 굳이 험한 길을 가야 할 필요가 없었다는 추론이다.

여기서 또 한 가지 주목할 것이 있다. 당나라군의 작전은 수군이 상륙해서 육군을 돕는 수륙합동 작전이다. 안시성 전투 당시 요동반도 아래 비사성에는 당나라 수군 4만 3천 명과 500척의 대규모 선단이 있었다. 그런데 이상한 것은 당시 비사성에 있던 당나라 수군의 역할에 대해 어떠한 기록도 보이지 않는다는 사실이다. 그렇다면 당나라 수군은 무엇을 하고 있었던 걸까?

중국 산동반도 끝자락에 있는 등주(登州) 지역은 고구려를 치기 위한 당나라 수군의 집결지였다.

"남양에서 배 400척을 건조해 군량미를 실어오게 했다."(『자치통감』)

고구려 원정 1년 전부터 새로 배를 만들어 군량미 수송에 만전을 기한 것이다.

당나라 군사들은 어떤 배를 타고 갔을까? 등주항 옆에 있는 선박 박물관에는 주로 송·원대의 배가 복원·전시되어 있는데, 그 중에는 수 양제(煬帝)가 타고 다녔다는 배도 있다. 수나라 황제의 배이긴 하나 당나라 수군의 규모를 짐작할 수 있다.

당나라 수군 500척은 마침내 고구려를 향해 진격한다. 당나라 수군은 처음 계획대로 고구려의 해안 방어성인 비사성을 함락한다. 기암괴석으로 둘러싸인 비사성은 고구려 해안 방어의 전진 기지였다. 요동반도를 중심으로 동서의 바다를 감시할 수 있는 지정학적인 위치 때문에 당나라 수군은 이곳을 고구려 침공의 교두보로 선택한 것이다.

당의 기본 전략은 수륙합동 작전으로, 수군의 임무는 육군을 도와 고구려군의 배후를 공격하는 것이었다. 그러나 당나라 수군의 역할에 대한 기록은 어디에도 없다. 이것은 무엇을 뜻할까?

당나라 수군이 고구려 수군에 저지당했음을 강력히 시사하는 기록이 있다.

"645년 11월 수군 총관 장문한을 참수했다."(『자치통감』)

"646년 수군 책임자 장량을 옥에 가두었다."(『신당서』「장량열전」)

당시 당나라 수군 책임자들이 전쟁 후 모두 처벌된 것이다. 비사성에 있는 당나라 수군을 원천봉쇄한 고구려의 수군은 과

1 고구려 성산
2 고구려촌의 해변가.
성벽의 흔적이 보인다.
3 광록도의 고구려 성(표시 부분)

연 존재했을까?

고구려 해양사를 연구하는 윤명철 교수(동국대·사학)와 함께 고구려 수군의 활동 가능성을 직접 찾아보았다. 당나라 수군이 고구려의 배후를 치기 위해 반드시 지나야 했던 뱃길을 따라 장해군도(長海群島) 일대에 대한 조사를 시작했다. 대장산도(大長山島)를 비롯한 장해군도의 섬은 대부분 외국인의 출입을 금하고 있다. 이곳에 수군기지가 있기 때문이다.(77쪽 그림 3 참조)

혹시 고구려 성이 있느냐는 질문에 현지 주민은 대번에 위치까지 알려줬다. 놀랍게도 이곳 주민들은 이 일대 마을을 고구려촌이라고 불렀다. 불과 몇십 년 전만 해도 이곳에 고구려인들의 무덤이 많이 남아 있었다고 한다.

고구려인들이 살았다는 고구려촌의 해변가에 고구려 성산(城山)이라고 부르는 곳이 있다. 성산이란 고구려 성이 있었다는 뜻이다. 마을 노인들이 어릴 때만 하더라도 일대에 성벽이 남아 있었다고 한다.

문화혁명기를 거치면서 많이 사라졌지만 돌로 쌓은 성벽의 흔적이 지금도 뚜렷하다. 장해군도에서 최초로 고구려 성이 확인된 것이다. 성에서는 일대 섬들뿐 아니라 멀리 요동반도도 한눈에 보인다. 고구려 사람들이 이곳에 살면서 성을 축조했다면 그들은 고구려 수군이었다는 명백한 증거다. 넓은 만으로 둘러싸인 이곳은 수군이 주둔할 수 있는 천혜의 조건을 갖추고 있다. 이 지역을 지나다니는 당나라 수군 선단을 제어할 수 있는 가장 좋은 길목이기 때문이다. 이 일대엔 이와 같은 고구려 성이 여러 개 더 있다고 한다. 그렇다면 장해군도 일대는 고구려의 수군 기지임에 틀림없다.

또다른 섬인 장해현 광록도(廣鹿島)의 주민들은 모두 고구려 성의 존재를 알고 있었다. 광록도의 고구려 성 또한 해안가에 있는 자연 요새다. 지금도 토성의 흔적이 남아 있다. 이곳의 포구 역시 섬 안으로 깊숙이 들어가서 대규모 선단을 감추기에 적합한 여건을 갖추고 있다.

장해군도에서 확인한 네 곳의 고구려 성은 당나라 수군의 배후 공격을 차단하기 위한 해양기지임이 분명하다. 당나라의 수륙합동 작전을 무력화한 고구려 수군의 활약은 안시성 전투를 승리로 이끈 원동력이었다. 만약 당나라 수군이 장해군도를 통과해서 요동반도 이남에 상륙, 곧바로 안시성을 쳤다면 양만춘(梁萬春)을 비롯한 고구려 군대가 당나라 군대의 공격을 막아낼 수 없었을 것이다. 안시성 싸움의 승리는 고구려 수군과 육군의 합동 작전이 있었기에 가능했다.

안시성 전투 당시 북쪽에서는 고구려 육군이 압박을 가하고 수군은 비사성 일대에 주둔한 당나라 수군을 철저히 봉쇄했다. 결국 당 태종은 늪지대인 요택을 건너 당나라로 퇴각하는 마지막 선택을 할 수밖에 없었다.

장해열도에서 최초로 확인한 네 곳의 고구려 성은 고구려 수군 관계사를 새로 쓸 수 있는 중요한 발견이다. 장해군도의 역사를 기록한 『장해현지(長海縣志)』에 따르면 "404년 고구려가 요동 땅을 얻었다. 장산군도 또한 고구려인에게 점령되었다. (…) 현재 해양도의 고려장(庄)과 대장산도의 고려성산, 광록도의 고려성이라는 지명은 당시 지명"이다. 이것은 고구려 수군의 활동을 짐작할 수 있는 결정적인 단서다.

고구려군, 북경까지 당군을 추격

당 태종은 요택으로 도망갈 수밖에 없었다. 그렇다면 이런 상황에서 고구려군은 도망가는 적을 보고만 있었을까?

퇴각하던 당 태종은 만리장성 끝에 있는 임유관(臨渝關)에서 태자의 마중을 받고 처음으로 옷을 갈아입었다고 한다. 그런데

황량대 터의 일부

이때 고구려군이 당 태종을 뒤쫓았다는 사실을 확인할 수 있는 기록이 있다. 이에 따르면 당시 당나라 군에 잡힌 고구려 첩자는 연개소문이 조양(朝陽)에 올 것이라고 전했다. 임유관 인근에 있는 조양은 중원으로 가는 길목이다. 과연 고구려군은 퇴각하는 당군을 추격했을까?

하북성 풍윤현(豊潤縣)은 요동에서 북경으로 들어가는 교통의 요충지다. 드넓은 평원에 솟아오른 모래언덕처럼 보이는 이곳은 당나라 군사의 창고였다. 그런데 주민들은 이 마을을 황량대(謊糧臺)라고 했다. 황량대는 고의로 양식을 비워둠으로써 인근에 있는 고구려군을 속이는 당나라의 위장전술이었다.

중국인민대학교의 황유복 교수는 북경 인근에서 고구려군의 활동을 증명해주는 단서로 황량대에 주목한다. 황량대와 고구려군의 주둔지는 어떤 관계가 있을까?

양식 창고가 있는 곳은 고구려 첩자들이 정보를 전할 수 있는 위치이기도 하다. 그렇기 때문에 고구려 군사들이 주둔한 곳이말로 달려 하루이틀에 닿을 수 있는 거리라는 얘기가 된다.

황량대는 만리장성 너머 당 태종이 들어왔던 임유관에서 북경 인근까지 모두 10개가 있었다. 그런데 흥미로운 것은 이 일대 지방의 전설과 희곡에서 연개소문이 빠짐없이 등장한다는 사실이다. 이를 뒷받침하는 놀라운 그림이 있다. 바로 연개소문이 당 태종과 부장인 설인귀(薛仁貴)를 추격하는 장면을 그린 그림이다. 앞서 말을 달리고 있는 이가 당 태종과 설인귀고 뒤를 추격하는 이가 연개소문이다. 황량대와 고구려의 연개소문 전설이 부합되는 것은 우연의 일치가 아니다. 실제로 연개소문이 이끄는 고구려 군대가 이곳까지 왔다는 얘기다(『역사스페셜』2권의 「연개소문, 독재자인가 영웅인가」 참고).

그렇다면 과연 고구려군은 북방의 이민족 침입을 막기 위해 쌓은 만리장성을 넘었을까? 우리나라 산성은 각각 독립되어 있어 10곳 가운데 9곳이 무너져도 하나는 남아 있다. 그러나 한 줄로 이어진 성은 아무리 길어도 한 곳만 무너지면 적군이 모두 그곳을 통해 들어오기 때문에 전략적인 가치가 우리나라 산성보다 훨씬 떨어진다.

만리장성이 거란을 비롯한 북방 이민족에게 장애물이 된 적은 한 번도 없다. 고구려도 안시성 전투가 있기 수백 년 전에 이미 북경에서 1시간 거리에 불과한 고북구(古北口)까지 진출했다. 서기 49년인 5대 모본왕 때 이곳 어양(魚陽)까지 공격한 기록이 있다.

"장수를 보내 한나라의 북평, 어양, 상곡, 태원을 습격했다."(『삼국사기』)

광개토대왕 때도 연군(燕郡)을 공격했는데 연군은 북경 인근 지역을 가리킨다.

"404년, 고구려는 연군을 공격하여 백여 명을 죽였다."(『진서』)

　　어양의 고성 터에는 지금도 당시 토기가 남아 있다. 만리장성 너머의 중국 땅은 고구려군에게 결코 먼 곳이 아니었다.

　　북경 인근의 순의현(順義縣) 시내 곳곳에서는 고려영(營)이라는 간판을 쉽게 볼 수 있다. 일찍이 신채호는 이곳이 바로 고구려군이 주둔한 곳이라고 주장했다. 그러나 주민들은 고려영이라는 이름을 단순히 지명으로만 알고 있었다. 정확한 유래를 찾아보기 위해 구청에 해당하는 고려영진(營鎭)을 찾았다. 이 지역의 역사를 기록한 『북경 순의현지』에는 고려영의 유래에 대한 기록이 짤막하게 나와 있다. 당나라 때 고구려인이 이주해왔다는 내

1 순의현 시내에 있는 '고려영' 이라는 간판 2 마을 주위의 인공 연못
3 판축 흔적이 보이는 성벽 4 '고려영교' 표석

용이다.

고려영은 군대 주둔지라는 뜻이 있다. 마을을 둘러싼 인공 연못은 해자임이 틀림없다. 마을 한편에는 판축 흔적이 분명한 성벽이 남아 있다. 과연 이곳이 신채호의 주장대로 당 태종을 추격했던 고구려군이 주둔한 곳일까? 좀더 많은 조사와 연구가 필요하겠지만 여러 정황으로 봐서 고구려군이 만리장성 너머 북경까지 당 태종을 추격했음은 의심의 여지가 없는 듯하다.

그렇다면 안시성 전투에서 당 태종이 양만춘의 화살에 맞았다는 전설도 사실일 가능성이 충분하다. 중국 역사상 가장 훌륭한 황제로 알려진 당 태종이지만 고구려 원정에서 처절한 참패를 맛본 것이다.

당 태종의 참패

서안에서 차로 1시간 정도 거리에 당 태종이 묻혀 있는 소릉 지역이 있다. 둘레만 해도 60km인 이곳에 모두 180개의 고분이 밀집해 있다. 고분군을 내려다보고 있는 중앙의 거대한 산이 바로 당 태종 무덤이다. 몇 차례 발굴을 통해 육준마를 비롯한 유물을 발견하기도 했지만 아직 입구조차 찾지 못했다. 13년 동안 건축된 당 태종의 능묘는 그야말로 지하 궁전이다. 기록에 따르면 산 전체를 파서 지하 궁전을 만들었는데, 문만 해도 10~15곳에 이른다.

(왼쪽)당 태종의 거대한 무덤   (오른쪽)이세적이 사용한 칼(아래)

당 태종의 무덤을 중심으로 주변에는 도열하듯이 신하들의 무덤이 배치되어 있다. 중국을 통일하는 데 기여한 장수들과 함께 고구려 원정에 나선 이들의 무덤도 있다. 당 태종과 함께 안시성 싸움에 참가한 당나라 육군 총사령관격인 요동행군 대총관 이세적의 무덤도 이곳에 있다. 능에서 발견된 유물을 전시하는 소릉 박물관의 여러 유물 가운데 눈에 띄는 것이 있다. 이세적이 사용한 칼이다.

당 태종의 고구려 원정은 처음부터 신하들의 극심한 반대에 부딪혔다.

"요동은 길이 멀어 군량 수송이 어렵고 고구려인들은 수성(守城) 전술이 뛰어나 쉽게 함락할 수 없습니다."(『자치통감』)

거센 반대에도 불구하고 고구려 원정을 강행한 당 태종은 혹독한 패배의 고통을 겪었다. 원정 이후 그는 각종 병을 앓기 시작했다.

"645년 12월, 왕이 등창을 앓아 태자가 빨아냈다. 646년 3월, 왕이 병이 나 정사를 태자에게 맡겼다. 647년, 왕이 풍질(風疾)을 얻었다.”(『자치통감』)

험난했던 고구려 원정에서 얻은 충격 때문이었다. 안시성 전투에서 패배하고 돌아온 지 4년 뒤 당 태종은 죽음을 맞이한다. 숨을 거두기 직전, 당 태종의 마지막 유언은 "고구려 공격을 그만두라(罷遼東之役)”는 한 마디였다.

바보 온달,
그는 고구려의 전쟁 영웅이었다

『삼국사기』「열전」충신편에는 나라에 공을 세운 인물들을 모아놓았다. 여기에는 10여 명의 충신 이야기가 담겨 있다. 그 중에는 고구려 평원왕(平原王)대의 인물인 바보 온달(溫達, ?~590)도 있다. 평강공주와 혼인한 바보 온달, 바보의 대명사로 여겨지는 온달은 어떻게 해서 충신으로 기록된 것일까? 바보 온달과 평강공주의 애틋한 사랑 이야기에는 6세기 고구려 사회의 변화와 온달의 참모습이 숨어 있다.

바보라고 놀림받던 가난하고 미천한 신분의 온달이 평강공주와 결혼해 위대한 장군이 된다는 이야기는 마치 동화 같다. 돈 많은 여자와 결혼해서 출세를 꿈꾸는 남성들의 세태를 풍자한 '온달 콤플렉스'란 말도 여기서 나온 것이다. 과연 온달은 부인인 평강공주 덕에 출세한 인물일까?

단양의 돌무덤은 누구의 것인가?

온달과 평강의 이야기는 『삼국사기』「열전」외에 이렇다 할 근거가 없어 논란이 많다. 북한에서는 평양에 있는 진파리 고분을 온달과 평강의 무덤이라고 주장한다. 또한 온달을 고구려 부흥에 이바지한 장군으로 추앙하고 있다.

그런데 2001년 10월 충청북도 단양군 영춘면에서 무덤으로 추정되는 돌무더기가 발견되어 학계와 언론의 관심이 집중되었다. 단양에서는 이 돌무더기가 온달의 무덤이라고 주장한다. 돌무더기의 발굴을 추진한 단양군은 온달의 무덤이 확실하다며 관광자원 개발 계획까지 세우고 있다.

얼핏 보면 그저 평범한 돌무더기 같지만 자세히 들여다보면 이 돌무더기에는 일정한 형태가 있다. 대부분의 돌이 자연석이 아닌 인공적으로 다듬은 것이다. 일정한 형태와 모양을 지닌 돌이 규칙적으로 포개져 층을 이루고 있고, 아랫부분에는 기단의 흔적까지 보인다. 고구려의 계단식 적석총과 비슷하다.

마을 사람들 또한 예전부터 이 돌무더기를 온달의 무덤이라고 불렀다. 인근 주민들에게 장군총이라는 이름으로도 알려진 돌무덤은 온달산성으로 넘어가는 직선거리에 있다. 바보 온달이 전사해 고향까지 가지 못하자 이곳에 묘를 썼다는 것이다.

발굴 초기 이것이 고구려의 적석총일 가능성은 확인됐지만 누구의 무덤인지는 밝혀지지 않았다. 더 정확한 사실을 규명하려는 발굴이 시작되었다. 적석총의 크기와 규모를 확인하는 작업이다. 측정을 해보니 길이 22m, 높이는 10m나 되었다. 이런 무덤을 만들려면 트럭 수십 대 분량의 돌을 날라야 한다. 이렇게 큰 규모의 고구려 계단식 적석총은 남한에서는 드문 것이며, 세력가가 아니고서는 불가능하다. 고구려의 적석총은 상당히 지위가 높은 세력가의 무덤인 것이다.

레이저 기기를 이용한 실측도 이뤄졌다. 규모가 큰 유적에 주로 사용되는 이 기기는 수작업보다 정확하다. 파악된 수치들을 컴퓨터에 입력하면 전체 형태까지 쉽고 빠르게 파악할 수 있다. 실측 자료를 통해 단양의 고구려 적석유구(積石遺構)가 복원되

(왼쪽)온달장군의 무덤으로 추정되는 돌무더기
(오른쪽)영상 복원한 온달장군의 무덤 유적. 두 기의 소형 적석총과 연결된 거대
한 돌무덤이다(CG).

었다. 중국 집안(輯安)에 있는 고구려의 대표적인 적석총인 장군
총과 비교하면 장군총의 길이가 31m로 단양의 것보다 크긴 하
지만 모양은 같다.

그렇다면 이 무덤의 주인은 온달일까? 무덤의 내부 시설을 확
인해보았다. 우선 무덤의 4분의 1을 절개해 쌓여 있는 돌을 걷
어내고 석곽, 석실 등의 내부 시설과 유물 존재 여부를 확인해
갔다. 그런데 작업 도중 새로운 사실이 드러났다. 아랫부분으로
갈수록 큰 돌이 나타나는 것이다. 이런 돌은 석실 구조물의 일
부거나 무덤 전체를 받치는 기둥일 것으로 추정된다. 또한 중심
부에 있는 돌은 안쪽으로 기울어져 있다. 대개 수평으로 쌓는
것이 일반적인데, 돌이 기울어져 있다는 것은 내부 시설이 있었
을 가능성을 높여준다. 내부 구조물이 함몰되면서 수평으로 쌓
은 돌이 기울어진 것으로 볼 수 있는 것이다.

그런데 주민들이 새로운 사실을 알려주었다. 주변에 다섯 기의 소형 적석총이 있었는데 그 가운데 세 기가 무덤과 연결되어 있었다는 것이다. 주민들의 증언은 발굴팀과 학계의 관심을 끄는 중요한 것이었다.

발굴은 소형 적석총과 연결된 통로를 찾는 작업으로 확대되었다. 주민들은 통로의 입구와 출입문까지 기억하고 있었다. 무덤과 연결되어 있었다는 두 기의 소형 적석총은 새마을 운동과 도로 건설 과정에서 파괴되고 지금은 흔적만 남은 상태다. 두 기의 소형 적석총과 연결되어 있는 유적 전체가 하나의 거대한 무덤이라면 과연 누구의 무덤일까?

발굴이 진행되면서 내부 구조 확인에 관심이 쏠렸다. 이 같은 적석 구조는 남한에서는 흔치 않은 고구려 양식이다. 그러나 단을 가지고 구조물을 쌓았다는 것은 고분일 가능성이 있다. 또한 구조나 규모와 함께 단양이라는 지역적 특성을 볼 때 적석총일 확률이 높다.

단양에서 발굴된 고구려의 적석총은 수많은 연구과제를 던져준다. 최종 발굴이 끝나지 않아 무덤의 정확한 내부 구조와 유물은 확인되지 않았다. 무덤의 주인이 온달인지 아닌지는 더 구체적인 연구가 이뤄져야 알 수 있다. 온달의 무덤이라는 주장이 제기되고 있는 고구려의 적석총을 둘러싼 논란은 계속되고 있다.

온달산성의 의미

단양 곳곳에는 온달과 관련된 유물과 유적이 많다. 온달의 흔적 가운데 대표적인 것이 온달산성이다. 온달산성은 온달이 전사한 곳으로 알려져 있다. 『삼국사기』 「온달열전」에는 온달의 최후를 이렇게 기록하고 있다.

"아단성(阿旦城) 아래에서 날아오는 화살에 맞아 죽었다."

온달이 싸우다 죽었다는 아단성이 바로 온달산성이라는 것이다. 온달은 정말 단양의 온달산성에서 전사했을까? 현재 단양에 있는 온달 관련 유적 가운데 가장 유명한 온달동굴은 수많은 사람들이 찾는 관광 명소다. 이곳에 온달과 평강공주가 함께 머물렀다는 전설이 전해온다. 온달동굴은 길이가 8km나 되고 수십 갈래의 작은 굴과 연결되어 있다. 온달이 쉬고 갔다고 하여 휴석동(休石洞)이라 불리는 인근 마을에도 온달의 흔적이 남아 있다. 마을 뒷산에 놓인 윷판바위는 온달이 군사들과 윷놀이를 했다는 곳이다. 온달이 바위에 손으로 직접 말판을 그렸다는 것이다.

온달과 관련된 이야기가 단양에 유독 많은 이유는 무엇일까? 온달은 신라에 빼앗긴 땅을 되찾기 위해 이 지역에 왔다가 화살에 맞아 전사했다. 그런 이유로 온달과 관련된 전설이 많고, 땅을 되찾지 못한 이야기와 함께 평강공주의 전설도 전해오는 것이다.

단양이 온달의 고장이 된 가장 큰 이유는 온달산성에 있다.

(왼쪽)온달동굴 입구
(오른쪽)윷판바위. 윷놀이 말판처럼 보이는 구멍들이 새겨져 있다.

온달이 신라군과 싸우다가 죽었다는 온달산성은 해발 400m의 낮은 산성이지만 경사가 급하고 험하다. 온달산성은 아름다운 모습으로도 유명하다. 높고 견고한 성벽 또한 옛 모습을 그대로 간직하고 있다. 온달산성은 남한강에 둘러싸여 있어 방어가 쉽고, 강을 이용하는 선박의 출입까지 통제할 수 있다. 또한 성곽이 절벽 위에 있기 때문에 적의 공격이 어렵다. 방어는 쉽고 공격은 어려운 천혜의 요새인 것이다. 성곽은 활 모양으로 굽어 있다. 자연 지형을 그대로 이용한 것이다.

중요한 성이므로 성을 확보하기 위한 전투도 치열했다. 온달산성에는 아직도 그 흔적이 남아 있다. 산중에서는 흔히 볼 수 없는 형태의 돌이 눈에 띈다. 냇물에 마모된 강돌이다. 전투시 성벽 아래로 떨어뜨려 적에게 타격을 주는 것으로 고대 전투에서는 위력적인 무기다. 자연에서 쉽게 구할 수 있는 이런 돌은 삼국시대의 보편적인 무기로, 신라의 경우 돌팔매질을 전문으로 하는 군대인 석투당(石投幢)이 따로 있었다. 곳곳에서 보이는

온달산성 일대에서 볼 수 있는 커다란 돌들. 무기로 쓰였을 것으로 짐작된다.

강돌은 온달산성의 치열한 전투를 짐작케 한다.

온달산성은 고구려의 주요 거점이었다. 이 지역을 점령하면 신라에 빼앗긴 국원성(충주) 일원을 되찾을 수 있고 남한강 상류 지역이 모두 고구려 땅이 될 수 있었던 것이다. 온달산성에서 남쪽으로 내려가면 죽령이 나오고 죽령을 넘으면 풍기까지 장악할 수 있다. 반대로 온달산성이 무너지면 그 일대는 무방비상태에 놓이게 된다. 중요한 군사 루트를 지켜주는 것이 바로 온달산성이었던 것이다.

그렇다면 아단성은 정말 온달산성일까? 『동국여지승람』은 단양 영춘면을 고구려의 을아단현(乙阿旦縣)이라고 기록하고 있다. 『삼국사기』 「지리지」도 영춘면을 을아단현으로 표기한다. 단양군 영춘면의 옛 지명이 바로 아단현인 것이다.

조선시대에 만든 영춘현의 고지도에 표시된 고성은 온달산성이다. 고구려 온달장군이 산성을 쌓고 신라군과 싸운 곳이라는 기록도 있다. 온달산성이 온달이 전사한 장소임은 계립현의 위치를 통해서도 확인된다. 계립현, 즉 계립령은 단양에서 가까운 거리에 있다. 한강 수로와 낙동강 수로를 최단거리로 연결하는 전략적 요충지다.

『삼국사기』에 따르면 온달은 591년 계립령과 죽령의 서쪽 땅

계립령 유허비

을 되찾기 위해 출병한다. 계립령은 고구려가 남진 정책으로 확보했다가 551년 한강 유역을 빼앗긴 후 신라에게 다시 빼앗긴 곳이다. 그로부터 40년 후 온달이 회복을 시도한 것이다.

6세기 고구려와 신라는 계립령과 죽령을 둘러싸고 치열한 쟁탈전을 벌였다. 죽령 또한 고구려와 신라 모두 포기할 수 없는 중요한 교통로였던 것이다. 소백산맥 너머 남쪽의 첫 고을이 풍기 땅이다. 고구려가 소백산맥 이남의 신라로 진출하려면 죽령을 넘어야 한다. 죽령은 고구려의 남진을 저지할 수 있는 신라의 군사적 요충지다. 때문에 신라는 죽령 방비를 튼튼히 했고 고구려도 죽령선을 돌파하고자 절치부심했던 것이다.

온달은 고구려의 옛 땅인 계립령과 죽령의 서쪽을 회복하기 위해 출병하지만 단양의 온달산성에서 전사하고 만다. 온달의 전사지인 온달산성과 유적들은 이러한 사실을 말해주는 것이다.

바보 온달이 어떻게 고구려의 귀족이 되었을까?

온달은 어떤 인물이었을까?『삼국사기』는 온달의 출신 성분과 인물됨을 이렇게 기록하고 있다.

"고구려 평원왕대 인물인 온달은 얼굴이 우습게 생겼지만 명랑했다. 가난해서 항상 밥을 빌어 어머니를 봉양했는데 떨어진 옷과 해진 신으로 시정(市井)을 왕래하자 사람들이 그를 바보 온달이라고 불렀다."

그러던 어느 날 온달에게 평강공주가 찾아온다. 평원왕의 딸 평강공주는 소문난 울보로 어릴 때부터 왕이 "너는 울기를 잘하니 온달에게 시집보내겠다"고 말할 정도였다. 16세가 되자 평강은 귀족 집안과의 혼인을 거절하고 온달에게 청혼한다. 놀란 온달은 "이는 어린 여자가 할 행동이 아니고, 집이 너무 가난해 귀인을 배필로 맞을 수 없다"며 거절하지만 공주는 "서로의 마음이 중요한 것이지 어찌 부귀해야만 함께 지낼 수 있겠느냐"며 온달을 설득한다.

온달은 공주의 도움으로 전답과 말 등을 마련하여 말타기, 활쏘기 등의 무예를 익힌다. 가난하고 미천한 신분인 바보 온달과 평강공주의 결합은 신분 질서가 엄격했던 당시 고구려 사회에서는 있을 수 없는 파격적인 사건이었다. 그래서 최근 온달의 출신 성분과 이들의 혼인에 대해 새로운 해석이 제기되고 있다.

전북 김제시 금구면 월전리에는 온달을 시조로 모시는 봉성(鳳城) 온씨 집성촌이 있다. 문중에서 세운 온달장군의 사당에서

(왼쪽)온달장군을 모신 사당 사현사(四賢祠)
(오른쪽)온달장군을 기리는 신도비(맨 왼쪽). '高句麗國大將軍大兄溫達公之壇(고구려
국 대장군 대형 온달공지단)'이라 새겨져 있다.

는 매년 3월 추모제가 열린다. 온달을 기리는 신도비에는 온달과 관련된 전설이 기록되어 있다. 온달은 고구려의 장군으로 군 고위지휘관인 대형(大兄)의 벼슬까지 올랐다.

온달의 출신 성분과 집안 내력이 어떤지 온씨의 족보를 확인해보면, 온달의 시조는 중국 주나라의 숙우(叔虞)이며 그후 온달의 이름이 이어진다. 하지만 온씨의 국내 시조이자 고구려의 장군으로 기억되는 온달은 출신 성분과 집안 내력이 구체적으로 확인되지 않고 있다.

온달은 어떻게 가난하고 미천한 신분을 초월해 평강공주와 혼인할 수 있었을까? 고구려의 평원왕이 그 실마리를 쥐고 있다. 온달을 사위로 맞은 평원왕은 559년 즉위한다. 평원왕은 장수왕 이후 계속된 왕위 쟁탈전과 귀족 세력간의 갈등을 겪은 후 혼란 속에 즉위한 왕이다. 광개토대왕과 장수왕 이후 고구려는 극심한 내분을 겪는다. 22대 안장왕이 피살되는가 하면 이어 안원왕

때인 545년에는 외척간의 대대적인 왕위 쟁탈전이 벌어져 2천여 명이 사망하기도 했다. 다음 양원왕 때는 고구려 역사상 최초의 반란인 간주리(干朱理)의 반란사건까지 벌어진다(557). 이런 과정을 거치면서 왕권은 신진 세력을 등용하기 위해 노력했다. 새로운 세력이 정계에 진출할 가능성이 높아진 것이다.

고구려는 장수왕 때 수도를 평양성으로 옮긴다. 이때부터 평양에 기반을 둔 신진 세력들이 등장하기 시작한다. 평원왕은 양원왕에 이어 평양성의 내성인 장안성을 축조해 외적의 침입을 막는 한편 백성들의 지지를 얻어 왕권 강화를 도모한다. 가뭄이 들자 장안성 공사를 중단하고 스스로 끼니를 줄이기도 했다. 또한 전통적인 고구려 귀족 대신 신진 세력을 적극적으로 등용해 자신의 지지 기반으로 삼았다. 장수왕 이후 등장한 신진 세력은 양원왕대에 거문고를 발명한 왕산악(王山岳)과 왕고덕(王高德), 영양왕대의 을지문덕 등이 있다.

평원왕대에 활약한 온달도 이때 등장한 신진 세력이다. 고대 사회에서는 신분 질서가 폐쇄적이기 때문에 낮은 신분이 정계에 진출하기는 사실상 불가능했다. 온달도 평원왕대의 대외적 위기로 무인들의 움직임이 활발해진 상황에서 무(武)를 통해 정계에 진출할 수 있었던 것이다.

전통적인 고구려 귀족인 상부(上部) 고씨 집안과의 결혼을 거부한 평강공주와 가난하고 미천한 신분인 온달의 결혼은 이런 정치적인 상황 속에서 가능했다. 또한 여기엔 후대로 오면서 어느 정도 윤색이 가해진 것으로 볼 수 있다. 다만 정치적으로 해석하자면 왕권 강화를 위해 측근이 필요했던 평원왕과 새롭게 등장해 정치적 기반을 다지려는 신진 무장 세력의 결합이 온달과 평강공주의 결혼으로 대표되는 것이다.

그렇다면 온달은 어떻게 신진 세력이 될 수 있었을까? 당시 고구려 사회는 무예를 중시했다. 뛰어난 무술 실력과 전쟁에 출정해 공을 세우는 것은 출세의 중요한 통로였다.『삼국사기』에 따르면 온달은 매년 3월 3일 낙랑의 언덕에서 벌어지는 사냥대회에 참가한다. 남보다 뛰어난 온달은 주목받기 시작한다. 사냥대회는 인재 등용의 장이었던 것이다.

하지만 사냥대회를 통해 신진 세력으로 떠오른 온달은 중국 후주(後周)와의 전쟁에서 공을 세운 후에야 비로소 왕의 사위로 인정받게 된다.『삼국사기』는 당시 상황을 이렇게 기록한다.

"후주의 무제(武帝)가 군사를 내어 요동에 쳐들어오자 온달이 선봉이 되어 크게 공을 세우니, 여러 군사가 기세를 타고 맹렬히 싸워 크게 이겼다."

평원왕대에 고구려는 여러 나라와 전쟁을 벌인다. 돌궐(突厥)과 후주와의 전쟁 등을 통해 신진 무장 세력들이 성장하는데, 후주와의 전쟁은 고구려가 전력을 기울인 큰 전쟁이었다. 이 전쟁에서 큰 공을 세운 온달은 신진 무장 세력의 대표로 떠오르면서 사위로 인정받는다.

당시 고구려 사회에서 출세의 필수조건을 모두 갖춘 온달은 신진 귀족을 통한 왕권 강화라는 정치적 배경 속에서 왕의 사위로 인정받고 중앙 정치 세력의 중심에 나서게 된다. 가난하고 미천한 신분의 바보 온달과 평강공주의 혼인은 이런 정치적인 상황 때문에 가능했던 것이다.

계립령과 죽령, 남진정책의 전초기지

평원왕 사후 온달은 신라와의 대대적인 전쟁에 총사령관으로 나선다. 온달은 출병 전에 "계립령과 죽령 서쪽을 회복하지 못하면 돌아오지 않겠다"는 비장한 각오를 밝힌다. 계립령과 죽령 서쪽 10개 군이 어떤 땅이었기에 온달은 목숨을 건 출사표를 던졌을까?

고구려의 흔적은 경상도 일대에도 나타난다. 경북 의성군 안평면에 있는 고구려 적석유구는 일정한 돌을 규칙적으로 쌓아 놓은 계단식 적석총의 형태를 띤다. 고구려의 적석총에는 일반적으로 감실이 한 군데인 데 반해 의성의 유구에는 네 군데나 있다. 외형상으로 볼 때 장군총이나 태왕릉과 같은 계단식 적석총을 그대로 재현해 놓은 것이다.

그런데 적석유구 주변에서 뜻밖의 기와 조각들이 발견되었다. 바로 틈새기와로, 곳곳에서 이 같은 기와 조각들이 쉽게 발견된다. 이곳에 어떤 건축물이 있었을 가능성을 보여주는 것이다. 적석유구에서 발견된 기와 조각은 6세기경의 것으로 추정되며, 아울러 고구려 적석총과의 연관성을 밝혀주는 중요한 증거가 될 수 있다.

1 경북 의성군 안평면에 있는 고구려의 적석유구. 계단 모양으로 쌓은 모습과 감실의 형태가 선명하다.
2 1의 주변에서는 기와 조각들이 발견된다.(표시 부분)
3 영상 복원한 장군총 향당

3세기 초에서 427년까지 고구려의 수도였던 중국의 길림성 집안에는 수많은 고구려 무덤들이 떼를 이루고 있다. 그 가운데 가장 큰 무덤인 장군총은 길이 31m, 높이는 12m가 넘는다. 장수왕의 무덤으로 추정되는 이 무덤은 1천여 개의 돌로 기단을 7개나 쌓았다. 장군총에서도 기와 조각들이 발견된다. 주변에 기와로 지은 건물이 있었던 것이다. 무덤 꼭대기에선 기둥을 박은 흔적들도 발견되었다.

고구려에서 4~5세기경 건축한 적석총 등에서 많은 기와들이 출토되는데, 이는 고분 위에 사당을 지은 것으로 추정된다. 고분 위에 기둥을 세우고 기와를 얹은 건물을 향당이라고 부른다. 향당은 제사를 지내는 사당으로 추정된다. 고분에 향당을 올리는 것은 중국 은나라와 고구려, 백제 등지에서 나타나는데, 향당이 신라 북부 지역에서 발견되는 것은 중요한 의미를 지닌다.

경북 안동시 북후면에도 고구려의 적석유구가 있다. 근처에 사찰이 있어 탑으로 불리지만 그 형태는 고구려의 계단식 적석 총 그대로다. 경상도 일대에 나타나는 고구려의 흔적들은 고구려의 영향력이 이곳까지 미쳤음을 보여준다.

고구려의 적석유구가 어떻게 경상도에 나타나는 것일까? 온달은 출병 전 왕에게 이렇게 말한다.

"신라가 한수(漢水) 이북을 침탈해 자기 땅으로 삼으니 백성들이 통분하고 한스럽게 여겨 한 번도 부모의 나라를 잊은 적이 없사옵니다."

온달은 왜 이 땅에 그렇게 집착했을까? 해답은 4세기 고구려 광개토대왕의 대대적인 남진 정책에서 찾을 수 있다. 광개토대왕은 396년 백제 땅이던 남한강 상류의 58성 700촌을 획득한다. 광개토대왕 비문에 기록되어 있는 58성 가운데는 온달산성인 아단성도 포함되어 있다.

이때 고구려는 신라 땅 깊숙이 침투해 100년 이상 영향을 미친다. 남한강 상류를 점령한 고구려는 소백산맥 이남의 관문인 충주를 남진 경

안동시 북후면에 있는 고구려의 적석유구

영의 중심으로 삼는다. 충주에서 단양 쪽으로, 즉 죽령을 넘어야만 고구려 군대가 소백산맥 이남으로 진출할 수 있는 것이다. 충주의 날개 역할을 하는 전초기지가 바로 단양이다.

그런데 6세기 중반 신라의 반격이 시작된다. 고구려가 귀족간의 갈등과 중국 북방민족과의 전쟁에 휘말려 있는 사이 한강 유역을 공격한 것이다. 551년 고구려는 결국 신라의 거칠부(居七夫)에게 죽령 이북의 10군을 빼앗긴다. 그후 고구려는 잃은 땅을 찾고자 하지만 그 꿈은 이뤄지지 않는다. 정치적 혼란이 계속되고 신라가 한강 유역을 철저히 지키고 있었기 때문이다.

결국 수복을 위한 시도는 10군을 빼앗긴 지 약 40년 만인 591년, 온달에 의해 비로소 이뤄진 것이다.

온달의 업적

고구려의 옛 땅을 되찾기 위해 출병한 온달은 끝내 뜻을 이루지 못하고 전사한다. 그렇다면 온달은 아무런 성과도 이루지 못하고 전사한 것일까?

온달산성에서 1km 떨어진 단양군 영춘면에 쇠골이라는 계곡이 있다. 이 일대의 밭 곳곳에서 쇠와 흙이 엉켜 있는 덩어리들이 발견된다. 여기저기 흩어져 있는 덩어리들은 쇠를 뽑고 남은 찌꺼기다. 쇠골은 쇠를 다루던 골짜기라고 해서 쇠전부리라고도 불린다. 온달산성에서 사용한 무기들이 이곳 쇠골에서 만들어졌다고 한다.

실제로 이곳에 쇠를 뽑고 남은 흔적이 있는지 확인해보았다. 유물의 성분과 특징을 분석해 제철·제련 방법, 시기 등을 밝혀낼 수 있다. 전자현미경을 통해 철광석 찌꺼기의 조직이 확인되었다. 철 성분의 흔적은 거의 남아 있지 않다. 철의 성분이 적을수록 철을 뽑아내는 제련기술이 높은 것이다. 쇠골에서 수거한 철광석 찌꺼기에도 철 성분의 함량이 낮았다.

이 지역에서 발견되는 철의 양이나 철을 생산한 뒤 무기를 만드는 과정은 한두 사람의 힘으로 이뤄진 것이 아니다. 거대한 권력을 가진 국가가 상당한 시설과 인력을 투자해야만 야

1 쇠골 일대에서 발견된 철광석 찌꺼기.
2, 3 전자현미경으로 비교해본 철광석 찌꺼기의 조직. 제련 후 철 성분이 남아 있는 철광석(2)에 비해 쇠골 일대에서 발견된 철광석 찌꺼기(3)에는 검은 점으로 나타난 철 성분이 적게 보인다.

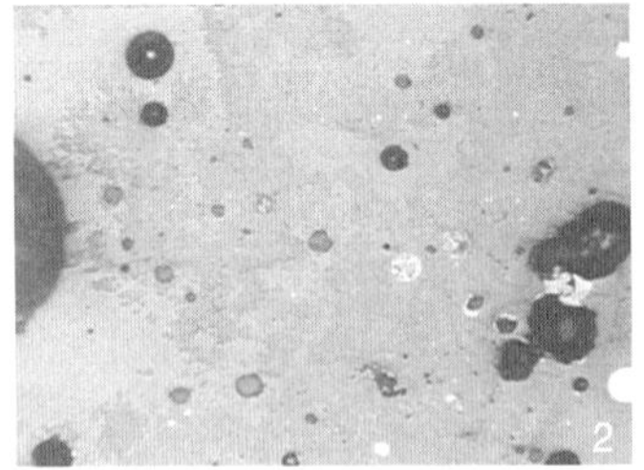

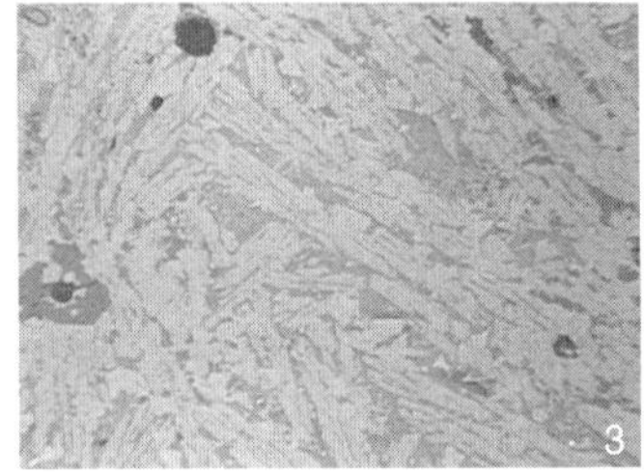

철지(冶鐵址)가 운영될 수 있다. 기술적인 측면에서 볼 때 당시 제련 사업에 투자한 인력과 시설은 높은 수준이었음을 짐작할 수 있다.

이것은 단양이 군사적 요충지였음을 의미하기도 한다. 실제로 이곳에는 전쟁과 관련된 지명이 많다. 고구려와 신라가 치열한 전투를 벌인 온달산성은 고구려에게는 충주, 중원 지역 확보와 소백산맥 이남으로의 진출을 위해 반드시 확보해야 하는 관문이었다.

그러면 온달은 어디서 이곳으로 내려왔을까? 그 단서를 주변의 산성에서 확인할 수 있다. 남한강 유역에는 영월 왕검성을 비롯해 태화산성, 단양의 온달산성 등 수많은 산성들이 밀집해 있다. 산성들과 험한 산악지형은 온달이 이곳으로 내려왔을 가능성을 짐작케 한다. 온달이 남한강 유역을 이용해서 내려오는 것이 과연 가능할까?

항공사진을 분석하며 남진 경로를 추정해보았다. 온달은 내륙 방면으로 들어왔을 가능성이 크다. 이는 강원도의 영서(嶺西) 지방과 충북 지역을 통해 소백산맥으로 들어오는 것으로, 한강 하류 지역의 신라군을 피할 수 있다. 그 가운데 가장 주목되는 것이 철원, 춘천, 홍천, 원주, 단양으로 연결되는 교통로다. 강원도 영서 지역의 특성은 산이 높고 협곡이 발달했으며, 협곡과 협곡을 연결하는 지류만 이용해도 남한강 상류와 쉽게 만난다. 그래서 원주, 춘천, 단양은 남한강 상류의 협곡만 이용하면 자연적인 교통로가 형성된다.

남진 경로는 지금의 중앙고속도로(춘천~대구)와 비슷하다. 쉽고 빠르게 들어올 수 있는 길인 것이다. 온달은 철원을 지나 춘천, 원주, 제천을 통해 단양으로 진격한다. 신라의 주력군을 피해 강원도 내륙 지방으로 우회한 것이다. 한강 하류를 거쳐 충주에 이르는 길은 신라 주력군의 방어 시설이 많으며 한강의 넓은 지역을 건너야 하는 어려움이 있다. 반면 강원도 내륙으로 우회하는 길은 위험이 덜할 뿐 아니라 신라의 주력군을 피해 신라 후방을 공격할 수 있다. 또한 죽령과 계립령을 지나 한강 하류로 연결되는 신라의 보급로를 차단, 신라군을 무력화할 수도 있다. 온달이 이 길을 택한 것은 경주에서 남천주로 이어지는 신라의 방어체계를 갈라놓고 한강 유역을 지키는 신라군을 배후에서 압박, 고립시키겠다는 의도였다.

온달은 계속해서 신라군과 전투를 치르며 단양으로 진격해 들어간다. 고구려 군대가 남한강 상류 지역에 진출하면 한강 하류 지역에 신라의 최정예 부대가 있기 때문에 온달이 이끄는 고구려 군대의 남하를 저지할 수 있다. 온달이 남진하는 동안 또 다른 고구려군이 한강 하류에 있는 신라군의 발을 묶어놓는다. 양동 작전은 고구려의 전형적인 전술이다.

그러나 온달은 온달산성에서 최후를 맞게 된다. 날아오는 화살에 맞아 전사한 것이다.

온달이 상당한 영역을 회복했을 가능성은 높다. 『삼국사기』에는 고구려의 연개소문이 당의 사신인 현장(玄奘)에게 이렇게 말했다고 적혀 있다.

"수나라가 고구려를 침입할 당시 신라가 우리 땅 약 500리를 빼앗았다."

수의 침입 전에 누군가가 약 500리를 확보한 것이다. 수의 침입기는 598년과 612~614년 사이다. 온달은 590년에 출병한다. 수의 침입 전에 고구려와 신라 사이에 전쟁이 없었다면 500리는 온달이 확보한 것이 된다.

『삼국사기』에는 대규모 전쟁과 옛 땅 수복 기사는 없고 온달이 출병했다는 기록만 남아 있다. 500리를 확보한 것은 분명히 온달이다. 일반적으로 고구려가 한강 상류를 잃은 것은 553년경으로 알려져 있다. 그런데 연개소문은 신라가 고구려의 남쪽 500리를 빼앗긴 때가 수의 침입기라고 말한다. 수의 1차 침입은 598년에 있었고 2차 침입은 612년부터 연속적으로 나타난다. 그러니까 598년 이전에 누군가가 잃었던 한강 유역의 땅을 다시 회복했다는 얘기가 된다. 그런데 『삼국사기』 「본기 고구려전」이나 「신라본기」에는 그 시기에 해당하는 전투 기사가 없다. 다만 「온달전」에 따르면 온달이 590년대 초반에 출정한 것으로 되어 있다. 온달이 590년에 출정해서 상당한 영역을 회복했고 그 이후 다시 고구려가 신라에게 빼앗긴 것으로 볼 수 있는 것이다.

온달은 잃어버린 땅을 회복하리라는 염원을 안고 온달산성에서 최후를 맞았지만 계립령과 죽령 서쪽의 500리를 회복했다.

온달의 시신을 안치한 관이 움직이지 않았다. 공주가 와서 "죽고 사는 것은 하늘에 달렸으니 그만 가자"고 하니 그제서야 움직였다고 한다. 나라를 안정시키고 고구려의 옛 땅을 회복하겠다는 원대한 목표를 함께 나누고 이를 위해 희생과 고통을 감내한 온달과 평강의 사랑에는 당시 고구려 사회의 정치 상황이 담겨 있다. 외적의 침입과 귀족 사회의 내분을 수습하고 마침내 빼앗긴 영토 회복에 나선 6세기 고구려의 모습을 보여주는 것이다.

자신의 능력과 의지로 가난과 신분의 벽을 뛰어넘은 온달은 고구려 민중의 신분 상승에 대한 열망을 대변하는 인물이었다. 또한 북방 민족의 침입을 격퇴하고 대제국 고구려의 영광을 되찾기 위해 나선 고구려인들의 국민 영웅이었다.

당대 고구려의 꿈이자 희망이었던 바보 온달과 평강공주의 사랑 이야기, 그리고 온달의 비장한 최후는 지금까지도 그를 사랑받는 설화의 주인공으로 기억하게 하는 것이다.

여·몽 연합함대 일본 원정의 주력은 고려군이었다

지금도 일본 나가사키와 큐슈 앞바다에서는 700년 전 유물이 발견된다. 유물 중에는 칼과 갑옷도 있는데, 일본의 칼, 갑옷과는 전혀 다른 모양이다. 배 가장자리엔 큰 돌 두 개가 놓여 있다. 닻에 매달았던 돌로 길이가 2.5m에 이른다. 가장 놀라운 것은 거대한 규모의 닻으로, 길이가 무려 7m나 된다. 이렇게 거대한 닻을 사용한 700년 전의 배는 바로 여·몽 연합군이 일본 상륙작전에 사용한 전함이다.

여·몽 연합군은 대규모의 전함을 이끌고 두 차례에 걸쳐 일본 원정에 나섰다. 여기에 참전한 고려군은 약 2만 명. 당시로서는 적지 않은 병력이다. 이 전쟁기록을 통해 그동안 알려지지 않았던 고려군의 모습을 생생하게 확인할 수 있다. 여·몽 연합함대의 일본 원정은 고려의 숨겨진 역사를 말해준다.

「몽고습래회사」에서 본 여·몽 연합 일본 정벌

일본은 여·몽 연합함대의 일본 원정을 어떻게 기억하고 있을까? 구마모토(熊本)현 타케자키(竹崎)마을의 토후쿠지(塔福寺)에는 희귀한 사료가 전한다. 700년 전 여·몽 연합군의 일본 원정을 생생하게 묘사한 두루마리 그림, 바로 「몽고습래회사(蒙古襲來繪詞)」다.

「몽고습래회사」에 등장하는 모든 인물과 사물은 놀라울 정도로 자세하게 그려져 있다. 이 그림은 당시 연합군에 맞서 싸운 무사 다케자키 스에나가(竹崎季長)의 활약상을 큰 줄거리로 삼

(왼쪽)「몽고습래회사」복제본.「다케자키 스에나가 에고토바(繪詞)」라고도 한다. 전권(그림 10폭, 사 9편), 후권(그림 11폭, 사 7편)으로 되어 있으며, 그림과 글〔여기서는 '사(詞)'〕이 함께 이어지는 형식이다. 세로 39cm, 그림을 모두 합한 길이는 약 44m에 이른다. 1293년경 완성. 원본은 궁내청에 소장되어 있다.
(오른쪽)토후쿠지 뒤쪽에 있는 스에나가의 무덤. 왼편의 비석에는 '從三位竹崎季長之墓〔종3위 다케자키 스에나가의 묘〕'라고 새겨져 있다.

고 있다. 그림의 주인공 스에나가는 실존 인물이다. 절 뒤쪽에는 실제로 그의 무덤이 있다. 당시 이 지역의 영주였던 스에나가가 전쟁에서 자신이 싸운 모습을 화가에게 그리게 한 것이다.

연합군의 공격에 대비하여 일본군은 해안에 방루(防壘)를 쌓았다. 그림 속 방루는 700년이 지난 지금도 그 흔적이 뚜렷하다. 실제로 해안에 쌓은 석축이 바로 그림 속의 방루로 높이는 3m 정도다. 방루는 1차 전쟁 후 연합군의 상륙을 막기 위해 쌓았다. 두루마리 그림에는 1281년 두 번째 침략 장면이 그려져 있는데, 그림의 배경이 이키노 마츠바라(生の松原) 지방이다.

방루는 다른 곳에서도 발견되었다. 후쿠오카 시내의 사이난가쿠인 대학(西南學院大學)에는 교내에 방루가 있다. 1999년 학교

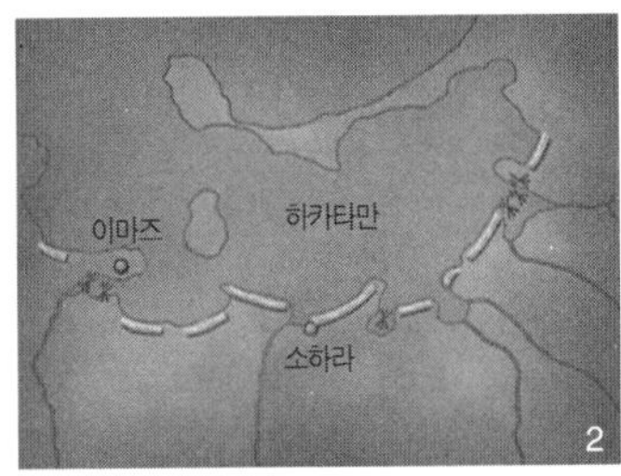

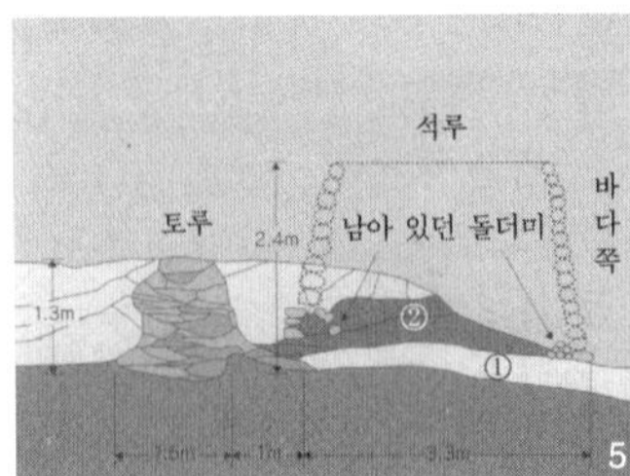

1 이키노 마츠하라의 방루
2 하카타 만 일대의 방루(흰 선)
3, 4 사이난가쿠인 대학 구내의 방루
(3은 4의 오른쪽 부분. 4의 왼쪽은 흙으로
쌓은 것이다)
5 4의 단면도. 석루는 남아 있던
돌더미를 토대로 복원한 것이다.
① 모래층 ② 점토층

「몽고습래회사」의 그림 12. 아키노 마츠하라의 방루와 스에나가(표시 부분) 일행이 그려져 있다.

건물을 신축할 때 발견된 방루를 그대로 보존한 것이다. 당시 이 지역은 해안의 모래사장이었다. 이곳의 방루 역시 높이가 3m에 이른다. 크고 작은 돌을 반듯하게 쌓아올렸다. 1274년 1차 전쟁 상륙 2년 뒤인 1276년에 쌓았는데, 가마쿠라 막부가 큐슈의 무사들에게 명해 큐슈 각지에서 농민들을 데려와 공사를 했다고 한다. 지금도 하카타(博多)만 곳곳에는 방루의 흔적이 남아 있다. 해안에 쌓은 방루의 길이는 20km에 이른다.

여·몽 연합군의 일본 원정은 두 번에 걸쳐 이루어졌다. 1274년 1차 원정에서 연합군은 쓰시마 상륙에 이어 이키(壹岐) 섬을 거쳐 큐슈 본토로 향한다. 900척의 전함과 4만 명의 병력을 이끌고 여·몽 연합함대는 하카타만에 상륙한다. 1274년 10월 20일 이곳에서 치열한 전투가 벌어지는데, 일본 무사들의 처참한 패배로 방어선이 무너진다. 그 기세를 몰아 연합군은 큐슈 일대를 휩쓸어버린다.

치열한 격전지였던 나가사키현의 이키 섬 한 곳에 예사롭지

1 이키 섬에 있는 원구 천인총. 왼쪽의 비석에 '史跡 文永の役 新城古戰場'이라고 새겨 있다. '文永(분에이)'는 여·몽 연합군의 1차 침입이 있던 해(1274)의 일본 연호(年號)다.
2 1의 가운데에 있는 원구순국충혼탑(元寇殉國忠魂搭)
3 무쿠리 고쿠리

않은 무덤이 있다. 원구 천인총(元寇千人塚)이다. 이곳엔 당시 전사한 일본군과 연합군이 함께 묻혀 있다.

이 섬에는 700년이 지난 지금도 당시 전쟁의 기억이 남아 있다. 이 지역의 토산품 가게에는 흔히 볼 수 있는 목제품이 있는데 귀신을 형상화한 것이라고 한다. 이 목제품을 현지인들은 '무쿠리 고쿠리'라고 부른다. 무쿠리 고쿠리는 과연 무슨 뜻일까? 이것은 두 번에 걸친 여·몽 연합군의 침략으로 인근 남자들이 모두 살해된 데서 비롯한 공포감과 처참함, 잔혹함을 나타내는 말이다. 간혹 울음을 그치지 않는 아이가 있으면 어른들이 "무쿠리 고쿠리가 온다"고 한다. 연합군에 대한 공포는 지금까지도 이런 흔적으로 남아 있다.

전투법과 무기의 차이

당시의 주력 무기는 활이었다. 그런데 왜군의 활과 연합군의 활의 길이가 엄청난 차이가 있다. 왜군의 활은 220cm나 되는 장궁이다. 반면 연합군의 활은 1m 안팎의 단궁이다. 활뿐 아니라 다른 무기도 연합군과 일본군이 많이 다르고, 싸우는 방식 또한 달랐다.

「몽고습래회사」의 그림에서도 활의 차이는 분명하다. 활을 쏘는 연합군의 모습을 살펴보면 연합군의 활은 단궁이다. 이와 달리 일본군은 활을 비스듬히 눕힌 채 들고 있다. 활은 마치 낚싯대처럼 길다. 절반이나 짧은 연합군의 활은 어떤 것일까?

후쿠오카의 하코자키(箱崎)궁은 당시의 전쟁을 기리는 신사다. 이곳 유물 창고에는 일본 원정 때 연합군이 사용한 활이 보관되어 있다. 연합군 측의 장군이 쓰던 활은 길이가 120cm 가량으로, 전형적인 고려 활의 모양이다. 재질은 뽕나무와 대나무로

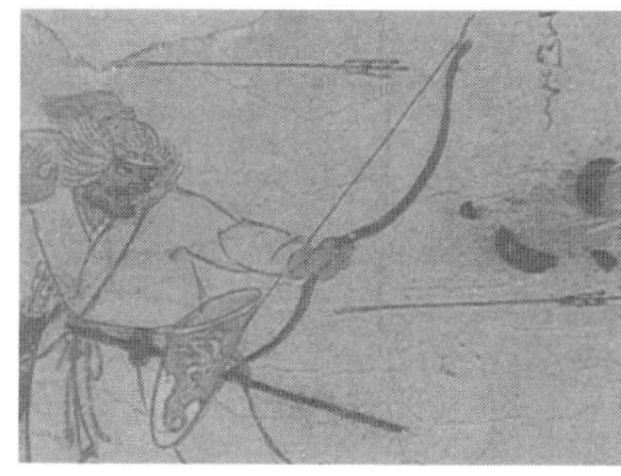

「몽고습래회사」에 보이는 두 군대의 활은 이렇게 다르다.
(왼쪽)연합군의 단궁 (오른쪽)일본군 스에나가의 활

1 하코자키궁. 926년 창건했다. ‘異國降伏(이국항복)’이란 현판에는 신라의 침입을 물리치기를 바라는 마음이 담겨 있다고 한다.
2 하코자키궁 유물 창고에 보관된 연합군의 활
3 2의 끝부분. 고래뼈가 붙어 있다.

되어 있고 나무로 된 몸체는 가운데가 쇠로 연결되어 있다. 활의 양끝은 고래뼈를 붙였다. 조선 전기에 주로 사용하던 활과 비슷한 모양이다.

그렇다면 당시에 고려 활은 어떻게 만들었을까? 전통 우리 활 전문가인 김박영 선생의 활 제작과정을 통해 알아보았다. 무소 뿔을 활 양쪽 끝에 붙여서 탄력을 보강한다. 몸체는 대나무로 만들고 뽕나무와 참나무를 덧대서 활을 강하게 만든다. 쇠심줄을 잘게 찢어 활 안쪽에 붙이는데, 이것이 탄력성의 주된 힘이

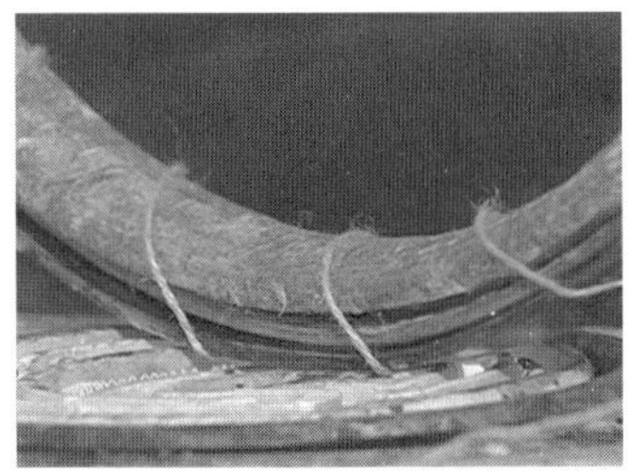

우리 활 만드는 과정의 일부. (왼쪽)몸체에 참나무와 뽕나무를 덧댄다.
(오른쪽)쇠심줄을 잘게 찢어 활 안쪽에 붙인다.

다. 일곱 가지 재료로 만든 우리 활은 둥글게 휜 모양이다. 활시위는 둥글게 휜 것을 반대로 굽혀 맨다. 고려의 활도 이런 모양이었을 것이다.

이와 달리 일본은 전통적으로 직선에 가까운 긴 장궁을 썼다. 일본 활은 대나무와 가래나무 두 가지로만 만든다. 그 때문에 다양한 재료로 만드는 우리 활보다 탄력성이 떨어진다. 고려 활과 일본 활의 성능은 어떨까? 두 활의 사정거리를 비교해 보았다. 같은 조건에서 각각 세 발의 화살을 쏘았다. 고려 활로 쏜 화살은 150m와 200m 사이에 세 발이 모두 떨어졌다. 평균 사정거리는 185m로 측정되었다. 더욱 정확한 실험을 위해 같은 조건에서 같은 사람이 일본 활을 쏘았다. 세 발 모두 100m를 넘지 못했다. 평균 사정거리는 80m로 고려 활의 절반에도 못 미쳤다.

다음은 30m 거리에서 2cm의 나무판을 뚫는 관통력 실험을 했다. 고려 활은 나무판을 정확하게 꿰뚫었다. 그러나 일본 활은 나무판을 뚫지 못하고 팅겨나왔다. 이런 활의 위력은 전력에 큰

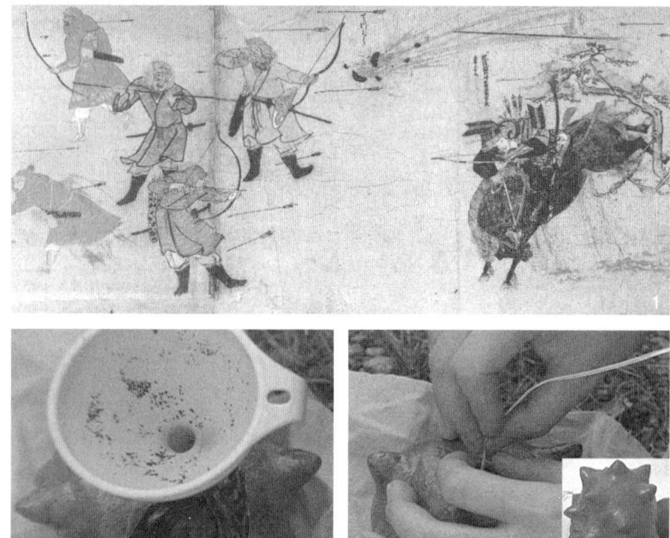

1 「몽고습래회사」에서 포탄(철포)이 폭발하는 듯한 장면과 주위의 병사들
2, 3 철포 복원 및 발파 실험과정의 일부
2 화약을 철포의 구멍에 넣는다. 3 발파 실험을 위해 점화선을 연결한다.

차이를 가져왔다.

무기의 차이는 여기서 그치지 않는다. 「몽고습래회사」에는 마치 포탄이 폭발하는 듯한 장면이 있다. 당시 전투 상황을 기록한 일본 사료에는 이렇게 씌어 있다.

"철포를 발사하여 그 화염 때문에 앞을 분간하지 못했고 폭발음이 커서 혼비백산, 눈이 어지럽고 귀가 울려 망연자실, 동과 서를 분간하지 못했다."

당시 일본군을 혼란에 빠뜨린 이 무기는 과연 어떤 것이었을까? 고대 화약무기에 정통한 사와다 타이라 씨는 옛 자료에 근거해 이 무기를 복원했다. 사발 모양의 철로 된 껍질에 화약을 넣어 붙이고 거기에 구멍을 뚫어 도화선을 넣은 것이다. 「몽고습래회사」의 그림을 바탕으로 복원한 이 무기는 철포라고 하는데, 지금의 수류탄과 같은 위력이 있다. 표면의 돌기는 살상력을 높이는 장치다. 철포는 폭발력이 커서 많은 인명을 살상할 수 있어 자주 사용되었다.

철포의 위력이 어느 정도인지 사격장에서 실제로 발파 실험을 했다. 근대 이전에 사용한 흑색 화약을 만들고 심지 대신 전기식 발파 스위치를 사용했다. 포탄은 15m 가량 떨어진 곳에서 폭발했는데, 그 위력은 실로 대단했다. 몽골군이 철포를 던지면 일본군은 그것이 무엇인지 모르기 때문에 신기하게 여겨 무리지어 보러갔을 것이다. 모두가 둘러서서 쳐다볼 때 철포가 터지기 때문에 피해는 한층 더 컸다. 연합군이 대승을 거둘 수 있었던 데는 연합군의 이런 막강한 무기가 있었다.

고려군의 모습

「몽고습래회사」에는 무기뿐 아니라 군사들의 모습도 아주 섬세하게 묘사되어 있다. 지금까지 고려 군사의 모습은 구체적으로 알 수가 없었다. 남아 있는 기록이나 유물이 거의 없기 때문이다. 그런데 「몽고습래회사」에 그 단서가 있다.

1274년 하카타 연안에 여·몽 연합군이 속속 상륙한다. 본격적인 진격을 앞두고 그들은 이곳에 진을 친다. 「몽고습래회사」 속의 장소는 소하라(祖原)라는 곳이다. 해안가 바로 위, 여·몽 연합군은 마을이 한눈에 내려다보이는 야산에 진을 쳤다.

큐슈 중심부로 나아가려면 소하라를 지나야 한다. 바로 이곳에서 격전이 벌어졌다. 이 전투는 「몽고습래회사」의 주인공인

1 「몽고습래회사」에서 소하라에 진을 친 여·몽 연합군의 모습
2 원구유적비(元寇遺跡碑)가 세워진 소하라 공원

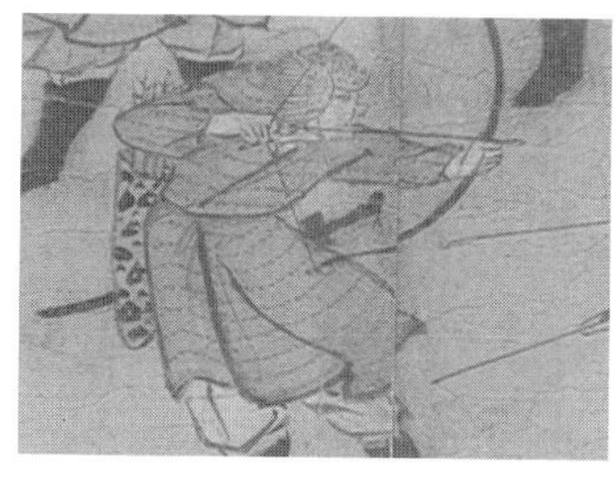

「몽고습래회사」에 나타난 연합군의 서로 다른 모습 (왼쪽)고려군 (오른쪽)몽골군

타케자키 스에나가의 첫 전투라 가장 사실적으로 묘사되어 있다. 스에나가가 싸운 전투 장면으로 유명한 「몽고습래회사」에도 일본군이 소하라에서 싸웠다는 기사가 나온다. 고려군과 일본의 무사들이 맞선 것으로 추정된다.

그런데 이 그림의 연합군은 두 가지 모습으로 그려져 있다. 활을 쏘고 있는 군사와 뒤쪽의 군사들이 입고 있는 옷이 다르다. 몽골군과 고려군이기 때문에 다르게 그린 것일까? 그렇다면 둘 중에 한쪽이 고려군인 것이다.

경북 예천의 농지 한가운데 오래된 석탑이 하나 있다. 개심사지 5층석탑이다. 탑신에는 만든 시기가 통화(統和) 27년(현종 원년, 1010)이라고 새겨져 있어, 고려시대의 석탑임을 알 수 있다. 이 탑에 고려 군사의 모습을 엿볼 수 있는 단서가 있다.

탑의 아래 면에는 12지신상과 무기를 든 팔부중상(八部衆像)이 조각되어 있다. 「몽고습래회사」에 묘사된 군사의 귀가리개 부분이 마치 짐승의 갈기처럼 생겼는데, 이 탑에 새겨진 팔부중

1 개심사지 5층석탑에 새겨진 팔부중상 2 몽골군의 전투복
3 점선이 이어진 갑옷 4 조선 초기 갑옷

상의 모습과 흡사하다. 허리띠의 모양과 장화를 신은 모습 등도 팔부중상과 비슷하다.

그렇다면 「몽고습래회사」의 앞부분에 있는 군사들이 고려 군사의 모습일까? 그 해답을 얻기 위해 한국 군복사를 연구하는 김정자 교수에게 자문했다. 그에 따르면 우리나라에는 목 앞을 가리는 투구가 없다. 그런데 몽골군은 목 앞부분을 가린다.

실제 유물로 남아 있는 몽골군의 전투복에서 목가리개를 확인할 수 있다. 그렇다면 털 귀마개를 한 군사는 고려군이 분명한 걸까? 전투복에는 특이하게도 점선 표시가 있다. 이런 모양은 당시 연합군의 유물을 전시하고 있는 원구 사료관에서 확인된다. 점선이 이어진 갑옷. 그렇다면 이것이 그림 속의 군사가 입은 갑옷이 아닐까?

150년 뒤인 조선 초기 갑옷에서도 그 형태를 엿볼 수 있다. 갑옷 속에 철편을 달기 위해 못을 박은 두정(頭釘) 갑옷이다. 즉 그림 속 갑옷의 점선은 갑옷의 못머리인 셈이다. 고려시대부터 착용한 포형(袍型, 두루마기형) 갑옷은 조선시대까지 계속 이어져 완전한 포형을 유지한다. 갑편이나 철편을 댄 것과 비늘 모양의 갑옷이 있는데 전부 포형 갑옷이다.

「몽고습래회사」엔 고려 군사의 또다른 모습이 있다. 군화가 바로 그것이다. 무릎 아래까지 오는 검은 군화는 우리 전통 군화인 목화다. 몽골군의 군화는 이와 다르다. 목가리개를 한 몽골군은 꽉 끼는 형태에 무늬가 있는 군화를 신는다. 700년 전 전쟁 속에서 찾아낸 모습, 이것이 바로 잊혀진 우리 고려 군사의 모습이다.

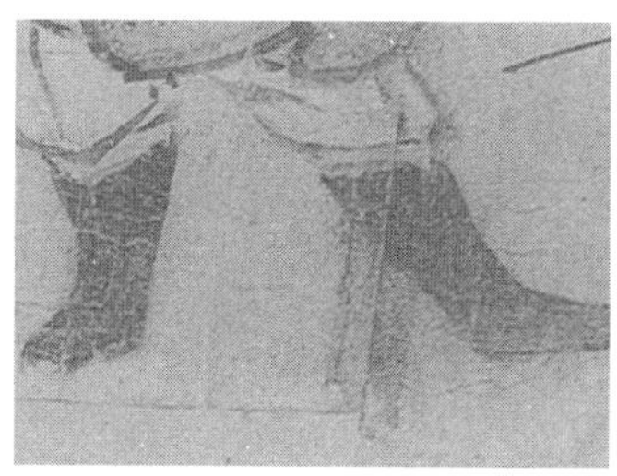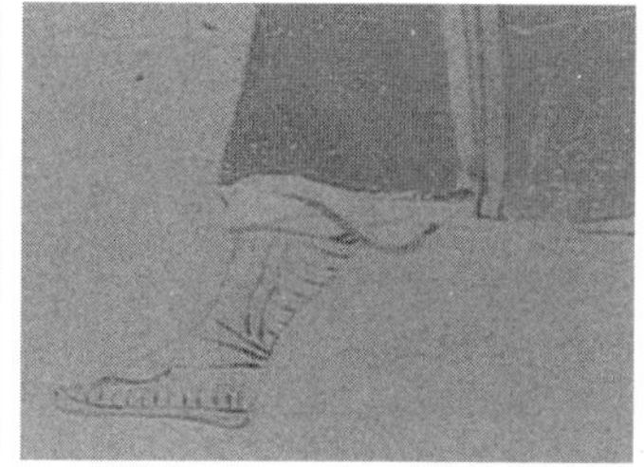

「몽고습래회사」의 일부. (왼쪽)고려군의 군화 (오른쪽)몽고군의 군화

고려의 조선술

바다를 건너온 이상 연합군은 해전을 치러야 했다. 군사들은 배 위에서 어떻게 싸웠을까? 상륙전과 마찬가지로 배 위에서도 역시 연합군은 북과 징에 따라 움직인다. 여·몽 연합군의 일본 정벌 전쟁에서 고려의 전력에 관한 또 한 가지 중요한 단서를 발견할 수 있다. 바로 고려의 배다. 당시 몽골의 기록인 『원사(元史)』에는 주목할 만한 대목이 있다.

"원나라의 전선들은 모두 돌풍에 깨졌으나 고려의 전함은 대부분 무사했다."

여·몽 연합군은 일본 원정에서 뜻하지 않은 폭풍으로 큰 피해를 입는다. 돌풍에도 끄떡없었다는 고려의 전함은 과연 어떠했을까?

여·몽 연합함대가 정박했다가 폭풍을 만난 곳은 나가사키현 다카시마(鷹島)다. 이곳엔 700년 전의 침몰선이 인양되어 있다.

(왼쪽)여·몽 연합함대의 잔해(다카자키민속박물관 소장)
(오른쪽)여·몽 연합함대 침몰선의 닻과 함께 발견된 돌절구

배는 오랜 세월에 부식되어 사라졌지만 그 조각들은 남아 있다. 인양된 유물은 도자기, 돌절구 등 다양하다.

그런데 인양된 유물 중에는 예사롭지 않은 것이 있다. 바로 1994년 다카시마 해역의 고우자키 항에서 출토된 소나무 닻이다. 닻은 원형에 가까운 형태로 발견되었는데, 인양될 때 닻에는 두 개의 돌이 함께 놓여 있었다. 길이 2m 남짓한 이 돌은 닻의 한 가운데 박았던 것이다. 닻돌이라는 이 두 개의 돌을 합한 무게는 무려 338kg이다.

닻이 이 정도라면 배의 크기는 얼마나 될까? 두 개의 닻돌과

1 136쪽 그림에 보이는 배의 잔해와 함께 인양된 두 개의 돌
2 하코자키궁 경내에 전시된 닻돌. 뒤에는 방루를 재현해놓았다.
3 닻돌을 끼워 복원한 닻

닻의 무게를 합하면 1t 가량이다. 닻의 무게를 이용해서 배의 길이를 추정해보면 30~40m 정도가 된다. 인양된 닻을 복원하니 그 길이가 무려 7m에 이른다. 여·몽 연합함대는 이렇게 커다란 닻이 달린 대선을 타고 일본 원정에 나선 것이다.

하카타만 연안의 해저에서 인양된 닻돌은 모두 여섯 개다. 하코자키궁에도 닻돌 하나를 전시하고 있다. 닻돌엔 여·몽 연합함대에 관해 알 수 있는 중요한 단서가 있다. 닻돌의 재질을 분석한 결과 일본에서는 보기 드문 적색 응회암으로 밝혀졌다. 이 돌의 성분은 전라남도 장흥군 천관산(天冠山)의 돌과 일치했다.

일본 원정에 쓰인 배는 천관산의 나무와 돌로 만든 것이었다. 『고려사』에도 이를 뒷받침하는 기록이 있다. 천관산 일대 마을인 관산읍 죽청리의 옛 이름은 조선장터였다. 마을 사람들은 당시 이곳이 조선소였다고 한다. 바다가 간척되기 전, 죽청리마을은 큰 선박이 드나들던 천혜의 조건을 갖춘 포구였다.

이 지역에 조선소가 있었던 흔적이 또 있다. 마을 뒷산에는 오래된 무덤이 있다. 비석은 마모되어 무덤의 주인을 알 수 없지만 무덤을 지키는 두 개의 문인석은 무덤 주인이 상당한 관직에 있었음을 말해준다. 마을 사람들의 입으로 전하는 바로는 이 지역의 조선장에서 높은 벼슬을 지낸 사람의 무덤이다. 고려인들은 바로 이곳에서 군함을 만들며 일본 원정을 준비한 것이다.

그렇다면 고려 전함의 모습은 어떠했을까? 우리 배 연구가 이원식 선생은 「몽고습래회사」에서 고려 배의 원형을 찾는다. 그에 따르면 우리 배와 「몽고습래회사」에 나타나는 배의 상판 조

「몽고습래회사」에 나타난 고려군의 배. 닻을 감고 푸는 물레가 있고 앞 뒷면이 평평하다.

립 방법이 같다. 가장 중요한 것은 닻을 감는 닻줄 물레에 있다. 우리 배는 전통적으로 물레를 사용해서 닻을 감고 풀었던 것이다. 배 앞뒷면 역시 평평하게 막는 것이 고려 배의 가장 큰 특징이다. 「몽고습래회사」의 배는 이런 구조를 따르고 있다. 따라서 「몽고습래회사」의 배를 고려 배라고 보는 것이다.

그렇다면 이런 닻을 사용한 고려 대선의 크기는 어느 정도나 될까? 이원식 선생의 도움으로 고려 대선의 크기를 추정해보았다. 당시 고려는 대선, 중선, 소선을 합쳐서 모두 900척의 배를 만들었는데, 대선 300척의 길이는 25~30m 내외다. 이 정도 규모면 싸움을 하는 전사 60명, 배를 부리는 인부 30~40명 정도로, 모두 80~90명 정도가 탔을 것이다. 당시 대선의 규모를 알 수 있는 기록이 있다.

"쌀 3천 석을 실을 수 있는 배, 100척 건조"

3천 석은 요즘으로 치면 250t 가량이다. (배를 만드는 방식에 대해선 195쪽 그림 참조)

고려의 대선은 쌀 3천 석을 싣고 대양을 건넜다. 당시 고려는 대선 300척을 포함, 900척의 배를 불과 4개월 만에 만들어낼 수 있는 고도의 조선술이 있었다. 이것은 하루아침에 축적된 기술이 아니었다.

고려군의 활약

몽골군은 해전에 익숙하지 않았다. 대신 해전에 강한 고려군이 일본 원정에서 맹활약했다. 일본 원정 당시 고려군의 총사령관은 김방경 장군이었다. 경북 안동시 녹전면에는 그를 모시는 사당이 있다. 대몽항쟁의 영웅인 그는 몽골과 강화한 후 일본 원정군을 이끄는 사령관이 되었다. 김방경은 2만 명의 고려군을 이끌고 1274년 10월 지금의 마산인 합포를 떠난다.

연합군의 상륙지는 모두 세 곳이다. 그 가운데 김방경 부대는 소하라 지역으로 상륙한다.(124쪽 그림 2 참조) 이곳에서 고려군의 활약을 알 수 있는 기록이 있다.

"하카타 해변에서 왜병이 공격하자 김방경이 활을 쏘며 소리쳤고, 왜병이 놀라 달아났다."(『고려사』)

일본에는 당시 일본과 연합군의 전투방식을 소상하게 적은 기록이 있다. 교토 근교의 이와시미즈 하치만궁(石淸水八幡宮) 신사에 보관된 「하치만구도키(八幡愚童記)」라는 기록이다.

"전투 개시 신호로 화살을 쏘니 몽골군이 북을 치고 징을 울리며 폭죽철포를 발사하며 일제히 '와' 하고 함성을 질렀다. 그 소리에 일본군의 말들이 놀라 어쩔 줄 몰라했다."

　　지방 영주들간의 소규모 전투방식에 익숙한 일본군은 대규모 집단 전투가 생소했던 것이다.

　　중세 일본의 전투방식을 연구하는 일본의 한 단체 회원들이 당시의 전법을 재연했다. 진을 갖추고 늘어선 뒤, 대장이 먼저 자신의 내력과 전투 경력을 거창하게 소개하고, 이어 소리 나는 화살을 쏜다. 전투를 개시하자는 일종의 선전포고인 것이다.

　　그렇다면 연합군은 어떤 방식으로 싸웠을까? 후쿠오카의 원구 사료관에는 연합군의 전투방식을 알 수 있는 유물이 있다. 바로 당시 전쟁에서 사용한 징이다. 공격할 때 울린 것으로, 당시 일본에는 징이 없었다. 징 대신 카부라야(鏑矢)라는, 소리 나는 활로 전투 신호를 했다.

　　4만의 군대가 펼치는 조직적인 집단 전투는 막강한 힘을 발휘했다.「몽고습래회사」의 그림에는 항상 고려군이 선두에서 싸우고 있다. 북을 치고 징을 울리며 작전에 따라 움직이는 고려군의 집단 전투에 일본군은 대적할 수 없었다. 당시 몽골의 총

(왼쪽)일본군 병사가 전투 개시의 뜻으로 소리 나는 화살을 쏘는 모습을 재연했다.
(오른쪽)당시 전쟁에서 사용한 연합군의 징

사령관인 흘돈이 고려군의 활약을 평가한 대목이 있다.

"박지량, 김흔, 조변 등이 힘써 싸워 왜병을 대파하니 그 시신이 삼대와 같았다. 원의 장군 흘돈이 '몽골군이 싸움에 익숙하지만 어찌 고려군에 비하리오'라고 말했다."

결국 일본군은 여·몽 연합군에게 밀려 당시 큐슈의 중심지였던 다자이후(太宰府)까지 후퇴한다. 일본군은 전의를 상실하고 이곳에서 농성에 돌입한다.

700년 전의 일본 정벌은 고려군의 강한 전투력을 과시한 전쟁이었다.

고려는 아직까지 많은 부분이 베일에 싸여 있다. 전하는 유물, 유적은 물론 사료도 풍부하지 못한 편이라 그 역사를 알기에 어려운 점이 많다. 그러나 여·몽 연합군의 일본 원정을 담은 「몽고습래회사」에 나타난 뛰어난 조선술과 막강한 해군력, 전쟁에서 맹활약을 한 고려군의 모습은 고려의 새로운 면모로 다가온다.

비록 몽골의 강압에 따른 일본 원정이었지만 고려는 해상왕국의 면모를 보였다. 몽골은 일본 정벌 전쟁 이후 고려의 힘을 꺾기 위해 해상 활동을 금지했다.

여·몽 연합군의 일본 원정은 찬란했던 해상왕국 고려의 모습을 국제 사회에서 확인한 전쟁이었다.

최후의 만주 수복 전쟁, 공민왕의 북벌

몽골 초원에서 바람처럼 일어나 대제국 원(元)을 건설한 몽골. 고려 또한 몽골의 말발굽에 짓밟힌 채 90여 년을 신음했다. 그러나 중국의 정세가 급변하고 원이 쇠퇴하자 고려는 반격을 시작했다.

고려는 1356년 압록강 너머 파사부(婆娑府)를 치고 쌍성총관부(雙城摠管府)를 회복한다. 그리고 1370년 여름 올랄산성(兀剌山城)을 공파하고, 마침내 요성을 공략해 고구려의 옛 땅을 되찾는다. 고구려의 영광을 고려 공민왕이 되살리는 순간이었다. 고구려가 망하면서 우리가 잃어버린 만주벌은 발해의 멸망과 함께 우리 역사에서 영원히 사라진 땅이었다. 고구려 전사들이 넘나들던 드넓은 만주 벌판을 고려말 공민왕이 북벌을 단행하여 수복한 것은 잘 알려지지 않은 역사적 사실이다.

정벌지 요동의 심장부 요동성을 찾다

고려는 건국할 때부터 고구려의 옛 땅, 만주를 찾으려고 끊임없이 노력했다. 그러나 그 꿈은 실현되지 못하다가 고려말에야 공민왕에 의해 비로소 이루어졌다. 공민왕 때라면 고려가 90년간 원의 지배를 받던 때다. 세계 제국 원에 시달려 고려의 국력이 극도로 쇠약해진 당시 공민왕은 마침내 압록강을 넘어 요동을 장악하고 두만강으로 진출하여 고구려의 옛 땅을 되찾았다.

공민왕의 요동 공략을 『고려사』는 이렇게 기록하고 있다.

"고려군이 압록강을 건너 요성(遼城)을 함락했다."

요성은 어디일까? 신의주에서 압록강을 건너 차로 5시간을 달리면 태자하(太子河)가 나온다. 태자하를 건너면 중국 요녕성 요양시에 이른다. 바로 이 요양시가 요동의 심장부였던 요성이다. 요성에는 멀리서도 한눈에 알아볼 수 있는 71m 높이의 거대한 백탑이 있다. 요양을 차지하려는 각국의 쟁탈전 속에서 한때 이곳을 장악한 금나라가 자신의 영토임을 확인시키기 위해 세운 것이다.

요양은 환인, 길림, 대련, 조양 등 동서남북 요지를 잇는 사통팔달의 요충지다. 때문에 군사적으로도 아주 중요한 역할을 했는데, 역대 왕조마다 중요한 전쟁이 이곳에서 자주 일어났다. 수양제의 100만 대군을 격파한 고구려의 요동성도 바로 요양이다. 요양에서의 전투가 전쟁의 승패를 좌우한다고 해도 과언이 아니었다.

고려를 침입한 원은 평안도에 동녕부(東寧府)를, 함경남도 지역에 쌍성총관부를, 제주도에는 탐라총관부(耽羅摠管府)를 설치

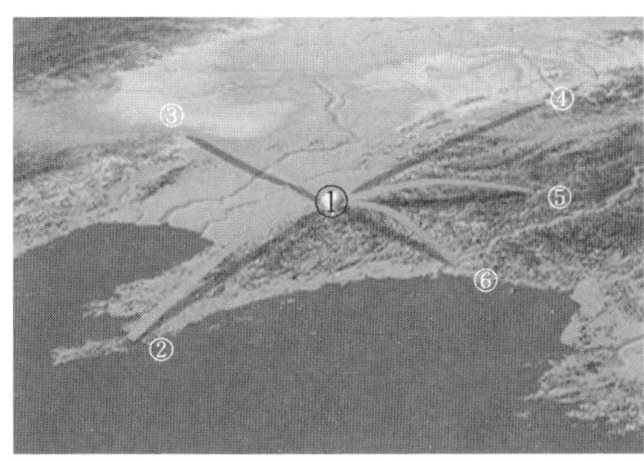

요양의 지정학적 위치
① 요양
② 대련
③ 조양
④ 길림
⑤ 환인
⑥ 의주

1 요양시 문성구의 한 마을에서 발견한 요동성 터의 일부. 성벽의 흙이 다른 지역의 흙과 다르다.
2 얼마 남지 않은 성벽의 일부
3 한 주민이 어릴 적에 본 요동성의 형태를 바닥에 그리고 있다.
4 거의 정확하게 그려진 요동성의 윤곽
5 요동성의 해자
6 태자하

하여 직접 지배했다. 그후 고려의 강력한 요구로 원은 평안도 일대에 설치한 동녕부를 지금의 요양으로 옮기면서 수만 명의 고려인들을 강제로 이주시켰다.

사통팔달의 요지인 요양의 전략적 가치 때문에 공민왕은 이곳을 친 것이다. 그렇다면 요성, 즉 요동성은 어떤 모습이었을까?

1950년대 중국의 대약진운동 과정에서 흔적도 없이 사라진 요동성의 모습을 요양시 문성구의 한 마을에서 어렵게 확인할 수 있었다. 옛 성벽이 남아 있는 마을은 성의 중간 지점이라고 한다. 돌담과 흙무더기에서 옛 성의 흔적을 찾을 수 있다. 12m 높이의 위용을 자랑하던 요동성벽은 초라한 담벼락으로만 남아 있다.

얼마 남지 않은 성벽을 통해 요동성의 위치를 찾을 수 있었다. 마을 주민들의 증언으로 요동성의 모습도 확인할 수 있었다. 한 주민은 어릴 적에 본 요동성의 형태를 정확히 기억하고 있었다. 요동성의 동쪽으로는 두 개의 문이 있었는데 하나는 동문이고 다른 하나는 높을 고(高)자를 쓰는 고려문이었다. 고려문은 고구려의 흔적이다.

주민들의 증언으로 요동성이 모습을 드러냈다. 이들은 성의 내부 구조도 생생히 기억하고 있었다. 문은 물론 성 안 도로까지도 하나하나 그려보았다. 마을 주변을 흐르는 하천은 요동성의 해자였다. 성의 윤곽뿐 아니라 방어체계까지 남아 있는 셈이다. 요동성에는 2중의 해자가 있었다. 요양시를 휘감아 흐르는 태자하는 요양을 지켜주는 천연 방어벽이다.

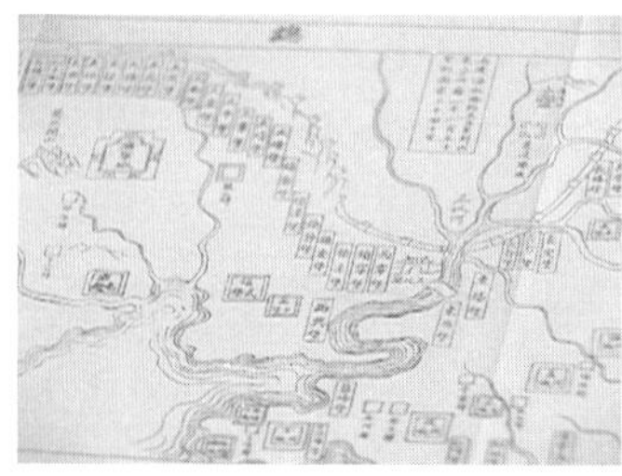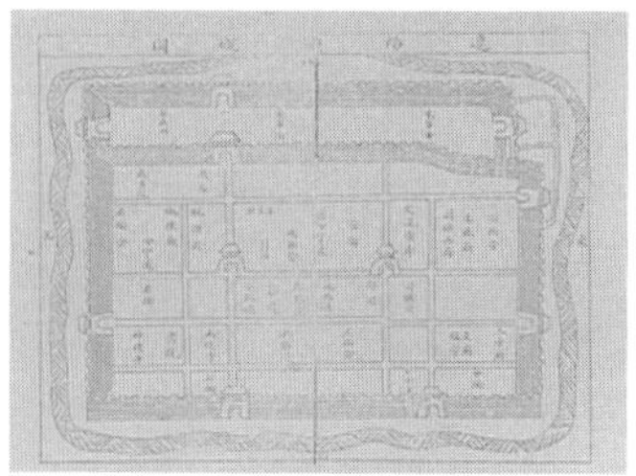

『전요지』에 실린 요양 일대의 지도(왼쪽)와 요동성 내부 상세도(오른쪽). 상세도
엔 성벽과 도로, 건물 등이 명시되어 있고, 성 밖의 태자하도 그려져 있다.

　　요동성의 모습을 좀더 구체적으로 복원하기 위해 요녕성 문
물연구소의 역사학자들에게 자문했다. 그리고 중국 사서 『전요
지(全遼志)』를 통해 요동성의 실체에 다가갈 수 있었다. 『전요
지』는 요동성을 확인할 수 있는 가장 오래된 자료로서 원말 명
초 요동의 각종 지도들을 빠짐없이 모은 것이다. 산천과 도로,
거주지 등이 아주 상세하여 당시의 요동 지리를 한눈에 파악할
수 있다.

　　요양 지역을 그린 지도에서 요동성의 구체적인 모습이 확인
된다. 요동성 내부를 그린 상세도도 있었다. 긴 직사각형 성벽을
따라 태자하가 남북으로 흐르다가 다시 동서로 방향을 바꾸고
있다.

　　성 안의 각종 방어 시설도 보인다. 잘 구획된 도로와 주택, 관
공서들이 바로 고구려의 요동성이자 원나라의 요성을 말해준다.
이는 마을 주민의 증언과도 일치하는 것이다.

　　요동평야 한가운데, 태자하를 방어막으로 삼아 세운 20~30m

높이의 거대한 요동성은 이렇게 모습을 드러냈다. 요동성은 수나라의 백만 대군도 넘지 못한 고구려의 자랑이었고, 거란의 중심 무대였으며, 원의 동북아 지배의 중심지였다. 공민왕은 바로 이곳을 장악한 것이다.

『고려사』에는 고려의 요성 정벌을 이렇게 기록하고 있다.

"요양과 심양 일대는 고려의 땅이요, 백성은 고려 백성이다. 이제 의로운 군대가 들어와 백성을 어루만져 편안케 하노니…."(『고려사』)

공민왕의 요동 정벌은 고려초부터 지속적으로 추진해온 북진 정책의 발로였다. 그뿐만 아니라 고구려 멸망으로 만주 지역을 잃은 지 약 600년이 지나 이를 회복하려는 움직임은 민족사의 일대 사건이었다. 요동 정벌은 원의 식민 지배에서 주권을 회복하겠다는 공민왕의 반원자주정책의 완성이자, 고구려의 후예임을 자부하던 고려의 상징이었다.

요동 장악을 위한 전초 작전, 오녀산성과 팔참 공략

공민왕은 요새 중의 요새이자 수나라 백만 대군도 함락하지 못했던 이 난공불락의 성을 어떻게 수복했을까? 이는 결코 하루아침에 이루어진 것이 아니다. 요동의 심장부인 요동성을 공격하고 만주를 되찾으려고 공민왕은 20여 년에 걸쳐 치밀하고 끈질긴 준비를 했다.

한반도와 중국의 국경을 이루는 압록강, 북한의 신의주와 중국의 단동시는 예로부터 압록강을 사이에 둔 양국의 관문이다. 압록강을 건너자마자 만나는 중국의 첫 도시 단동(丹東)은 대륙으로 진출하려면 반드시 딛고 가야 하는 도시다. 본격적인 요동 공격을 위해 공민왕은 이곳에 교두보를 확보한다.

『고려사』는 이때의 일을 이렇게 기록한다.

"인당(印璫)이 군사를 이끌고 압록강을 건너 파사부 등 3참(站)을 공격하여 격파했다."(『고려사』)

'압록강을 건너 격파한 파사부'는 단동에 있는 원의 중요한 역참이었다. 원은 요동의 주요 도로에 역참을 설치했는데, 이곳이 바로 파사부참이 있던 곳이다.

역대로 파사부는 역사의 고비마다 격전이 벌어진 곳이다. 러일전쟁 때도 만주 진출을 놓고 두 나라가 이곳에서 충돌했다. 문헌에는 파사부가 호산(虎山)이나 구련성(九蓮城)으로 기록되어 있다. 고구려의 구련성이 바로 파사부다. 구련성은 중국의 요지이자 압록강을 건너 중국에서 한국으로 갈 때의 주요한 관문이다.

공민왕은 요동으로 들어가는 첫 길목인 파사부를 교두보로 확보했다. 한반도에서 요동 핵심 지역으로 가려면 몇 가지 길이 있는데 그 중 가장 지름길이자 안전한 길이 바로 신의주를 통과하는 길이다. 압록강을 건너 단동 지역에 도착한 다음 봉성(鳳城)을 거치면 요양으로 갈 수 있다. 이런 지리적 이점 때문에 파사부는 고대부터 매우 중요하여, 고구려군은 요동으로 진출하는

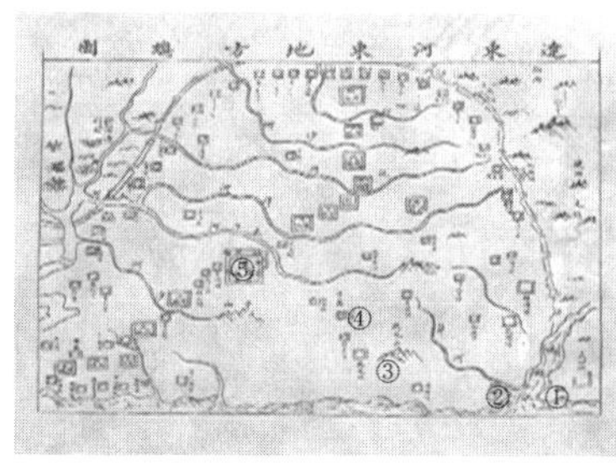

『전요지』 가운데 의주~요양으로 이르는 길목이 나타난 지도
① 의주
② 구련성
③ 봉황성
④ 연산관
⑤ 요양

중요한 거점으로 사용했다.

공민왕은 이후 요동으로 가는 또 하나의 교두보를 확보한다. 『용비어천가』는 조선왕조 건국의 정당성과 태조 이성계 및 그 선조들의 위업을 찬양하는 최초의 한글 서적이다. 『용비어천가』에는 태조 이성계가 요동 정벌의 교두보를 확보하는 과정에서 활약하는 모습이 있다. 올랄산성 정벌. 그것은 고려군이 본격적인 요동 정벌을 앞두고 단행한 마지막 정비작업이었다. 그렇다면 올랄산성은 과연 어디인가?

올랄산성, 우라산성 등 이 산성은 이름이 여럿인데, 이는 만주어를 한자로 표기할 때 생기는 문제다. 올라, 우라는 만주어와 여진어로 각각 강을 의미한다. 즉 강가의 성이란 뜻이다. 올라, 우라산성 등은 고구려 때의 성을 여진족이 그대로 쓰면서 이름만 바꾸어 부른 것으로, 오늘날 오녀산성(五女山城)이라고 보는 것이 타당하다.

인구 30만의 자그마한 도시인 환인(桓因)은 압록강 중류에서 50km 북쪽에 있다. 고구려 700년의 역사가 이곳 환인에서 시작되었다. 고구려의 첫 수도였던 환인시의 북쪽에는 특이한 모습의 산성이 있다. 마을 뒤에 우뚝 솟아 있는 산성, 오녀산성이다. 산성이라기보다는 거대한 바위산처럼 보이는 오녀산성은 마치 바위병풍을 펼쳐놓은 듯 산 중턱부터는 사방이 깎아지른 절벽이다.

산성 입구에는 중국측이 세운 '고구려 첫 수도'라는 표지석이 있다. 오녀산의 험한 능선의 끝자락에는 전형적인 고구려 산성의 모습이 나타난다. 사람들이 오를 수 있는 구릉을 긴 성벽으로 둘러 막았다. 이 성벽이 고구려의 첫 수도를 지킨 산성이다. 성벽은 큰 충격에도 무너지지 않는 튼튼한 구조다. 2천 년 세월을 견디고 남은 성벽이 이를 말해준다. 이곳에 성을 쌓은 이유는 다른 지역에 비해 지세가 평탄하기 때문이다. 고구려는 지세에 맞게 높이 3m, 폭 2.5m의 성벽을 쌓았다.

성벽을 넘더라도 성 안으로 진격하는 것은 결코 쉽지 않다. 200~300m 직벽으로 깎아지른 절벽이 가로막고 있기 때문이다. 암벽 틈새의 몇 군데 통로만 장악하면 이곳은 철옹성이 된다.

해발 820m의 산꼭대기에 오르면 꽤 넓은 평지가 나타난다. 성 안의 남북 1km, 동서 300m의 넓은 평지는 방어군이 주둔하기에 충분하다. 2천 년 전 고구려는 난공불락의 요새에 첫 왕궁을 지었다. 왕궁 자리에는 아직도 주춧돌이 남아 있다. 돌로 정교하게 쌓은 한 시설은 당시 군수 물자나 식량을 보관하는 창고로 추정된다.

산 정상에서 보면 환인 시내가 막힘 없이 한눈에 들어온다.

1 멀리서 바라다본 오녀산성 2 오녀산 끝자락의 고구려 산성
3 고구려 왕궁 터 4 군량창고 터
5, 6 산 정상에서 내려다본 혼강(5)과 환인 시내(6)

『고려사』에는 오녀산성 정벌 결과를 이렇게 기록하고 있다.

"태조가 기병 5천과 보병 1만 5천으로 공격하니 이튿날 우두머리 20인이 무리를 이끌고 항복했다. 주변의 여러 성들도 모두 항복하여, 얻은 호수(戶數)가 1만 호나 되었다." (『고려사』)

고려가 요동을 장악하려면 파사부와 함께 반드시 이곳을 확보해야 했다.

오녀산성은 압록강 중류에서 요동성을 공격할 때 중간 지점에 있다. 그렇기 때문에 이곳에서 교두보를 확보할 필요가 있다. 또 한 가지는 이 지역을 두고 갈 경우, 토착 세력이나 다른 적대 세력들에게 배후를 공격당할 염려가 있다. 따라서 요동 지방을 공격하려면 환인 지방을 반드시 장악해야 한다.

요동성으로 통하는 양대 길목 장악. 이것이 요동성 정벌에 성공한 공민왕의 승부수였다.

이성계와 최정예 고려군

해발 820m, 깎아지른 듯한 절벽의 산성에서 전투를 치른 것은 믿기 힘들다. 천혜의 요새 오녀산성을 고려군은 어떻게 함락했을까? 그 비결은 『용비어천가』에서 엿볼 수 있다. '편전(片箭)'을 사용한 전투 기록이 그것이다. 이 전투의 지휘자는 당시 동북면 병마사 이성계(李成桂)였다. 『고려사』는 다음과 같이 전투를 묘사하고 있다.

"이성계가 편전 70발을 쏘아 모두 얼굴에 맞췄다."

바로 이 편전이 승리의 비결이었다.

편전은 어떤 무기일까? 우리 민족의 무기 가운데 가장 우수한 것은 활이다. 편전은 화살의 일종이다. 그런데 일반 화살의 절반도 안 되는 30cm 길이다. 이 짧은 화살에 어떤 비밀이 있을까?

편전을 쏘는 데는 아주 특별한 기술이 필요하다. 일반 활에는 없는 덧살이 필요하기 때문이다. 덧살은 작은 대나무를 반으로 잘라 만든다. 편전은 덧살을 씌워 시위를 당긴다. 이렇게 덧살을

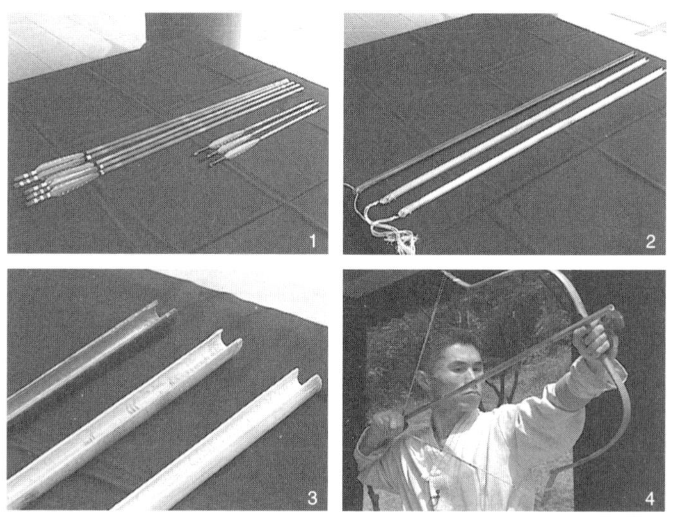

1 일반 화살과 편전
2, 3 덧살 3은 덧살의 끝부분이다.
4 덧살에 끼운 편전을 쏘는 모습

타고 날아가는 화살은 상대방의 눈에 보이지 않기 때문에 피할 수가 없다. 덧살은 편전이 안정적으로 날아가는 궤도를 만들어 준다. 이 때문에 편전은 먼 거리를 강하게 날아갈 수 있다.

그렇다면 편전의 위력은 어느 정도일까? 일반 활과 편전의 사정거리를 비교해보았다. 화살은 225m, 편전은 317m 지점에 떨어졌다. 편전이 일반 화살보다 100m 가량 더 멀리 나간 것이다. 이것은 전쟁터에서 엄청난 차이를 가져온다.

소총탄을 만드는 한 방위산업체의 도움으로 속도를 측정했다. 두 개의 막을 통과할 때 걸리는 시간을 측정하는 소총탄 실험장치를 이용했다. 속도가 빠르면 곧 관통력이 크다는 것인데, 일반 활과 편전의 속도 차이는 어느 정도일까?

이 속도 실험 결과는 컴퓨터를 통해 자동으로 계산된다. 일반 화살의 속도는 초당 59.8m다. 편전의 속도는 초당 71.8m로 일반 화살보다 초당 12m가 빠르다. 사정거리와 관통력이 일반 활보다 훨씬 뛰어난 편전이 바로 고려의 비밀 병기였다.

고려말기 군사 편제는 고려전기와 달리 원의 영향을 받아서 개별 군사 집단이 전투력의 중심이 되는 방식이다. 이러한 군사 편제에서는 지휘자가 어떠한 능력을 갖고 있는지가 전투에서 대단히 중요한 요소로 작용한다. 강력한 원의 통제에도 고려군은 막강한 전투력을 잃지 않았다. 고려말의 뛰어난 명장들 가운데서도 이성계의 활약은 단연 눈부셨다.

이성계가 이끄는 고려군의 뛰어난 전투력에 숨겨진 또다른 비결은 기마술에서 찾을 수 있다. "고려는 단오 때면 격구(擊毬)

시합을 즐겼다. 공민왕 때 이성계도 격구 선수로 선발되어 시합에 나갔는데, 말 위에서 엇마기라는 어려운 기술을 보이자 나라 안의 모든 사람들이 듣도 보도 못한 일이라며 놀라워했다.”(『용비어천가』)

당시 이성계는 최고의 격구 선수였다. 격구와 기마술은 어떤 관계가 있을까?

격구채는 등나무로 만든 것으로 길이가 120cm이고, 끝부분은 공을 담을 수 있다. 나무로 만든 격구공의 지름은 7cm다. 말을 달리며 격구채로 공을 치거나 던져 장문, 즉 골대에 넣는 경기

1 격구채의 끝부분 2 격구공 3, 4 격구하는 장면
말을 타고 격구공을 얹은 격구채를 휘두르며 여러 가지 묘기를 보이고 있다.

가 바로 격구다. 격구는 배지, 수양수, 치니매기 등 다양한 기술을 말 위에서 겨루는 운동이다. 그렇기 때문에 고려에서는 격구가 기마 훈련의 한 과정이었다.

『고려사』에는 군인들이 격구로 훈련했다는 기록이 끊임없이 나온다.

"신기군사(神騎軍士)의 격구를 사열하고 (…) 견룡군(牽龍軍)에게 명하여 격구를 하게 했다."(『고려사』)

편전이라는 신무기와 뛰어난 기마술을 지닌 막강한 고려군이 있었기에 공민왕의 북벌은 가능했던 것이다.

공민왕의 자주성회복정책
(반원정책, 옛 땅 회복, 쌍성총관부 탈환)

공민왕의 북벌 준비는 단지 군사들에게만 국한된 것이 아니었다. 공민왕 즉위 원년에 이런 기록이 있다.

"재추(宰樞)부터 이서(吏胥)에 이르기까지 사람마다 활 하나, 화살 쉰 개, 칼 한 자루, 창 하나를 갖추게 하여 사열했다."

재추란 가장 높은 벼슬아치, 즉 재상을 말하고, 이서란 최하위직인 아전을 말한다. 공민왕은 이처럼 군인이 아닌 일반 사람들까지 무장을 시키고 북벌을 준비한 것이다. 이렇게 즉위 초부터 공민왕은 대대적인 만주 수복 전쟁에 만반의 준비를 했다. 원나라의 지배에 시달리던 고려, 스러져가는 고려의 영광을 되살린 공민왕은 과연 어떤 왕이었을까?

개성 시내를 벗어난 아늑한 산자락, 봉명산 중턱에는 똑같이 생긴 두 개의 봉분이 있다. 공민왕과 왕비 노국공주의 능이다. 공민왕은 원 황실의 노국공주와 결혼했다. 당시 고려 왕은 원나라 공주를 왕비로 맞아야 했다. 그뿐 아니라 고려의 왕자는 원에 잡혀가 볼모로 지내야 했다.(『역사스페셜』 4권의 「700년의 사랑, 공민왕릉」 참조)

공민왕도 열두 살 때부터 12년 가까이 원에 볼모로 있었다. 당시 고려의 정치는 원이 좌지우지했다. 공민왕의 형 충혜왕은 정치를 잘못한 책임을 지고 원나라에 잡혀가 독살되었다. 어린 조카 충목왕, 충정왕이 왕위에 오르면서 고려의 국정은 더욱 혼미해졌다. 인질로 잡혀간 공민왕은 오랜 기간 원의 수도에 머물면서 원의 내부 사정을 속속들이 파악하여 자주정책을 추진하려는 의지를 더욱 확고히 다진다.

1351년, 스물두 살의 공민왕은 마침내 오랜 볼모 생활을 마치고 고려로 돌아와 고려 31대 왕이 된다. 즉위하자마자 공민왕은 강력한 반원정책을 펴나간다. 당시 고려에는 몽고풍이 만연했다. 공민왕은 먼저 원의 복식과 변발을 금지하고 모든 관제를 고려의 관제로 되돌린다.

고려의 자주성을 되찾으려는 공민왕의 개혁은 신속히 진행된다. 원의 연호〔年號, 당시는 '지정(至正)'〕를 폐지하고, 모든 법률과 제도를 고려초의 전통으로 되돌린다. 그리고 원의 권력에 기대어 권세를 누리던 기철, 권겸, 노책 등 부원 반역배를 숙청함으로써 내부 개혁을 완결짓는다. 이것은 당시 원의 권력에 빌붙어 살아가던 세력에 대한 하나의 경고였다. 또한 고려의 본격적인 반원 개혁의 출발이며 상징이라는 점에서 대단히 혁명적인 일이었다.

공민왕 즉위 당시 중국 대륙은 격동기였다. 전국 각지에서 원에 반대하는 무장봉기가 일어나고 있었다. 특히 주원장은 명을 건국하고 원을 북방으로 몰아내고 있었다. 중국 대륙의 변화를 면밀히 분석해오던 공민왕은 이 기회를 놓치지 않고 과감한 반원자주화정책을 단행한 것이다. 공민왕은 원의 간섭기 이후 누적된 사회·경제적 모순을 척결하고 새로운 개혁 정치의 모델을 제시했다. 때문에 고려 역대 34명의 국왕 가운데 태조 왕건과 비견되는 뛰어난 정치가이자 훌륭한 군주로 평가된다.

공민왕은 내부 정비가 끝나자마자 원에게 빼앗긴 쌍성, 즉 함흥 이북의 영토 회복에 나선다. 쌍성총관부는 고려의 영역 안에 있기 때문에 이곳에 주둔한 몽골군은 고려 정부에게 가장 위협적인 존재였다. 또 이 지역의 지배층은 원나라에 빌붙은 반역배들로 구성되어 있어서 이들을 제거하지 않고는 왕권의 안정을 도모할 수 없었다. 반원정책을 추진한 공민왕은 영역의 회복이야말로 자주성 회복의 첫 발로라고 판단한 것이다.

원의 군대가 100년 가까이 고려 땅에 주둔해야 했던 치욕을 씻고 건국 이래 꿈꾸어온 북벌을 완성한 공민왕, 그는 고려의 자주성을 되살린 위대한 왕이었다.

공민왕이 확보한 북방한계선

쌍성총관부를 점령한 이후 수복한 땅이 어디까지인지는 명확하지 않다. 대략 일제시대 일본 학자들이 주장한 함경도 일대라고만 알려질 뿐이다. 그런데 일부 학자들이 이의를 제기하고 있다. 과연 공민왕은 쌍성총관부를 몰아내고 어디까지 북진했을까?

조선왕조 『태종실록』에 공민왕이 수복한 땅에 대한 기록이 있다.

"지정(至正) 16년에 이르러 공민왕이 공험진(公嶮鎭) 이남을 본국에 환속하고 관리를 정하여 관할하여 다스렸다."

지정은 원나라 순제의 연호로, 지정 16년은 1356년, 공민왕이 쌍성총관부를 친 그 해의 기록이다. 그렇다면 공민왕이 쌍성총관부를 치고 수복한 땅은 공험진 이남이라는 얘기가 된다.

고려대 박물관에는 17세기 조선시대에 그린 귀중한 화첩 「북관유적도(北關遺蹟圖)」가 있다. 이 화첩은 함경도에서 무공을 세운 인물들의 활약상을 담고 있다. 전투 모습이 생생하고 박진감 넘친다. 그림에는 해설이 실려 있다.

그런데 이 화첩에 눈길을 끄는 그림이 한 점 있다. 「척경입비도」라는 제목의 그림으로, 바로 여기에 공험진의 단서가 있다. 해설에는 고려 예종 때 여진을 쳐서 3성을 빼앗고 새롭게 6성을 쌓은 윤관(尹瓘) 장군의 전공(戰功)이 소개되어 있다. 새로 쌓은 육성 가운데 최북방 경계인 공험진의 선춘령(先春嶺)에 비를 세우는 장면이라는 설명이다. 이 장면은 바로 윤관 장군의 북방

「척경입비도」. 선춘령에 비를 세우는 장면이다. 오른쪽은 왼쪽 그림의 표시 부분. '高麗之境(고려지경)'이라 새긴 비를 병사들이 세우고 있다.

개척을 이야기하고 있다.

『고려사』에서는 이 역사적 사실을 이렇게 설명한다.

"9성은 오랫동안 여진이 점령하여 거주한 곳으로, 예종 2년 윤관 장군이 군사 17만을 이끌고 여진을 쳐서 군사를 나누어 그 땅을 다스렸다."(『고려사』 예종 2년)

『고려사』는 새로 축성한 6성 중 공험진에 고려의 최북방 경계비를 세웠다는 사실도 확인해준다.

"여진을 평정한 윤관은 여섯 개의 성을 쌓고 공험진에 경계비를 세웠다."(『고려사』 예종 3년)

고려 국경의 최북단에 있었다는 공험진은 어디일까? 세종 때 실측한 자료를 토대로 만든 지도 「조선국희도(朝鮮國會圖)」가 있다. 공민왕이 공험진을 회복한 때로부터 100년 정도 지난 시기니까 상당히 정확한 지도인 셈이다. 특히 두만강 유역 북방 지역을 자세히 그려놓았다. 그런데 백두산과 두만강에 공험진과 선춘령이 표시되어 있다. 놀랍게도 공험진과 선춘령은 두만강 너머에 있었던 것이다.

공험진이 두만강 이북이라는 근거는 『세종실록지리지』에서도 찾을 수 있다.

"경원도호부(慶源都護府)에서 북쪽 700리에 공험진이 있고 동북쪽으로 700리에 선춘현(峴)이 있다."(『세종실록』)

경원도호부가 있던 경원은 지금의 함경북도 샛별군이다. 경원도호부 북쪽 700리에 공험진과 선춘현이 있다는 것이다. 『세종실록지리지』에는 공험진과 선춘령으로 가는 길이 아주 구체적으로 서술되어 있다. 이 기록만 따르더라도 최소한 공험진은 두만강 이북 340리 지점이다. 공험진이나 선춘령은 지금의 연길 지방인 옛날 간도 지방에서 찾아볼 수 있다는 얘기다.

그렇다면 고려의 최북방 경계, 공험진은 과연 연길 지역일까? 1900년대 초 일본이 작성한 「통감부 임시 간도 파출소 기요(紀要)」라는 극비 보고서에는 아주 중요한 실마리가 있다. 당시 일본은 간도, 즉 연길의 유적을 조사했는데, 놀라운 발견이 이 보고서에 있다.

"중국 연길 국자가(局子街) 서쪽 1리 반 지점에 있는 포이하통하(布爾哈通河) 강물에서 커다란 석비를 발견했다. 비문의 대부분은 알아볼 수 없고 남은 약 20자

「조선국회도」의 일부. 표시 부분에 공험진, 선춘령, 두만강('豆門'이라 표기) 등이 보인다. 여기선 보이지 않지만, 두만강 아래쪽엔 온성과 종성이 위치한다.

의 글자 중 다행히 무자년(戊子年)이라는 기록을 알 수 있다. (…) 무자년은 고려 예종 3년으로 윤관이 비를 세운 해와 일치한다."

그렇다면 이 비석이 바로 공험진비인가? 중국 연길·두만강을 건너 자동차로 1시간을 달리면 연변 조선족 자치주의 주도인 연길에 닿는다. 흔히 말하는 간도 지역의 중심지다. 연길의 중심가 국자가에는 해방 전만 해도 일제가 발견한 비가 보관되었다고 한다. 하지만 해방 후 중국 당국은 비를 어디론가 치웠다. 실제로 그 비를 보았다는 증언자들도 많다. 이 지역에 사는 한 노인은 60년 전에도 공험진비를 보았다고 증언했다.

국자가에서 서쪽으로 1.5리 지점에서 여러 개의 비를 발견했다. 당시 발견한 여러 개의 비 가운데 하나가 윤관의 공험진비다. 비석의 크기는 무려 3m, 무게는 수천 kg이었다고 한다. 어마어마한 크기의 이 비석을 멀리서 가져오지는 못했을 것이다. 공험진의 선춘령은 연길 주변의 산일 가능성이 크다. 고려의 최북방 경계비인 공험진비는 과연 어디에 있었을까?

(왼쪽)북대고성 (오른쪽)북대고성의 토성 흔적

가장 가능성이 높은 곳은 연길 뒷산이다. 이 산은 연길의 북쪽을 막고 있는 산으로, 북대고성이라고도 불린다. 산 정상에는 토성 흔적이 뚜렷이 남아 있다. 중국 사학계에서는 이곳을 고구려 산성으로 보고 있다. 그렇다면 후대에도 당연히 주요한 군사시설로 사용되었을 것이다. 이곳에서 보면 연길시가 한눈에 들어온다. 고려군이 이쪽으로 들어왔다면 이곳은 아주 중요한 군사시설이 되었을 것이다. 공험진의 선춘령일 가능성이 가장 높은 지역임에 틀림없다.

고려의 최북방 경계인 공험진의 정확한 위치는 좀더 깊이 연구해야 할 과제다. 그렇지만 최소한 두만강 건너 연길 북방에 공험진이 있었다는 사실은 명확해진다.

동으로는 두만강 너머 간도 지역까지, 서쪽으로는 요동의 심장부인 요성까지, 고려의 공민왕은 원나라를 내쫓고 옛 땅을 되찾는 북벌을 성공리에 마무리지었다.

그러나 아쉽게도 공민왕은 수복한 만주 땅을 오래 지킬 수 없었다. 끊임없이 남쪽을 침입하는 왜구와 날로 강성해지는 명나라의 압력 속에 만주를 끝까지 지키기에는 한계가 있었다. 공민왕은 만주가 우리 땅임을 선포하고 군대를 철수했다. 하지만 공민왕의 만주 수복으로, 이후 조선은 두만강 유역을 확보했다. 또한 만주가 우리 역사의 무대라는 점을 새삼 확인했던 것도 공민왕의 북벌이 가져온 성과였다.

고려 공민왕의 만주 수복 전쟁은 우리 역사상 마지막 만주 공략이었다.

고려시대, 우리는 로켓을 쏘았다

'주화(走火)'. 날아가는 불이라는 뜻의 이 물체는 얼핏 보면 화살과 비슷하다. 그러나 화살은 화살대 뒤에 홈을 파서 시위에 건 뒤 당긴 힘으로 날아간다. 주화는 그런 홈이 없고, 통 안에 있는 화약을 태워 생기는 추진력으로 날아간다. 바로 이 점 때문에 주화를 '로켓'이라고 할 수 있다. 주화를 만든 것은 고려말인 1380년경이다. 무려 600년 전에 벌써 로켓 원리를 이용한 무기를 만들었다는 얘기다.

주화 비행의 비밀

600년 전, 고려시대에 만든 주화는 현재 남아 있는 것이 없다. 그렇다면 주화의 비행 원리는 어떻게 알아낼 수 있을까. 의문의 실마리를 풀기 위해 대전에 있는 항공우주연구소를 찾았다. 로켓 전문가 채연석 박사는 고려시대에 주화라는 로켓 무기가 있었다는 사실과 비행 원리를 밝혀냈다.

그가 주화의 비행 원리를 밝혀낸 실마리는 『국조오례서례』의 「병기도설」에 있다. 조선시대 세종 연간에 간행된 이 책에는 여러 화약 무기의 설계도와 제작방법이 자세히 기록되어 있다. 『국조오례서례』의 설계도를 분석한 결과 '신기전(神機箭)'이 로켓 발사의 원리로 날아가는 무기임을 밝혀냈다. 그리고 이러한 로켓 무기가 세종시대 훨씬 이전에도 있었음을 알게 되었다. 문헌을 통해 신기전처럼 로켓 원리를 이용해서 만든 주화가 고려시대 우왕대에 만들어졌음을 확인할 수 있었다.

주화는 어떻게 스스로 날아갈 수 있었을까? 비밀은 주화에 부착하는 화약통, 즉 약통에 있다. 약통 안에는 화약이 잘 탈 수 있도록 빈 원추형 공간을 만든다. 이 공간이 있어야 주화가 추진력을 낼 수 있다. 공간의 크기에 따라 추진력과 추력작용의 방향이 결정된다. 화약이 탈 수 있는 약통 내부의 공간은 반드시 정해진 크기대로 정밀하게 만들어야 한다.『국조오례서례』는 반드시 뾰족한 철침을 끼워 약통 안에 공간을 만들도록 지시하고 있다. 이때 약통 안에 있는 공간의 크기 못지않게 중요한 것은 내부 공간의 끝에 있는 약통 구멍의 크기다.

『국조오례서례』에는 약통 밑에 뚫린 구멍의 크기까지 정확하게 정해두고 있다. 소(小)주화의 경우 구멍의 크기는 1푼 3리(약 4mm). 여기서 '리'라는 단위는 0.31mm로 대단히 정밀한 수치이다. 이렇게 구멍 크기를 정밀하게 지시한 것은 구멍의 크기가 로켓 성능에 직결되기 때문이다. 구멍이 너무 크면 멀리 날아가지 못하고, 너무 작으면 통이 폭발한다. 즉 약통 안에 채운 화약이 타들어가면서 내부의 원추형 공간에서 고압 가스를 발생시키고, 그 가스가 구멍을 통해 빠져나가는 힘으로 로켓이 날아가게 된다. 현대의 로켓과 발사 원리가 같다.

주화가 로켓의 원리로 날아간다면, 날아갈 수 있는 거리는 과연 얼마나 될지 직접 주화를 쏴보았다. 600년 전 고려시대에 만든 것과 같은 방법으로 주화를 만들고 발사 준비를 했다. 그다음 150m 지점을 예상 도달지점으로 설정하고 목표물을 설치했다. 발사된 주화는 목표물을 지나 훨씬 멀리 날아갔다. 주화의

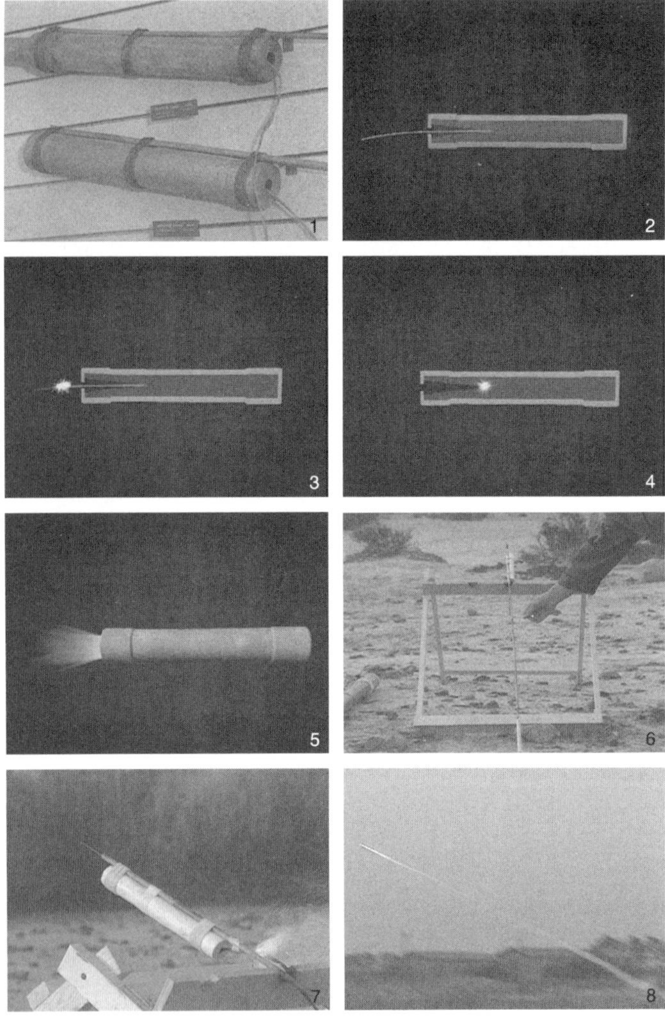

사정거리는 250~280m였다. 원거리의 적을 공격하는 화살의 사정거리와 비교했다. 화살의 사정거리는 100~150m였다. 주화는 화살에 비해 사정거리를 획기적으로 연장한 무기였다.

신무기 주화, 진포해전에서의 위력

고려시대에 화살보다 두 배나 멀리 날아갈 수 있는 로켓 무기를 개발했다는 것은 의미 있는 사건이다. 주화가 등장하기 전만 해도 전투가 벌어지면 일반적으로 화살이 주된 공격무기였고 최후엔 칼과 창으로 직접 맞붙어 싸우기 마련이었다. 이런 전투에서 사정거리가 긴 무기를 보유하는 것은 그만큼 전세를 유리하게 이끌 수 있음을 뜻했다.

주화가 처음으로 위력을 발휘한 것은 1380년 진포해전(鎭浦海戰)이었다. 전북 군산항은 과거 진포라고 불리던 곳이다. 진포는 가까이 만경평야, 금강평야 같은 곡창지대가 있어 세금으로 바치는 곡식을 모아두는 창고인 조창(漕倉)이 발달했다. 당시 국가가 관리하는 곡식창고 가운데 가장 규모가 큰 진성창(鎭成倉)도 이곳에 있었다. 특히 금강 하구에 있는 진포는 인근 지역에서 세금으로 거둔 곡식들이 바다를 통해 개성까지 운반되는 수상

주화의 화약통(1)과 내부(2~5 CG) 및 발사실험 3 심지에 불을 붙인다. 4 원통형 공간 안에서 화약에 불이 붙는다. 5 가스에 의한 추진력으로 나아간다. 6 발사대에 놓고 점화한다. 7 심지가 타들어가는 모습 8 포물선을 그리며 멀리 날아가는 주화

군산 시민공원에 세워진 진포 대첩비

운송의 중심지였다.

이 때문에 1350년경부터 일본의 해적집단인 왜구들은 진포에 자주 침입해 들어왔다. 왜구로 인한 피해는 막대했다. 왜구는 14년 동안 총 380차례나 침입해, 왜구들이 자주 몰려오는 바다 가까운 지역은 사람이 살 수 없는 텅 빈 마을이 되었다. 유민이 늘어나고 국가의 재정도 위협을 받았다. 고려 왕실은 왜구 소탕을 위한 대책을 마련하느라 고심했다. 그러나 왜구는 언제 어디서 나타날지 모르는 게릴라식 전법으로 고려 군대를 따돌렸다.

이런 상황에서 600년 전 이곳 진포에서는 고려군과 왜구 사이에 이전과는 전혀 다른 양상의 전투가 벌어졌다. 1380년, 왜구는 내륙 지역을 약탈하기 위해 진포에 전함 500척을 몰고 왔다. 500척의 규모는 한 척에 탈 수 있는 인원을 100명만 잡아도 5만 명에 이르는 엄청난 병력이다. 이때 고려 수군의 전함은 고작 100척, 병력은 왜구의 5분의 1에 불과했다.

그러나 고려 수군은 왜구가 약탈한 곡식을 배에 싣고 있을 때 공격했다. 그리고 왜구의 전함 500척을 모두 불태웠다. 50여 년 동안 고려 전역을 불안에 떨게 한 왜구들이 섬멸되는 순간이었다. 당시 전투 상황을 『고려사』는 이렇게 기록하고 있다.

"불꽃과 연기가 하늘을 뒤덮었다. 배에 있던 왜구는 모두 불에 타죽거나 바다에 빠져죽었다."

고려의 수군이 이처럼 대승을 거둔 힘은 어디에 있을까. 그것은 당시 최신 무기였던 화포, 그 중에서도 특히 로켓 무기인 주화를 사용한 덕분이다.

"주화를 쏘면 그 형상을 보거나 소리를 듣는 자는 모두 항복한다."(『고려사』)

주화의 위력은 이뿐만이 아니었다. 멀리까지 날아가는 주화는 당시 해상 전투 방식에도 큰 변화를 가져왔다. 기존의 해상 작전은 적의 배 가까이 가서 강한 돌기가 부착된 뱃머리를 부딪쳐 싸우는 당파술(撞破術) 위주였다. 하지만 주화를 사용하면서 근접전에서 탈피, 원거리 작전이 가능해졌다.

주화를 사용한 진포해전을 기점으로 왜구의 기세는 크게 꺾인다. 삼남지방의 연해뿐 아니라 내륙 깊숙한 곳까지 들어와 고려 전역을 초토화하던 왜구를 평정하기 시작한 것이다.

가공할 주화, 그 위력의 비밀

주화가 멀리 날아갈 수 있는 힘은 약통에 있다. 약통의 재질은 종이다. 어떻게 화약을 넣고 태우는 통을 종이로 만들었을까? 주화가 날아가는 데 약통의 소재는 어떤 역할을 하는지 알기 위해 종이 생산업체의 연구소를 찾아갔다. 주화가 멀리 날아가려면 무엇보다 가벼운 소재가 필요했으리라. 이는 쉽게 생각할 수 있

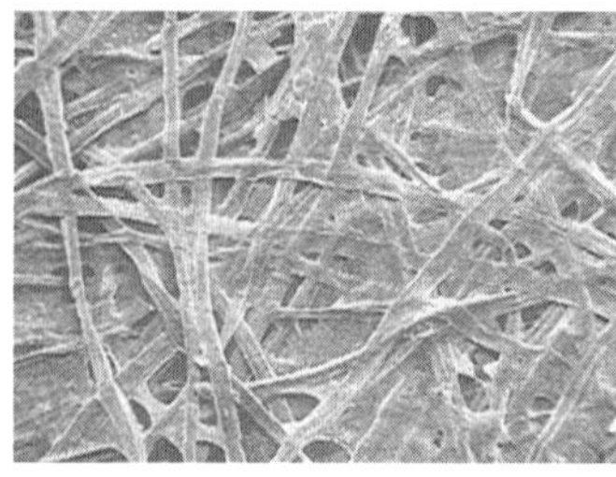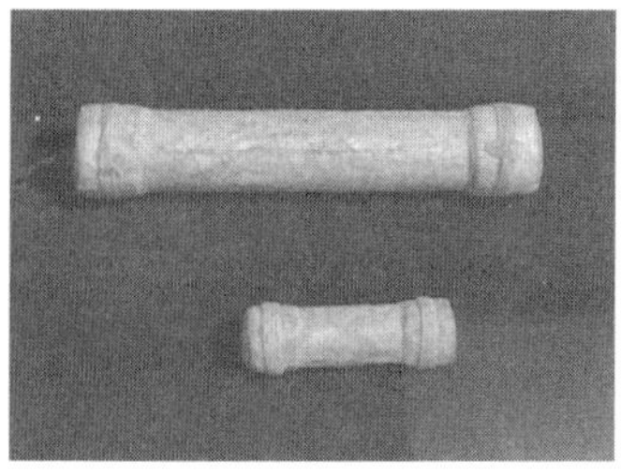

(왼쪽)한지의 표면을 150배로 확대해본 모습. 닥섬유들이 철골 같은 구조로 얽혀 있다. (오른쪽)지화통(종이 수류탄)

다. 그러나 단지 가볍다는 이유만으로 종이를 사용했을까?

종이로 약통을 만든 이유가 무엇인지, 옛날 약통을 만들던 한지의 특징을 분석해보았다. 먼저 약통은 화약을 넣어 연소시키는 만큼, 고온·고압에 견디는 강도가 높아야 한다. 한지의 강도는 어떤지 그 구조를 전자현미경으로 정밀촬영했다. 그 결과 한지는 닥섬유들이 마치 철골과 같은 구조로 얽혀 있었다. 한지는 이런 구조로 질기고 보존성도 뛰어나다. 또한 한지는 공기가 통하기 때문에 사계절과 밤낮의 변화에 적응할 수 있다. 장기간 보존하는 군수용품을 만드는 데 적합한 것이다.

이렇듯 강도가 세고 오랜 기간 보관하기 좋기 때문에 한지는 지금의 수류탄이라 할 수 있는 지화통의 재료로도 사용되었다. 하지만 지화통은 순간적으로 폭발하는 무기인 반면 주화의 약통은 주화가 날아가 목표점에 도달하기 전까지 일정 시간 그 형태를 유지해야 한다. 약통이 타지 않도록 어떤 특별한 방법을 썼을까?

이 의문을 풀기 위해 『국조오례서례』 병기도설의 설계도대로 주화의 약통을 직접 만들어봤다. 중(中)주화의 경우, 약통의 길이인 약 20cm에 맞춰 종이를 자른다. 다음엔 종이를 둥근 나무에 몇 겹으로 감은 뒤 나무를 빼낸다. 이때 약통의 두께는 약 5.7mm로 한다. 약통의 전체 지름과 내부의 지름을 정해진 규격대로 만든 다음, 약통의 끝은 종이로 막는다. 다음엔 약통 아래 부분에 정해진 규격대로 정교하게 만든 철침으로 구멍을 뚫는다. 그리고 약통 안에 화약이 일정한 밀도로 들어가도록 속이 빈 쇠막대로 화약을 다져넣는다. 쇠막대를 빼낸 뒤, 약통의 윗면을 막고 아래쪽에 있는 약통 구멍에 명주로 된 약선을 연결하면 약통이 완성된다.

이번에는 실제로 주화를 발사했을 때 종이로 만든 약통이 어떻게 되는지 실험했다. 약통의 안쪽에 불에 탄 자국이 있을 뿐, 약통의 겉모습은 별로 달라진 것이 없었다. 약통 속의 화약은 1000도에 가까운 높은 온도를 낸다. 하지만 순식간에 타버리므로 약통의 안쪽만 타고 만다. 그렇게 때문에 비행하는 동안 충분히 형태를 유지할 수 있다.

그렇다면 과연 약통 속의 화약은 얼마 만에 타버리는지 시간을 측정해보았다. 발사한 지 1.09초 만에 불꽃이 꺼졌다. 화약이 다 타버린 것이다. 이 짧은 시간 동안 화약이 연소되면서 순간적으로 고압의 추진력을 만든다. 처음에 화약이 연소되면서 생기는 힘에 의한 관성으로 주화가 멀리 날아가는 것이다.

그러면 안정막대는 왜 길게 만들었을까. 주화가 멀리 날아가

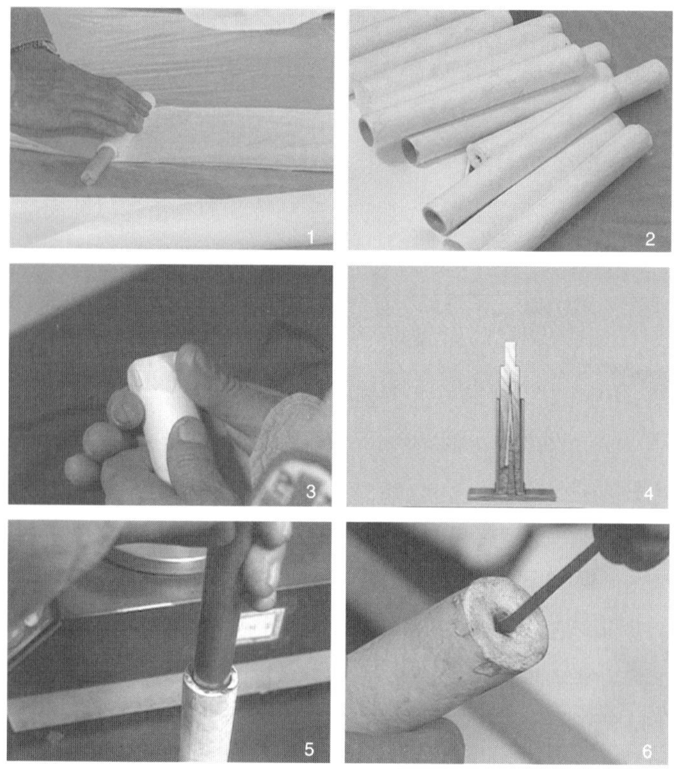

주화의 약통 만들기
1 폭 20cm 정도로 자른 종이를 둥근 나무에 감는다.
2 나무를 빼낸다. 3 한쪽 끝을 종이로 막는다.
4 철침으로 구멍을 뚫는다(CG). 5 화약을 넣고 쇠막대로 다진다.
6 쇠막대로 다진 쪽을 종이로 막고 아래쪽 구멍에 약선을 연결한다.

는 것과 어떤 관계가 있을까. 주화의 전체 길이는 대충 정한 것이 아니다. 『국조오례서례』는 주화의 길이 역시 자세히 지시해 두고 있다. 대나무로 만드는 막대의 길이는 약통 길이의 7배(4척 5촌, 140cm)다. 막대의 꼬리 부분에는 날개를 만들어야 한다. 『국조오례서례』에는 약통을 다는 위치도 자세히 기록하고 있다. 약통은 막대의 앞부분에 부착해야 한다.

왜 『국조오례서례』는 약통을 매단 막대의 길이, 약통의 위치, 꼬리 부분의 날개까지 정확히 크기와 제조 방법을 지시했을까? 이것이 주화가 일정 방향으로 원하는 거리만큼 날아가는 데 어떤 연관이 있는지 알아보았다.

먼저 약통의 위치와 안정막대의 길이는 그대로 두고, 안정막대에 날개 대신 실을 감아봤다. 그러자 주화의 비행 방향이 휘어졌다. 다음엔 안정막대의 길이를 짧게 하고 날개도 달지 않았다. 주화는 멀리 날지 못하고 떨어졌다. 약통을 안정막대 가운데에 달아봤다. 주화는 멀리 날지 못하고 발사한 곳 바로 위로 치솟아올랐다. 『국조오례서례』의 설계도대로 안정막대의 길이를 맞추고 정확한 자리에 약통과 날개를 달자, 주화는 200m가 넘는 거리를 안정된 포물선을 그리며 날아갔다.

실험 결과 안정막대와 날개, 약통의 부착 위치가 약통이 내는 추진력과 상호관계를 이루면서 주화가 날아가는 데 모두 영향을 미치는 것을 알 수 있었다. 또한 안정막대의 길이와 날개는 주화가 발사 직후 떨어지지 않고 무게중심을 유지하여 앞으로 수평비행하도록 돕는다.

전투에서는 주화를 어떻게 쏘았을까? 육군사관학교 군마대와 함께 주화 발사 방법을 시연해봤다. 주화는 주로 병사 개인이 말 위에서 사용하기 편리하기 때문에 대나무통이나 화살통에 넣고 다녔다. 주화를 쏠 때는 초석지(硝石紙, 질산칼륨을 묻힌 종이)로 만든 불씨를 가지고 다니다가 주화의 약선에 불을 붙인 뒤, 대나무통에 주화를 넣는다. 말을 타고 가다가 멀리 있는 적을 공격하거나 적에게 쫓길 때 발사했다. 또한 활처럼 힘을 들여 당기는 무기가 아니기 때문에 병사들이 지쳐 있을 때 사용하기에 좋았다. 주화를 발사하면 적들은 그 소리와 모습에 놀라 달아났다. 주화는 목표물을 정확히 맞추기보다는 적의 기선을 제압하고 위협하는 데 효과가 컸다.

이러한 주화의 위력은 그만큼 정교하게 설계, 제작되었기에 가능했다.

고려시대에 화약을 만들다

주화를 발사하려면 반드시 화약이 필요하다. 하지만 우리나라에 원래부터 화약이 있었던 것은 아니다. 1370년경만 해도 세계에서 화약을 만들 수 있는 나라는 중국뿐이었다. 중국은 화약 제조법을 국가 기밀로 철저히 감추었다.

이런 상황에서 고려는 스스로 화약을 개발하게 되는데, 그 장본인이 바로 최무선(崔茂宣)이다. 최무선이 20년이 넘도록 집요

말 위에서의 주화 발사 실험
1 대나무통에 주화를 넣는다.
2 심지에 불을 붙인다.
3 발사

하게 화약 개발에 매달린 데는 특별한 이유가 있었다. 왜구의 노략질이 극에 달한 시절, 관리들의 봉급을 맡아 관리하던 아버지를 보고 최무선은 왜구의 피해를 절감하고 있었다. 화약을 개발해 왜구를 물리치겠다고 생각한 최무선은 자신의 노복들과 함께 밤낮을 가리지 않고 노력한 결과, 1373년 마침내 화약 개발에 성공한다.

최무선은 어떻게 화약을 만들었을까? 그가 정리한 화약 제조 비법에 관한 책은 유실되고 전해지지 않는다. 다만 그의 화약 제조 방법을 유추할 수 있는 한 가지 단서가 있다. 『신전자초방(新傳煮硝方)』이란 책은 최무선이 화약을 개발한 지 300여 년 세월이 흐른 뒤인 1698년 간행되었다. 화약을 만들 때 없어서는 안 되는 염초(熔硝)의 제조 방법 여덟 단계가 비교적 자세히 기록되어 있다.

『신전자초방』의 염초 추출 방법을 살펴보면, 먼저 흙을 모으고 재를 받아서 같은 비율로 섞는다. 이때 흙은 오래된 집의 마루나 담 아래 있는 것을 모은다. 이 흙에 재와 오줌, 말똥 등을 섞어 반 년 이상 쌓아둔다. 이것과 가장 성분이 비슷한 것으로 현재 쉽게 구할 수 있는 것은 퇴비다. 퇴비(NO_3)에 재(K)를 섞으면 염초(KMO_3) 성분이 만들어진다.

과연 이런 과정을 통해 염초를 만들 수 있는지 실험해보았다. 염초를 정제하려면 추출한 원료액을 여러 번 달이고 식히는 과정을 반복해야 한다. 지금은 화약을 쉽게 만들 수 있지만 600년 전에 염초를 만드는 데는 1년 사계절이 소요되었다. 염초를 만드는 데 필요한 재료를 구하는 시기나 과정이 매우 까다롭고 복잡했기 때문이다. 이와 같이 추출된 염초 용액을 농축하고 정제하는 과정을 거쳐 결정(結晶)시키면 염초가루가 되고, 이것을 건조시켜 화약 산화제로 사용한다. 염초는 화약의 황과 탄소가루를 연소시키는데, 염초가 없으면 폭발이나 추진력을 얻을 수 없다. 이렇듯 염초가 화학반응으로 얻어지는 재료인데 반해, 다른 재료들은 자연 상태에서 손쉽게 구할 수 있었다. 화약의 재료는 황과 목탄가루, 그리고 염초다.

다음으로 중요한 것은 재료의 배합 비율이다. 화약의 배합 비율은 화약의 성능을 좌우한다. 이것 역시 지금은 화학원리나 기술에 의해 배합 비율을 쉽게 정할 수 있다. 그러나 과거에는 수

많은 시행착오를 거친 끝에 배합 비율을 얻었을 것이다. 그런데도 옛날 화약 재료의 배합 비율을 보면 놀랍게도 현재 화기에 쓰이는 흑색화약의 조성과 일치한다. 뿐만 아니라 화약의 성능 면에서도 손색이 없다.

여기서 한 가지 주목할 점이 있다. 앞서 말한 방법은 최무선이 화약을 개발한 지 300년 뒤의 방법이다. 300년 뒤의 방법이 이렇게 까다롭고 복잡한데, 최무선이 화약을 개발할 당시에는 얼마나 더 힘들었을까.

세계에서 유일하게 화약을 만들었던 중국에 이어서, 고려에서 최무선이 스스로 화약을 개발한 것은 대단한 업적이다. 최무선의 공로는 여기서 그치지 않는다. 화약을 개발한 그는 국가 사업으로 화약무기를 생산하고 관리할 수 있도록 국가기관을 만들자고 건의한다. 그 기구가 바로 화통도감(火㷁都監, 1377)이다. 이것은 화약 사업이 국가 사업으로 한 단계 발전하는 계기가 된다.

화통도감이 설치된 후 최무선은 화통도감의 책임자로 임명되어 본격적으로 화약과 화약무기를 생산한다. 최무선이 화통도감에서 제조한 화기는 모두 18가지로, 로켓 무기 주화와 함께 대장군포(大將軍砲) 등 총통도 개발했다.

총통을 발사할 때는 먼저 총통 안에 심지를 넣은 다음 화약을 다져넣는다. 격목(檄木, 뇌관)을 총통 안에 넣고 화약이 새지 않도록 틀어막는다. 주화와 화포는 발사 원리가 다르다. 주화는 화약이 타는 힘에 의해 자체 추진력으로 날아간다. 반면에 총통은

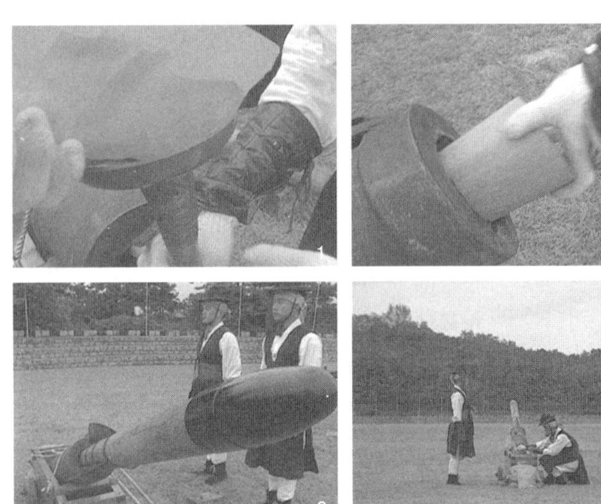

총통 발사 실험
1 깔때기로 총통 안에 화약을 다져넣는다.
2 격목을 넣고 틀어막는다.
3 발사체를 장전한다.
4 불을 당긴다.
5 발사되는 순간

화약이 폭발하면서 화포 안의 격목을 밀어내고, 격목이 앞에 장전된 발사체를 때려서 그 힘으로 발사체가 날아가는 것이다. 조선시대에 만든 장군전(將軍箭)은 주로 성벽을 공격하는 무기였다. 고려시대 최무선이 만든 장군포 역시 이와 유사했을 것으로 추측된다.

최무선은 화통도감에서 위력적인 화약무기를 만들었고, 이러한 화기 제조기술은 새로운 단계로 발전한다. 조선시대 기록에서 자주 발견할 수 있는 불꽃놀이(火戲)를 보면 당시의 화약 생산 수준이 상당했음을 알 수 있다. 외국 사신들에게 보여주는 불꽃놀이는 우리의 화약 기술을 과시하는 것이었다.

화약 기술과 함께 발달한 무기 체계

화약 기술이 발달하면서 고려의 주화도 새롭게 발전한다. '신기전'이 그것이다. 엄밀히 말하면 신기전은 주화에 폭탄이라고 할 수 있는 발화통을 연결한 것이다. 약통 앞에 화약을 넣은 발화통을 장착한 뒤 심지에 불을 붙이면, 화약의 힘으로 날아간다. 목표지점에 도달하면 발화통에 불이 붙어 그 안에 있는 화약이 폭발한다. 신기전 가운데 대신기전(大神機箭)은 길이가 무려 5m나 되며, 약통의 길이만도 70cm나 된다. 사정거리 또한 2km가 넘어, 압록강 너머에 있는 적까지 공격했다고 한다.

주화에서 발전한 신기전은 그후 발사 방법이 획기적으로 발전한다. 수레 위에 신기전 발사대를 설치한 '화차(火車)'가 그것이다. 화차는 부속품만 300가지가 넘을 만큼 정교하게 만들어졌는데, 『세종실록』과 『국조오례서례』에 있는 설계도를 토대로 육군사관학교 박물관에서 복원한 바 있다. 화차의 신기전 발사대에는 100개의 신기전을 꽂을 수 있는 구멍이 있다. 화차는 세계

신기전이 발사되고 있는 이동식 화차

최초로 만든 다연장 로켓포라고 볼 수 있다.

그런데 자세히 살펴보면 화차의 모양이 일반 수레와 다른 것을 볼 수 있다. 보통 수레는 바퀴의 축 바로 위에 차체가 설치된다. 그러나 화차의 차체는 바퀴의 반지름만큼 더 높다. 왜 이렇게 만들었을까.

그것은 손잡이의 높낮이로 발사 각도를 자유롭게 조절하여 신기전의 사정거리를 조절하기 위해서다. 화차의 손잡이가 땅에 닿았을 때의 각도가 43도인데, 일반적으로 포물선의 각도가 43도일 때 가장 멀리 날아가는 것은 과학적으로 입증된 사실이다. 그렇다면 신기전을 장착한 화차는 전투에서 어떻게 위력을 발휘했을까?

100개의 신기전을 동시에 발사하는 이동식 화차는 당시 가공할 위력을 지닌 것이었다. 화차에서 100개의 신기전이 동시에 발사되는 비결은 이렇다. 신기전 약통의 점화선을 한데 모아 불을 붙이면 점화선이 타들어가면서 윗줄에서 아래로 차례차례 발사된다.

신기전 화차의 위력은 이뿐만이 아니다. 멀리 날아가 적을 공격하는 데 쓰이는 주화와 달리 화차에서 발사하는 신기전 하나하나에는 폭탄 역할을 하는 발화통이 부착되어 있다. 발화통 안에는 폭발성 화약이 3g 정도 들어가는데, 무기로서 위력이 더욱 컸다. 이 발화통은 신기전의 엔진 역할을 하는 약통 앞에 부착한다. 발화통의 아래와 약통의 윗면에 각각 구멍을 뚫고, 그 사이에 점화선을 연결한다. 이때 점화선은 일정 시간 동안 타들어가기 때문에 신기전이 목표지점에 도달했을 때 자동적으로 폭발한다.

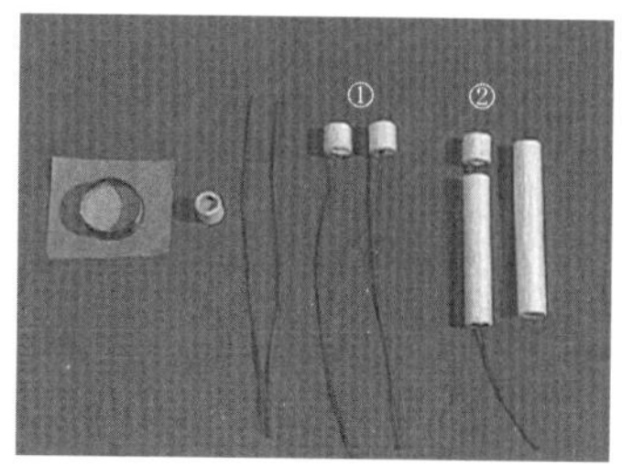

① 점화선이 달린 발화통
② ①을 약통 앞에 부착한다.

그러나 신기전이 날아갈 때 발화통이 어느 정도 폭발력이 있는지는 아직 밝혀지지 않았다. 발화통 자체의 위력이 어느 정도인지 폭발력을 측정해보았다. 실험 결과 발화통이 터져서 난 웅덩이의 직경은 25cm로, 이는 손가락이 절단될 정도의 파괴력이다. 이렇듯 폭발물을 장착한 신기전 100발이 동시에 발사되면, 200m 거리를 날아가 반경 50m 안을 집중적으로 공격했다.

화차가 가장 큰 위력을 발휘한 것은 임진왜란 당시 행주산성(幸州山城) 전투였다. 행주산성은 서울로 들어가는 길목에 있어 전략상 아주 중요한 곳이다. 바로 이 행주산성에서 왜군과 조선군 사이에 격렬한 전투가 벌어졌다. 1593년 2월 12일 새벽 6시, 왜군은 총력을 다해 행주산성을 공략하기 시작했다. 이때 행주산성을 공격한 왜군은 3만 명이었다. 반면 조선군은 그 2300명에 지나지 않았다. 더욱이 행주산성은 토성으로 성벽이 없다. 이렇듯 조선군은 왜군과 전투를 하기에 열악하기 짝이 없는 조건

발화통의 파괴력 측정
1 모래밭에 발화통을 설치하고 점화한다.   2 심지가 타들어간다.
3 폭발   4 폭발한 자리에 직경 25cm 안팎의 웅덩이가 생겼다.

이었다. 우수한 화약무기 없이는 군사의 수와 지형적인 열세를 만회할 수 없었다.

당시 왜군의 주무기는 조총, 조선군은 당시 보유하고 있던 화약무기를 모두 동원해 대응했다. 전투 초반에는 한번에 100발의 신기전을 발사하는 화차가 40대 이상 동원되었다. 사전총통(四箭銃筒)과 같은 개인용 무기는 병사가 적을 조준하여 쓰러뜨리는 무기로 사용되었다. 종이로 만든 지화통(紙火筒, 174쪽의 오른쪽 그림 참조)은 적군이 접근할 때 던지는 일종의 수류탄이다. 그뿐만 아니라 천자(千字)총통, 지자(地字)총통을 비롯한 원거리 전술 공격 무기도 동원되었다.

이때 사정거리 200m가 넘는 신기전 화차는 전투 초기 왜군의 기세를 꺾는 선제공격용 무기로 사용되었다. 신기전 화차의 사정거리가 왜군의 조총을 훨씬 능가하기 때문이다.

행주산성 전투에는 신기전 화차와 더불어 조선의 화약무기가 총동원되었다. 새벽에 시작된 행주산성 전투는 무려 12시간 동안 치열한 접전으로 이어졌다. 왜군은 아홉 번째 공격을 끝으로 퇴각했다. 왜군 사상자만 1만 명, 노획 무기 720여 점, 총대장 우키다는 화차 공격으로 중상을 입었다. 왜군에게 회복하기 어려울 정도의 타격을 입힌 행주산성 전투는 육상 전투에서 조선군의 전세를 역전하는 계기가 되었다.

임진왜란의 3대 대첩으로 꼽히는 행주대첩의 승리는 조선의 뛰어난 화약무기와 함께 이뤄진 것이었다. 그 가운데서도 100발의 신기전이 동시에 발사되는 화차의 비중은 막대했다. 행주대첩을 지휘한 권율 장군은 화차의 공헌에 대해 이렇게 말했다. "행주산성의 승리는 내가 화차를 가지고 있었음이라."

전쟁에서의 승패는 나라의 존망이 걸린 만큼, 무기에는 당대 최고의 과학기술이 집약되기 마련이다. 그런 점에서 주화와 신기전이라는 로켓형 무기를 통해 우리는 독창적이고 선진적인 고려의 과학기술 수준을 짐작할 수 있다.

해상왕국 고려의 군함

고려는 아직까지 많은 부분이 베일에 싸여 있는 나라다. 유물, 유적은 물론 기록도 충분하지 않아 고려를 속속들이 파악하기에 어려운 점이 많다. 그러나 한 가지 분명한 것은 고려가 백제, 가야, 발해 그리고 통일신라의 장보고를 잇는 우리 역사상 마지막 해상왕국이었다는 점이다. 그 단적인 증거가 고려의 군함이다. 고려에는 우리가 생각하는 것보다 훨씬 더 위력적인 군함이 있었다. 13세기 당시 동아시아를 뒤흔든 여·몽 연합군의 일본 정벌에 고려 군함의 단서가 숨어 있다.

700년 전의 전쟁, 여·몽 연합군의 일본 원정

700년 전의 전쟁을 일본은 어떻게 기억하고 있을까? 일본에서도 당시의 기록은 무척 희귀한 편이라고 한다. 사이타마현립박물관에서 열린 한 전시회에서 일본 궁내청이 소장한 아주 오래된 유물의 복사본이 공개되어 눈길을 끌었다. 「몽고습래회사」라는 그림으로, 여·몽 연합군의 일본 원정이 담겨 있다.

그림은 당시 연합군에 맞서 싸운 한 일본인 무사의 활약상을 큰 줄거리로 잡고 있다. 주인공뿐 아니라 이 그림에 등장하는 모든 인물과 물체가 놀라울 정도로 섬세하게 묘사되어 700년 전의 상황을 생생하게 엿볼 수 있다. 당시의 갑옷, 무기, 배 등의 모습을 참전한 사람이 직접 화가에게 전했기 때문에 매우 정확하게 묘사한 것이다. (122~142쪽 참고)

　여·몽 연합군은 모두 두 번에 걸쳐 일본 원정에 나섰다. 제1차 원정은 1274년 10월, 여·몽 연합군은 900척의 전함과 2만 8천 명의 병력을 이끌고 큐슈 하카타 항구에 상륙한다. 이곳에서 그야말로 치열한 전투가 벌어지는데, 몽골군의 강력한 무기와 전투력으로 연합군은 대승을 거둔다. 무사들의 처참한 패배로 일본의 방어선이 무너지자 연합군은 그 기세를 몰아 큐슈 일대를 휩쓸어버린다. 단 하루 만의 공격으로 대승을 거둔 연합군은 다음날 철수한다. 제1차 원정은 일종의 무력 시위였던 것이다. 이 전쟁은 일본을 두려움 속으로 몰아넣었다.

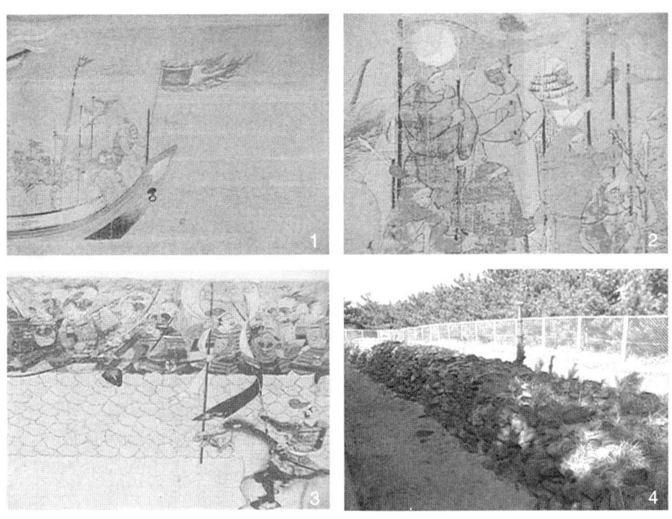

1~3 「몽고습래회사」의 일부 1 여·몽 연합군의 하카다 상륙
2 적진을 살피는 병사들 3 몽골방루 4 실제로 남아 있는 몽골방루의 일부

이듬해 일본은 여·몽 연합군이 다시 침략해올 것에 대비해 돌로 방루(防壘)를 쌓는다. 그래서 그 이름도 몽골방루다. 지금은 그 일부만이 남아 있지만 당시 방루의 길이는 20km에 이르렀다고 한다. 그림에서도 몽골방루를 확인할 수 있다.

유목민족인 몽골은 어떻게 바다를 건너 일본 원정을 할 수 있었을까? 중국의 기록에서 그 해답을 얻을 수 있다. 고려는 3만 5천 명을 동원하여 불과 4개월 만에 900척의 전선을 만들었다. 대선 300척, 중형선 300척, 보급선 300척이다. 그때 군함을 만든 곳은 지금의 변산반도로 기록되어 있다.

전북 부안군 구진마을에서 조선소 흔적을 발견했다. 이 마을 입구에는 오래된 통나무가 하나 버려져 있다. 일제 강점기였던 1930년대, 뻘을 개간하기 위해 흙을 파냈더니 그 속에서 이런 통나무가 셀 수 없이 나왔다는 것이다. 처음 발견했을 때 나무의 크기도 예사롭지 않았다고 한다.

(왼쪽)부안군 구진마을 입구에 있는 오래된 통나무
(오른쪽)뻘 위에 '바탕'을 깔아놓은 모습. 이 위에서 배를 만들었다.(CG)

우리나라 전통 배는 통나무 받침대 위에서 만들었다. 배를 완성하면 굴리듯이 밀어서 바다로 운반한 것이다. 이렇게 배를 받치는 통나무를 '바탕'이라고 한다. 바탕이 발견된 것은 이 지역에 조선소가 있었다는 증거다. 이 지역 토박이 노인의 말로는 이곳이 수군진 터다. 그리고 최근까지도 주변 곰소에서 배를 만들었다.

조선소가 있던 자리임을 증명이라도 하듯 마을 뒷산에는 소나무 숲이 울창하다. 한국전쟁 이후 심은 것들이라 수령이 40∼50년밖에 안 되었는데도 제법 아름드리다. 무엇보다 하늘을 향해 곧게 뻗은 줄기는 배를 만들기에 더없이 좋은 재료였다. 이규보가 서른두 살 때 이 지역에 벌목 책임자로 왔는데, 변산의 나무가 얼마나 좋은지 나라의 창고나 다름없다고 적은 기록이 있을 정도다. 변산 일대는 천혜의 입지 조건을 갖춘 조선소 자리였음에 분명하다. 고려인들은 이곳에서 군함을 만들며 일본 원정을 준비했을 것이다.

1281년의 제2차 원정에서도 고려에서 만든 900척의 배가 동원되었다. 그런데 이 원정에서는 예상치 못한 사건이 일어난다. 여·몽 연합군이 대참패를 당한 것이다. 「몽고습래회사」에도 당시 상황이 생생하게 묘사되어 있다. 실제로 당시 여·몽 연합군을 물리친 주역은 일본군이 아니라 '신의 바람'이라 불리는 가미카제(神風)였다.

순수한 우리 기술로 만든 고려 군함

당시 상황을 묘사한 『원사(元史)』의 「장희(張禧)열전」에는 주목할 대목이 있다.

"원나라 전선(戰船)은 모두 돌풍에 깨어졌으나 고려의 배는 대부분 무사했다."

신의 바람, 가미카제에도 끄떡없는 고려 군함은 과연 어떠했을까.

『고려사』에는 일본 원정에 앞서 배를 만드는 책임자였던 김방경(金方慶, 1212~1300) 말이 기록되어 있다.

"중국 식으로 만들면 노력과 비용이 많이 들고 시간도 많이 걸린다.(…) 먼저 전라도에서 우리 식으로 배를 만들겠다."

과연 우리 식이란 어떤 것을 말하는 것일까.

평생을 우리 배 연구에 바쳐온 이원식 선생의 작업실을 찾았다. 그의 손에서 만들어지는 배가 우리의 전통적인 목선이다. 고려 배의 기본 구조도 이 목선처럼 바닥이 평평하고 배의 앞뒷

한선 기능 전승자 이원식 선생이 작업실에서 우리의 전통적인 목선의 모형을 만들고 있다.

면이 유선형이었다. 그렇다면 고려에는 어떤 종류의 배가 있었을까.

『고려도경(高麗圖經)』은 12세기에 고려를 방문한 송나라 사신 서긍(徐兢)의 기행록이다. 서긍이 직접 관찰한 사실을 상세하게 기록한 이 책은 고려 사회를 들여다볼 수 있는 거울과도 같다. 이 책에는 고려의 배에 관한 기록도 보인다. 서긍이 본 고려의 배는 모두 네 종류였다. 순찰용 배인 순선(巡船)과 오늘날의 행정지도선에 해당하는 관선(官船), 묵은 소나무로 튼튼하게 만든 커다란 송방(松舫), 갑판 위에 장막으로 커다란 방을 만든 막선(幕船) 등이다.

『고려사』에는 또다른 배의 이름이 나온다. 큰 배인 대선과 창이 달린 과선(戈船)으로, 모두 군함이다. 현종은 즉위하던 해(1010) 과선 75척을 만들어 지금의 강릉 근처에 주둔시키고 동북 지역 일대의 해적을 방비했다는 기록이 있다.

이원식 선생의 도움으로 고려 군함을 복원해보았다. 중요한 것은 고증한 사실을 토대로 정확한 설계도를 그리는 일이다. 먼저 과선의 설계도가 완성되었다. 과선의 가장 큰 특징은 배 난간에 달린 방패와 창이다. 과선은 실전에 사용되어 그 위력을 유감없이 발휘한 고려의 대표적 군함이다. 일본 원정 그림에서도 방패가 달린 고려 배를 볼 수 있다.

완성된 과선의 설계도를 가지고 그래픽 작업실을 찾았다. 그래픽으로 배 한 척을 설계하려면 적어도 3천 개의 선이 필요하다. 완벽한 곡선을 표현하려면 2~3만 개의 선을 그어야 한다. 고려 배는 뗏목처럼 통나무를 이어 붙여 바닥을 만든다. 평평한 바닥 때문에 평저선(平底船)이라고도 한다. 배의 앞뒷면 역시 평평하게 막는 것이 고려 배의 가장 큰 특징이다. 옆면은 두꺼운 판자 일곱 쪽을 대어서 튼튼하게 세우고 내부에는 가로막을 대어 배의 골격을 유지한다. 돛대는 앞뒤에 두 개를 세우고 판자로 갑판을 씌운다. 이 밖에 닻과 물레, 키가 있다. 이런 기본 구조를 갖춘 과선의 특징은 배 난간에 방패와 창이 빈틈없이 꽂혀 있다는 것이다.

일본의 기록에 고려 군함과 관련된 흥미로운 내용이 있다. 『소우기』에 따르면 고려 군함은 뱃머리에 철로 뿔을 만들어 적의 배를 맞받아 부수도록 되어 있다. 이런 독특한 모양의 배가 사용된 것은 언제부터일까? 고대 서양의 배에서 뿔 달린 배를 발견할 수 있고 동양에서는 고려가 처음으로 사용했다.

설계도를 만들어 과선에 뿔을 달아보았다. 뿔이 윗부분에 있으면 적의 배를 부수기가 어렵기 때문에 배의 아래쪽에 있었을 것으로 짐작된다. 아름드리 통나무를 대고 그 앞에 철로 쇠를 덧씌워 뿔을 만들었다.

조선시대의 무적 군함 거북선은 지붕에 쇠못을 꽂은 과선의 전통을 이어받은 것이다. 또 적을 향해 돌진하는 거북선의 앞머리에는 역시 고려의 군함처럼 쇠뿔이 달려 있다. 거북선의 원형은 바로 고려의 군함이었던 것이다.

그렇다면 고려 군함의 실제 크기는 얼마나 되었을까? 『고려사』에는 태조 왕건이 군함 중에서 가장 큰 대선을 건조했다는

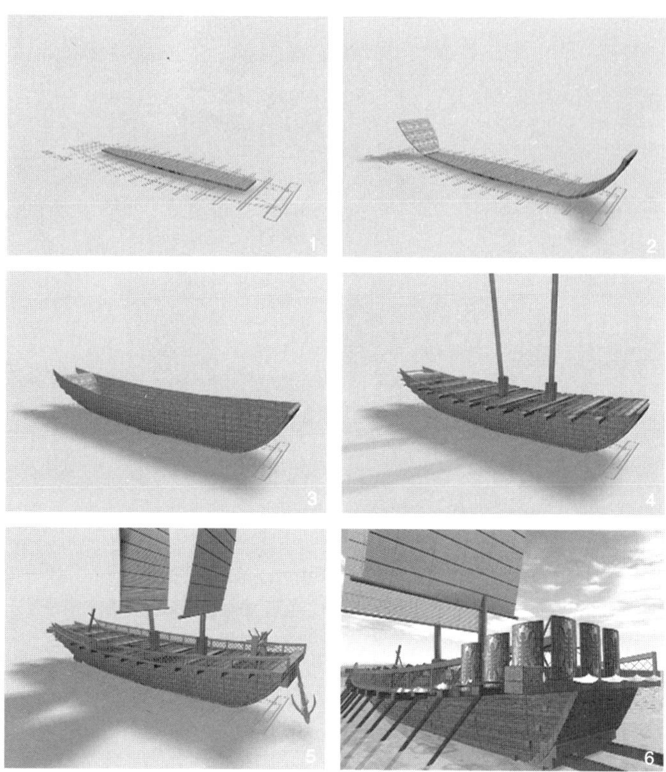

영상 복원한 고려의 군함
1 통나무를 이어 붙여 바닥을 만든다.
2 배의 앞뒷면을 평평하게 막는다.
3 옆면을 세운다.
4 내부에 가로막을 낸 뒤 돛대를 세운다.
5 판자로 갑판을 씌우고 닻과 물레, 키를 만든다.
6 난간에 방패와 창을 꽂는다.

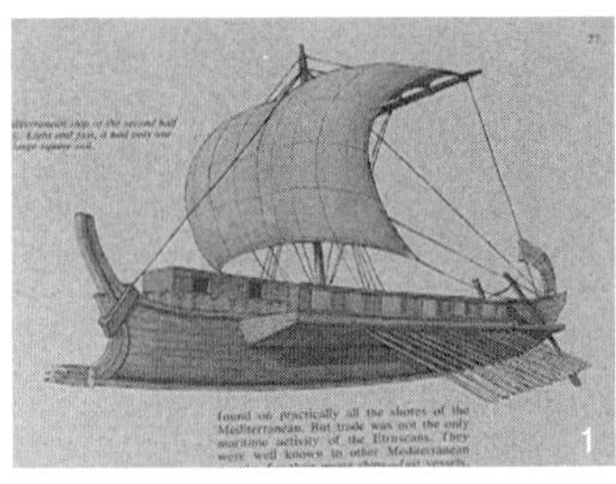

1 문헌에 나타난 고대 서양의 뿔 달린 배의 모습 2 배의 아래쪽에 단 뿔(CG)
3 거북선의 앞머리 아랫부분에도 뿔이 달려 있다.(CG)
4 대선의 실제 크기를 가늠하기 위해 초등학교 운동장에 250여 명의 학생들을
세워보았다.(영상 복원한 배 모양을 합성한 것임)

기록이 있다. 대선의 크기는 각방 16보(步)로, 36.6m 정도다.

운동장에 실제 크기의 대선을 세우면 어느 정도를 차지할까? 우선 운동장에 실제 크기의 배 모양으로 바닥에 윤곽선을 그리고 6학년 학생들을 그 위에 서게 했다. 250여 명의 학생들이 동원되자 비로소 대선의 바닥 윤곽이 완성됐다.

고려는 초기부터 큰 함선을 만들었는데, 길이 35m가 넘는 것도 있었다. 여·몽 연합군의 큰 배는 일본 원정에서 군량미 3~4천 석을 실었다고 한다. 이것은 대략 250~280t에 해당한다.

콜럼버스가 대서양을 횡단할 때 타고간 산타마리아 호(號)가 대략 그 정도 규모라고 하는데, 그보다 수백 년이 앞선 고려에서 그런 배를 만들었다는 것은 고려가 대단한 해상국가였다는 얘기다.

거대한 군함이 완성된 것은 1천 년 전이다. 당시 대선이 완성되자 사람들은 배 위에서 말을 달릴 만하다고 했다. 결코 과장이 아니었다.

고려 군함의 무기 체계

고려의 배에는 몇 가지 눈에 띄는 장치들이 있다. 기다란 대나무 막대에 손잡이가 달려 있는 대나무 펌프도 그 가운데 하나다. 대나무 펌프는 배의 밑바닥과 연결되어 있다. 고려 배는 바닷물에 의한 충격이나 압력을 견디기 위해 일부러 틈새를 만들었는데, 그 사이로 들어온 물을 퍼내는 장치다. 대나무 펌프의 원리는 피스톤의 원리와 같다. 배 위에서 손잡이를 밀었다 당기

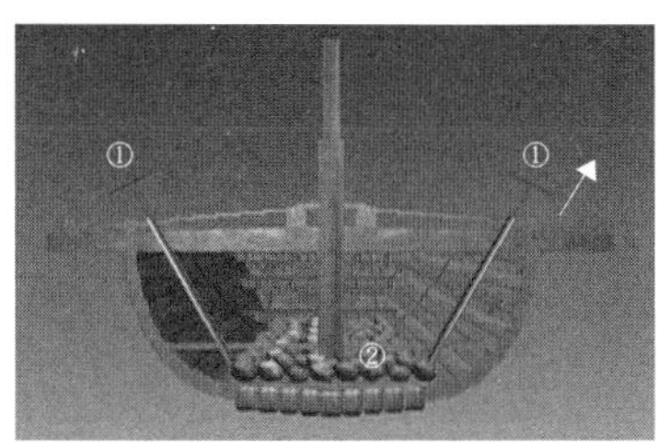

고려 군함에서 눈에 띄는 장치들. ① 대나무 펌프. 화살표 방향으로 당기면 배 바닥에 고인 물이 밖으로 나온다. ② 배 밑바닥엔 무게중심을 잡기 위해 돌을 깔았다.

면 배 밑바닥에 고인 물이 밖으로 나오고 배 난간에 설치된 고랑을 통해 바다로 빠져나가는 것이다.

고려의 배가 높은 파도와 강풍에도 침몰하지 않은 또 하나의 비결이 있었다. 그 비결도 배의 밑바닥에 있다. 배를 처음 건조할 때 배 밑바닥에 돌을 채운 것이다. 바닥에 채운 돌은 높은 파도가 치고 강풍이 불어도 배가 심하게 기울지 않도록 무게중심을 잡아준다. 배가 가벼웠다면 쉽게 침몰했겠지만 돌로 바닥을 채운 고려의 배는 15도 정도 기울었다가 다시 원상태로 돌아왔다.

고려 군함에서 또 하나 눈여겨봐야 할 것은 화포다. 고려는 세계 최초로 배에 화포를 설치했다.

이렇게 신식 무기를 설치했기 때문에 고려의 군함은 가히 위력적이었다. 그렇다면 어떤 무기를 갖추고 있었을까.

일본 쥬오(中央) 대학의 이시이 교수에 따르면 1019년 일본의 고문서에 아주 특별한 기록이 있다. 바로 일본 고기록인 『소우기』의 기록으로 '입화석타(入火石打)', 즉 고려 전함은 돌에 화약을 넣어서 적선을 부순다는 내용이다. 1019년 당시 고려 군함에서 사용된 무기는 과연 돌에 화약을 넣은 것일까. 이것이 사실이라면 역사를 다시 써야 한다.

일본 원정 그림에서도 독특한 무기가 눈에 띈다. 일본 무사를 향해 공중에서 폭발하면서 파편이 튀는 화약성 무기다. 우리나라에는 비격진천뢰(飛擊震天雷)라는 무기가 있었다. 무쇠에 화약을 넣은 비격진천뢰는 선조 때 만들어 임진왜란 때 처음으로 사

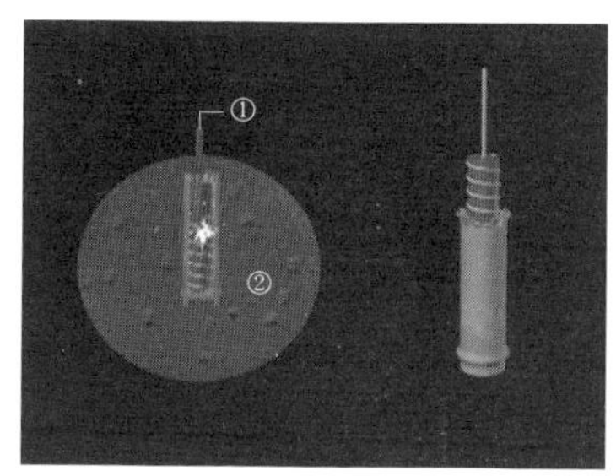

비격진천뢰의 불꽃이 심지로 타들어가는 모습(CG). 심지가 다 타들어가면 폭발하면서 ②에 있는 파편이 튄다. 오른쪽은 ①의 세부 모양

용했다. 그러나 비격진천뢰가 사용되기 훨씬 전에 고려에서 이미 그와 비슷한 화약무기를 사용하고 있었던 것이다.

고려 군함에서 사용한 강력한 무기 중에는 적선을 향해 눈 깜짝할 사이 날아가는 불화살도 있었다. 당시 이 무기는 날아다니는 불화살이라고 해서 주화(走火)라고 불렀다.(168~178쪽 참조) 주화보다 더 강력한 무기는 역시 화포다. 고려 군함은 화포를 어디에 설치했을까. 화포를 적재하려면 그만한 공간이 있어야 한다. 고려 군함은 갑판이 한 층만 있는 2층 구조의 배다. 그 갑판에 포와 포수를 배치한다. 고려의 배와 달리 3층 구조로 된 거북선은 가운데층에 화포를 설치했다. 적에게 노출되지 않고 화포를 발사하는, 더욱 안전한 구조다.

비록 노출된 상태로 갑판에 화포를 설치하긴 하지만 고려는 1380년 진포해전에서 대승을 거둔다. 당시 함포 사격은 그 어떤 무기와도 비교할 수 없는 위력이 있었을 것이다. 그런데 화포를 배에 설치하고 사용하려면 고도의 조선술이 뒷받침되어야 한다. 화포를 발사하기 위한 조선술은 무엇일까?

광개토대왕함과 이 배에 장착된 함포

　현대의 전투함정에도 함포가 설치되어 있다. 이 함정들도 함포를 설치하기 위한 조건을 갖추고 있다. 1998년 실전에 배치된 광개토대왕함의 경우 겉만 살펴봐도 함포 하나를 받치고 있는 구조물이 거대하다. 광개토대왕함의 함포는 사정거리 15km, 이런 구축함을 자체적으로 설계하고 만들 수 있는 나라는 세계에서 10여 개국에 불과하다.

　광개토대왕함을 설계한 대우조선소 특수선 설계실을 찾았다. 화포가 설치된 군함 한 척을 설계하는 데 꼬박 2~3년이 걸린다. 움직이는 배에서 화포를 발사하도록 만드는 것은 그만큼 까다로운 일이다. 기본적으로 포 자체의 하중을 견딜 수 있는 튼튼한 구조여야 하고, 포가 발사될 때의 충격을 견딜 수 있어야 한다. 또 한 가지 중요한 것은 배의 방향과 포의 방향이 일치하도록 정렬을 맞추는 것이다.

　고려의 군함은 이 같은 까다로운 조건을 모두 갖추고 세계 최초로 화포를 설치했던 것이다.

고려가 해상왕국이 된 이유

고려는 당시 동북아에서 최고 수준의 군함을 보유하고 있었다. 여기엔 분명 특별한 배경이 있었을 것이다.

고려의 태조 왕건은 고려를 건국하고 왕위에 오르기 전, 궁예의 부하였다. 그때 그의 직위는 백선장군 해군대장(百船將軍 海軍大將)이었다. 후삼국을 통일하고 새 왕조를 건설한 왕건은 해군사령관이었던 것이다.

전라남도 나주시에는 왕건의 설화에 얽힌 유적들이 곳곳에 남아 있다. 주택가 한 귀퉁이에 있는 작은 샘물 '왕건수'도 1천 년 전 이곳을 지나간 왕건의 설화를 간직하고 있다. 왜 이 샘물에까지 왕건의 이름이 붙은 것일까.

나주는 왕건과 인연이 깊은 곳이다. 나주 시청 앞 도로변에는 고려 왕후를 기리는 비석이 세워져 있다. 비석의 주인공은 나주 오씨다. 나주 지방 호족 세력의 딸인 그녀는 왕건의 부인이 되었고 후대에는 장화(莊和)왕후로 역사에 남았다. 장화왕후와 왕건 사이에서 태어난 이가 고려의 두 번째 왕 혜종이다. 장화왕후와 왕건의 만남에도 유명한 설화가 있다. 목이 마른 왕건이 샘물가에 있던 처자에게 물을 청했더니 처자는 버드나무 잎을 띄워 물을

나주시내 한 주택가에 있는 왕건수

완사천 일대.(나주시 송월동)

'완사천(浣紗泉)'은 우리말로 '빨래샘'에 해당하는데, 이곳은 아무리 가물어도 물이 마르지 않았다 한다. 새로 지은 나주 역사(驛舍) 건너편에 왕건과 오씨 부인의 사연이 깃든 완사천 일대가 유적지로 조성되고 기념비가 세워졌다.

건넸다는 이야기다. 그렇게 두 사람이 만난 곳이 바로 나주 완사천(浣沙泉)이다. 개성 출신의 왕건이 머나먼 남쪽 지역인 나주에 온 까닭은 무엇일까.

왕건은 궁예에게 후백제를 공략하기 위한 방책으로 나주 상륙 작전을 제안한다. 그리고 909년 왕건은 수군을 이끌고 나주를 공격한다. 이 해전에서의 승리는 그에게 집권의 기틀을 마련해주었다. 왕건은 나주 공략을 위해 수로를 이용했다. 그 수로는 영산강이었다. 영산강은 하류 부근이 유럽의 지중해같이 넓은 내해(內海)다. 수군을 이끌고 목포로 들어온 왕건은 영산강을 거슬러 나주로 올라갔다. 영산강의 내해에서 견훤의 수군과 부딪치지만 해전에 능한 왕건은 화공(火攻)전법으로 승승장구한다.

나주 상륙 작전에 성공한 왕건은 후백제의 공격에 대비해 군대를 주둔시킨다. 왕건 또한 점령군 사령관으로서 이곳에서 1년가량 머물면서 나주를 완전히 장악했다.

그렇다면 왕건은 왜 나주를 선택했을까. 일단 통일왕국을 이루려면 후백제와 신라의 배후를 칠 수 있는 거점을 확보해야 했다. 하지만 그뿐만이 아니었다.

후백제의 견훤은 오늘날 절강성(浙江省) 항주에 있는 오월국(吳越國)과 직접 교역했다. 왕건이 서남 해안을 공격한 것은 후백제의 대외교섭력을 완전히 뺏기 위해서였다. 한 예로 후백제가 오월국에 사신을 파견했다. 그런데 그 사신은 오늘날의 전남 광주 앞바다에서 후고구려의 수군에게 납포됐다. 이것은 당시 서남해안의 해상권을 두고 후백제와 왕건의 세력이 격렬한 투쟁을 벌였음을 의미한다. 당시 왕건으로서는 한반도 서남해안의 해상세력을 제압하지 않고는 고려를 완벽한 통일국가로 만들기 어려웠던 것이다. 그만큼 고대사회에서 해양력의 쟁패는 매우 중요한 의미를 지녔다.

나주 정벌은 통일전쟁에 필요한 군량미 확보, 후백제 포위 공격, 그리고 무엇보다 해상권 장악을 위해 꼭 필요한 전략이었다. 왕건은 그 중요성을 누구보다 잘 알고 있었던 것이다.

고려의 건국신화는 왕건이 해상권을 장악한 배경을 설명하고 있다. 『고려사』에 따르면 왕건의 조상들은 대대로 해상무역세력이었다. 그런데 왕건의 조상 가운데 의문의 인물이 있다. 바로 당귀인(唐貴人)이다. 당귀인은 당나라에서 온 귀한 사람이라는 뜻인데, 왕건의 조상이라는 당귀인의 정체는 무엇일까.

당시에는 많은 외국인이 상인이나 사절로 고려를 오갔으며 무역이 매우 활발했다. 그래서 왕건의 할아버지는 무역으로 막대한 부를 축적했고, 이를 기반으로 호족으로 등장했다.

해상호족세력이라는 왕건의 출신 배경이 고려 왕조에 미친 영향은 무엇일까? 건축사학자인 한라대학교 한재수 교수는 고려의 건국신화 연구에 몰두하고 있다. 한 교수에 따르면 고려의 건국신화에는 개성이 수도로 정해지는 과정이 드러나 있다. 개성은 고려의 건국과 어떤 연관이 있을까?

신화를 통해 본 왕건의 조상들은 예성강이나 한강 또는 임진강 하구에 있는 마을과 깊은 연관이 있다. 해상세력으로 등장하는 무대를 만들고 한강 유역의 수로를 장악하면서 해상무역에 깊이 관여한 것이다. 해상무역은 내륙에서 물자에 대한 수요가 없으면 수요 공급의 역할을 맡을 수 없다. 이 때문에 개성은 내륙으로 진출하는 교두보라는 특징을 지닌다. 즉 해상과 내륙 진출을 겸한 도시로 성장한 것이다. 또한 강화를 중심으로 중국과 관계를 긴밀히 하고 남해안 무역으로 이익을 취하면서 부를 축적한다. 이는 왕건이 새로운 해양세력으로 등장한 계기다.

개성은 왕건의 본거지이자 무역의 중심지였다. 개성이 고려의 수도가 된 것은 당연했고, 그후 개성은 국제적인 무역도시로 자리잡아 갔다.

동아시아의 무역대국 고려

고려의 수도 개경에는 객관(客館)이라는 건물이 있다. 객관은 외국 상인이나 여행자들이 머물던 곳이다. 당시 개경에는 거란인을 위한 영은관(迎恩館)과 인은관이 있었고, 여진인을 위한 영선관과 영은관, 중국인이 머무는 순천관, 홍위관, 청주, 충주, 사점, 이빈 등이 있었다. 기록에는 없지만 일본이나 다른 나라 사람을 위한 거처도 있었을 것이다. 당시 객관의 모습은 알 수 없지만 『고려도경』을 쓴 서긍은 객관이 궁궐만 하다고 전한다. 이렇게 수도에 외국 상인을 위한 커다란 숙소가 무려 열 군데나 있었다는 것은 당시 개경에서 활발한 국제무역이 이루어졌다는 애기다.

고려의 국제무역에 관한 흥미로운 기록이 있다. 일본의 역사서 『백련초』는 10세기 초에 벌어진 한 사건을 주목한다. 기록에 따르면 997년 고려는 일본에 세 통의 서신을 보내 통상을 요구했다. 그러나 일본은 고려의 요구를 거부하고 쓰시마와 큐슈 지방의 방비를 강화한다. 상세한 내용은 밝혀지지 않았지만 이 일로 고려가 큐슈 지역을 침략했다고 기록되어 있다.

또다른 기록에는 고려군이 병선 500척으로 침공하려는 정보가 있다고 큐슈의 다자이후(太宰府)에서 일본 조정에 급보를 올렸다는 내용도 발견된다.

이들 두 건의 기록은 심상치 않은 당시 분위기를 전해준다. 이 일련의 사건을 어떻게 봐야 할까. 고려는 건국 초부터 일본에 수교를 요청하는 사절을 여러 차례 파견했지만 일본은 매번 거절했다. 이에 대해 고려는 막강한 해상세력을 바탕으로 일본에 문호개방과 수교를 요청하는 무력 시위를 벌인 것이다.

고려는 건국 초부터 대외무역이 활발하게 이루어졌다. 당시 국제무역항인 예성강을 바라보며 시인 이규보는 고려의 상선이 남만(南蠻)을 오간다고 노래했다. 이는 당시의 교역국이 중국, 일본뿐만이 아니라는 것을 말해준다. 고려는 대식국(大食國), 마팔국, 섬라곡국, 교지국(交趾國) 등과 교역했다. 대식국은 지금의 아라비아, 마팔국은 인도반도에 있던 국가다. 섬라곡국은 지금의 태국이고, 교지국은 베트남 지역이다. 대식국의 상인은 남중국을 거쳐 고려로 왔거나 직접 왔을 가능성이 크다. 그래서 이들은 남중국에서 고려 상인과 만나기도 했는데, 이런 사실로 볼 때 고려 선단이 남중국 아래 지역으로 가서 교역했을 가능성도 있다. 또한 남해 지역, 예를 들어 일본 열도와 오키나와 지역에서도 고려의 해상활동이 있었다. 전반적으로 고려는 동북아시아, 일본, 중국의 북부와 남부, 그리고 동남아시아까지 폭넓은 항로를 오가며 활발한 해양활동을 펼쳤다.

당시 청동제품은 중요한 교역품의 하나였다. 그런데 우연의 일치일까. 고려시대 청동거울 뒷면에는 바다를 항해하는 배 문양이 새겨 있다. 이런 모양의 거울은 국립공주박물관에도 소장되어 있다. 이곳의 청동거울 역시 뒷면에 바다와 배가 새겨져 있다. 왜 거울 뒤에 똑같은 배 그림을 그려넣었을까.

고려는 교역상품으로 배 문양의 거울을 대량으로 만들어냈을 것이다. 그것은 당시 번창했던 해상무역을 상징하는 것이 아닐까 짐작된다.

해상무역은 고려에 풍요를 안겨주었다. 고려는 그 자신감을 이렇게 표현했다.

"고려의 문화와 예악이 융성하고 상선들이 끊임없이 출입하여 날마다 귀중한 보화가 들어오니 중국으로부터는 도움 받을 것이 없다."(『고려사』 문종 12년)

고려는 우수한 군함을 보유하고 바다를 장악했다. 그 힘으로 여러 나라와 교역하며 부를 축적해갔고 국제적으로도 우세한 지위를 확보했다.

하지만 고려는 우리 역사상 마지막 해상왕국이었다. 원나라는

배 문양을 새긴 고려시대 청동거울.
(왼쪽)국립중앙박물관 소장 (오른쪽)국립공주박물관 소장

고려의 힘을 꺾기 위해 바다에서의 활동을 금지했고 조선왕조 역시 바다를 묶어두었다. 그 이후 우리는 동아시아의 주도권을 잃어버렸다. 바다를 장악하느냐 못하느냐는 한 나라의 국력을 좌우하는 중요한 열쇠다. 군함은 당시 고려의 국력을 가늠하게 해주는 것이었다.

원정함대 사령관 이종무는
왜 쓰시마에서 철군했나?

신숙주의 『해동제국기(海東諸國記)』(1471)에는 일본을 비롯한 동아시아의 정보가 총망라되어 있다. 『해동제국기』의 많은 목판본 지도 가운데 유난히 눈길을 끄는 것이 한 장 있다. 무려 82개의 포구가 자세히 그려진 이 지도는 천연의 요새이자 왜구의 본거지인 쓰시마 지도다. 쓰시마의 왜구는 고려말부터 조선초기까지 무려 500차례 이상 침략과 노략질을 자행했다. 마침내 조선은 대규모 원정함대를 편성하여 토벌에 나선다.

쓰시마는 부산에서 최단 거리로 49.5km, 일본 후쿠오카에서는 134km 떨어져 있다. 거리로는 일본보다 우리나라와 훨씬 가깝다.

조선이 쓰시마를 정벌한 첫 번째 이유는 왜구 때문이었다. 고려말 여·몽 연합군의 일본 정벌 이후 고려와 정상적인 무역이 막히자 쓰시마를 비롯한 많은 왜인들은 물자 부족에 시달린다. 그러자 대규모로 무리지어 해적질을 하게 되는데, 이들이 바로 왜구의 시작이다. 그래서 조선은 왜구의 본거지인 쓰시마를 위해 대규모 군사를 일으킨다. 1419년 5월, 마침내 태종은 전군(全軍)에 비상 소집령을 내려 조선 수군의 주력군을 거제의 견내량(見乃梁)에 집결시킨다.

왜 견내량인가?

견내량은 거제도와 고성·통영 사이의 좁은 바다다. 섬과 육지가 가장 가까운 곳은 500m 남짓하다. 이처럼 육지와 섬 사이가 좁아 조류가 병목현상을 일으키는 '량(梁)'은 대체로 물살이 급하

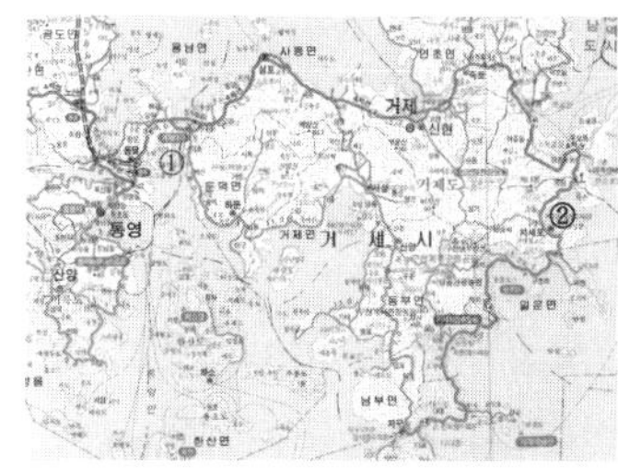

(위)조선후기 「거제지세진지도(巨濟知世鎭地圖)」(일부). 마을을 둘러싼 성곽과 포구의 전함이 보인다. 간략한 쓰시마의 형상과 '쓰시마/수로 480리'란 표기가 이채롭다.
(아래)오늘날 지도의 거제도
① 견내량 ② 지세포

다. 협소한 지형으로 급류가 흐르고 유속이 빠른 이곳에 200척의 전선과 1만 명이 넘는 병사가 주둔하기는 곤란했을 것이다. 그렇다면 쓰시마 정벌 전쟁 당시 조선 수군은 왜 하필 이 좁고 물살이 거센 바다에 집결했을까? 거제도 연안의 조건을 살펴보면 그 이유를 알 수 있다.

견내량 바깥쪽의 지세포(知世浦)만은 거제도를 지키는 전초기지였다. 지도에는 성이 그려져 있다. 배를 만들던 선창마을 뒷산

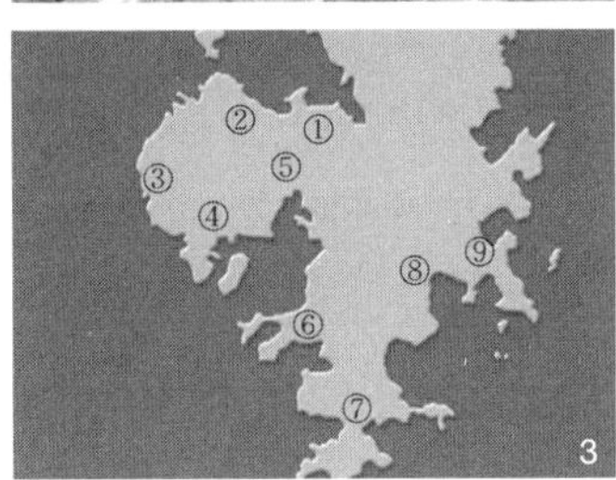

1 지세포성 2 지세포성에서 흔히 발견되는 이런 돌은 무기로 사용된 것으로 추정된다. 3 거제도의 주요 산성 ① 고현성 ② 사등성 ③ 오량성 ④ 폐왕성 ⑤ 옥산금성 ⑥ 가배량성 ⑦ 다대산성 ⑧ 구조라성 ⑨ 지세포성

에는 아직도 성이 그대로 남아 있다. 길이 735m, 높이 5m의 지세포성은 조선초기부터 있었는데 현재의 것은 인조 때 다시 쌓은 것이다. 지세포성은 원형이 비교적 잘 보존되어 있어서 해안 산성의 특징을 잘 보여준다.

지세포성은 구조가 견고하다. 동쪽 문에는 옹성(甕城)을 설치하여 방어에 유리하다. 특히 동쪽 성곽의 원형이 잘 남아 있는데, 동쪽은 쓰시마 방향이므로 왜구들을 막기 위해 축조한 성임을 알 수 있다.

거제도에는 모두 25개의 산성이 있다. 좁은 면적에 비해 산성이 많은 것은 왜구와의 치열한 교전이 있었음을 말해준다. 고려말부터 조선전기에 걸쳐 남해안 일대 해안 방어는 매우 중요했다.『조선실록지리지』에 따르면 조선 정부는 조선 수군의 3분의 1을 거제도에 주둔시켰다.

이종무(李從茂)의 정벌군이 견내량에 집결한 또다른 이유는 무엇일까? 그것은 견내량의 물살과 관련이 있다. 견내량은 하루 두 번 조류에 따라 물살의 방향이 바뀐다. 썰물을 기다렸다가 그 물살을 타면 힘들이지 않고 넓은 바다로 나아갈 수 있다. 그런 다음 해류를 타면 쉽게 쓰시마로 접근할 수 있는 것이다.

지금도 견내량의 뱃길은 조류를 이용한다. 거제 앞바다에는 북동쪽으로 방향이 일정한 쿠로시오 해류가 흐른다. 거제에서 썰물을 타고 나가 북동진하는 해류를 만나면 가만히 있어도 쓰시마 중심에 닿을 수 있다.

견내량은 견고한 방어시설로 정벌군의 안전이 보장되었다. 그리고 조류와 해류의 흐름은 조선 수군에게 유리했다. 쓰시마 정벌군이 부산포 대신 견내량에 집결한 까닭이 여기에 있다.

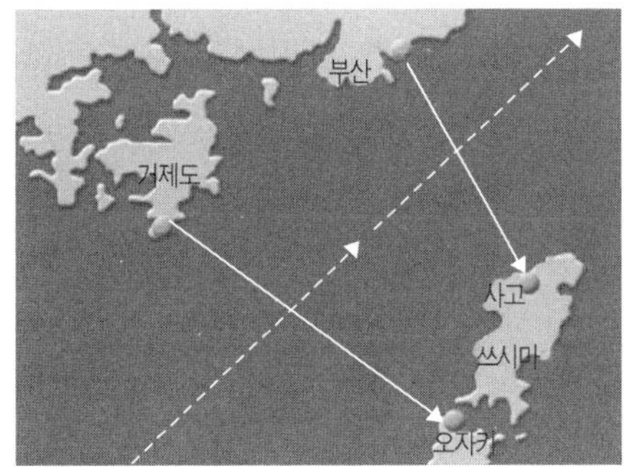

거제도와 부산에서 쿠로시오 해류(점선)을 타고 항해하면 쓰시마에 닿게 된다. 부산~사고 30~43시간, 거제~오자키 43~52시간

쓰시마 정벌은 어떻게 준비되었나?

원정함대는 어떻게 짜였을까? 총사령관에 이종무 장군, 좌군도 절제사에 유습 장군, 우군도절제사에 이지실 장군이 태종의 특명에 따라 함대를 이끌었다. 견내량에 모인 전선은 모두 227척이다. 경상도와 전라도, 충청도, 경기도의 수군들이 차출되어 모두 1만 7285명이 모였다. 당시 조선의 전체의 수군이 5만 남짓이었음을 감안할 때 견내량에 전체 수군의 3분의 1이 모인 셈이다. 식량은 모두 65일분을 준비했다고 하는데, 엄청난 군사가 동원 시스템과 훈련이 갖춰져 있지 않으면 불가능한 일이었을 것이다.

직접 쓰시마 정벌에 참가했던 조선 수군 지휘관 박초(朴礎, 1367~1433)가 남긴 기록이 있다. 그는 고려말 조선초에 활약한 무신으로 북진 개척과 쓰시마 정벌에 참여했다. 쓰시마 정벌 당시에는 좌군절제사, 즉 부사령관급이었다. 전북 김제 벽제(碧堤) 서원에 소장된 박초의 문집 『토헌집(土軒集)』에는 당시의 수군 훈련법과 관련하여 임금에게 올린 상소문이 있다. 이는 그의 오랜 수군 생활에서 나온 경험을 바탕으로 쓴 것이다.

"전선은 훈연(연기꺼림)을 하여 목재가 썩지 않고 가볍게 하며 (…) 전진훈도관을 뽑아 영·진·포에 보내 순회 교육하고…"

"바닷길에는 대·중·소선을 운행하여 진법을 익히고 (…) 활쏘기는 도수를 재고 풋말에 흰 칠을 하여 정확도를 높이고…"

(「청연병개제소(請鍊兵改制疏)」)

(왼쪽)벽제서원　(오른쪽)벽제서원에 배향된 박초의 사당 모덕사(慕德祠)

　　다양한 진법 익히기와 활쏘기 등 개인 전투 능력 향상을 위한 방안들이 담겨 있다.

　　태종·세종 연간에는 유난히 수군 훈련에 대한 상소가 많았다.

　　"화통이 1만 자루에 이르나 각 포의 병선 160척 등 그 쓰이는 곳이 많아서 1만 자루로도 부족합니다. 남아 있는 주철 2만 근을 녹여서 충당하소서."(『태종실록』 15년)

　　"병선에서 밥을 지을 때 화로 위 시렁에 진흙을 바르고 올려놓으면 화약의 습기를 막을 수 있습니다."(『세종실록』 7년)

　　그렇다면 쓰시마 정벌을 담당한 이종무 수군의 훈련과 전력은 어떠했을까? 정벌전 당시의 직접적인 기록은 없지만 조선중기 「통제영 수조도」에서 쓰시마 정벌군들의 진용을 짐작할 수 있다. 이 그림은 각 지역 수군들의 연합 훈련을 묘사하고 있다. 중앙에는 지휘선이 있고 수군들이 편제를 이루어 정해진 진법에 따라 진을 형성했다. 각 함대에는 연락과 보습을 맡은 부속선이 있었는데 물동이를 실은 부속선이 이채롭다.

오방진을 이룬 함대는 끝이 뾰족한 첨(尖)자형 진영을 이룬다. 이런 진법은 조선초기부터 나오는데, 태종이 직접 한강에 나가 오위(五衛)의 진을 사열했다는 기록이 있다. "상왕이 낙천정(樂天亭)에 거동하여 오위의 진을 열하고 훈련관으로 이 진법에 의거하여 교습하도록 명했다."

그렇다면 쓰시마 정벌에 나선 15세기초, 조선 수군의 배는 어떤 것이었을까? 1998년 목포 앞 달리도의 갯벌에서 배 한 척이 발굴됐다. 갯벌 속의 배는 수백 년 전의 원형을 그대로 간직하고 있었다. 발굴된 배는 쓰시마 정벌보다 1~2세기 앞선 시기에

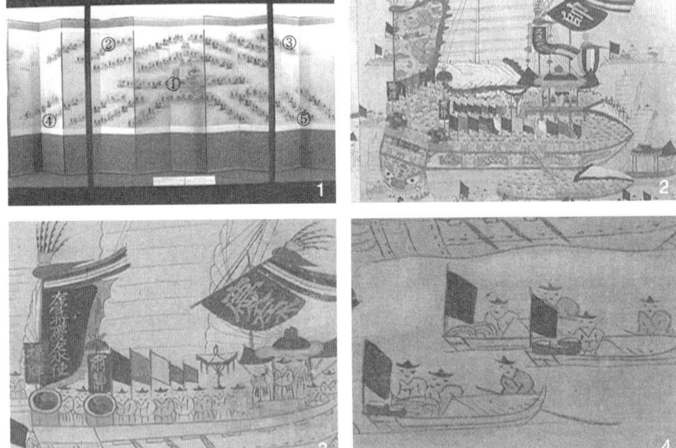

1 「통제영 수조도」 ① 중령(통제사) ② 전령(전라좌수사) ③ 좌영(경상좌수사) ④ 우영(전라우수사) ⑤ 후영(충청수사)

2~4 1의 부분. 2 지휘선 3 경상좌수사의 수군 4 물동이를 실은 부속선

(왼쪽)달리도 배 발굴 현장 (오른쪽)완도선의 가룡목(표시 부분)

만든 것으로 판명되었다. 그렇다면 이 배가 지금까지 발견된 배 가운데 조선초기의 선박과 가장 유사하지 않을까?

달리도의 배는 고려의 배와 구조가 비슷하지만 한층 발달된 제작 기술을 보여준다. 배의 좌현과 우현은 가룡목(加龍木)이라는 통나무로 연결했는데, 실제로 배의 외판에 가룡목을 끼운 흔적이 있다. 이런 가룡목이 있었기 때문에 포 사격을 할 수 있을 정도로 배의 구조가 견고했던 것이다.

달리도 배는 선수와 선미가 높고 뭉툭하다. 그리고 가룡목을 끼워 매우 튼튼하다. 외판은 나무못으로 고정되어 물을 머금을 수록 견고해졌다.

조선초기의 배는 맹선(猛船)이라는 이름만 전할 뿐 지금까지 그 실체는 알 수 없었다. 그래서 달리도의 배를 기준으로 조선초기의 배를 복원해보았다.

태종은 전함 개량 사업과 진법 훈련에 많은 관심이 있었다. 그것이 쓰시마 정벌을 가능하게 했을 것이다. 태종은 고려 때

 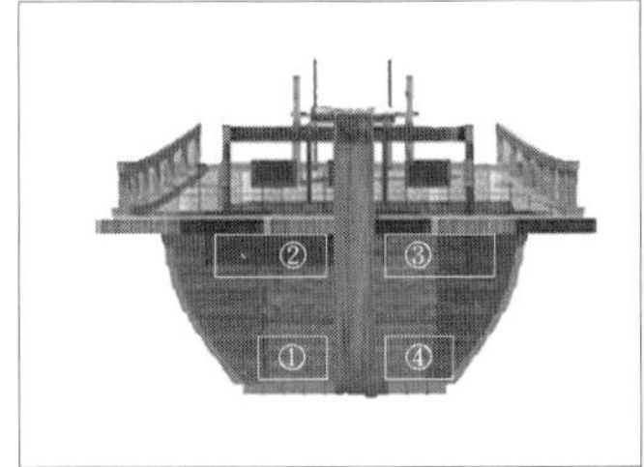

영상 복원한 조선초기의 배와 그 내부 단면도
① 화덕 ② 시렁 안의 화약 ③ 군량미 ④ 물독

쓰던 함선들만으로는 해안 방위가 불가능하다는 것을 깨닫고 배를 더 만든다. 그래서 412척이었던 고려의 배에 185척을 더해 총 597척으로 해군을 강화했다. 배를 늘린다는 것은 해안 방위를 강화하고 육지가 아닌 대양에 나아가 전진공격을 하겠다는 의도로 볼 수 있다.

정벌을 앞두고 1만 7천의 군사가 227척의 배에 나누어 탔다. 그렇다면 배는 적어도 60명 이상이 탈 수 있는 규모였다는 얘기다. 원정함대의 사령관 이종무가 탄 함선은 견고한 구조와 적어도 100명이 탈 수 있는 크기의, 당시로서는 최고의 전함이었을 것이다.

화약은 특별한 곳에 보관했다. 습기 방지를 위해 화덕 위에 시렁을 얹어 관리했다. 바닥에 물독을 싣고 그 위 칸에 쌀과 미숫가루 등 65일분의 전투식량을 갖췄다. 체계화된 동원 시스템과 우수한 전함 등이 왜구의 본거지인 쓰시마를 정벌한 힘이었다.

쓰시마를 어떻게 정벌했나?

쓰시마 정벌을 위해 조선 수군은 철저히 준비했다. 그러나 조선 군은 쉽게 움직이지 않았다. 대군을 출병시키기 전, 조선은 사전 준비 작업을 했다. 비밀 유지와 출정 후 조선 방어에 대한 대책 때문이었다.

우선 부산포와 내이포의 왜관을 폐쇄했다. 왜인들과 왜구의 연락을 끊은 것이다. 정보 누출을 막기 위한 이 조치로 591명의 왜인들이 감금당한다.

다음으로 난폭한 왜인들은 아예 처형했다. 즉 말썽을 일으킬 여지를 없애버린 것인데, 왜인 평망고 등 21명이 그 대상이었다.

세 번째로 명분을 쌓았다. 조선은 쓰시마 도주에게 조선에서 약탈을 자행한 해적들을 체포해서 송환할 것을 요구한다. 군대를 일으킬 명분을 만든 것이다.

끝으로 정벌 기간 중의 국내 방어 대책을 수립했다. 이를 위해 싸울 수 있는 장정들을 모두 동원하여 국내의 군사적 요충지를 지키게 한 뒤 출정한다.

조선은 이처럼 쓰시마 정벌을 위한 사전 작업을 철저히 한 뒤 드디어 출정의 깃발을 올린다. 거제도를 출발한 조선 수군은 해류를 타고 단 하루 만에 대한해협을 건너 쓰시마에 다다른다.

쓰시마는 97%가 산으로 이루어진 척박한 땅으로 해안선과 뱃길이 매우 복잡하다. 이런 지리적 조건 때문에 쓰시마는 외부 세력에 쉽게 점령되지 않은 채 독립적인 성격을 유지했다. 그래서 조선 수군은 쓰시마에서 귀화한 왜인을 길잡이로 세웠다.

조선 정벌군이 가장 먼저 상륙한 곳은 어디일까? 실록에는 조선 정벌군이 상륙한 지점이 한자로 두지포〔豆知浦, 土崎(도지)〕, 훈내곶〔訓內串 , 船越(후나고시)〕, 니로〔尼老, 仁位(니이)〕군이라고 적혀 있다. 일본 지명을 따라 상륙지를 찾았다. 조선 정벌군이 최초로 상륙한 곳은 아소(淺茅)만의 오자키(尾崎) 지역이다. 이곳에는 정벌 당시 오자키의 영주였던 소다(草田) 가문의 후손이 살고 있다.

당시 소다는 오자키를 근거지로 400호에 이르는 왜구를 거느린 세력가였다. 그러나 이종무의 정벌 전쟁 후 소다는 조선에 항복하고 조선의 관직을 받는다. 그 영향이 남아 지금도 소다 가문은 쓰시마의 명문가로 남아 있다.

이종무는 두지포 앞바다에 배를 정박한 후 쓰시마 도주 소 사다모리(宗貞盛)에게 항복을 종용했다. 그러나 쓰시마 도주는 듣지 않았다. 이에 원정대는 1419년 6월 20일 상륙작전을 감행했

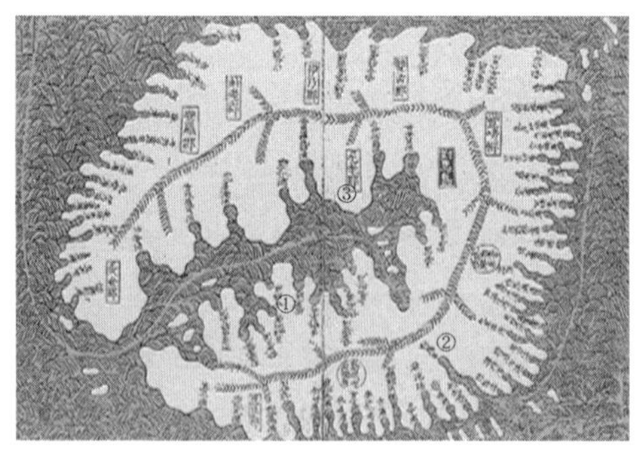

『해동제국기』에 실린 지도 가운데 쓰시마의 아소만 일대. 표시 부분은 조선 정벌군이 상륙한 곳이다.
① 두지포
② 훈내곶
③ 니로

훈내곳. 이종무는 이곳에 목책을 설치하고 쓰시마 해안을 봉쇄했다. (목책은 CG 합성화면)

다. 상륙과 동시에 조선군은 왜구를 격파한다. 왜선 129척 소각, 왜구 약 120명 사살, 가옥 약 2천 채 소실. 그리고 왜구에 잡혀 있던 중국인 포로 131명도 구출했다.

왜구들이 섬 깊숙이 숨어들자 이종무는 새로운 거점을 마련한다. 훈내곳(후나고시, 船城)은 상(上)쓰시마와 하(下)쓰시마를 잇는 요충지로 조선으로 가는 길목에 해당한다. 이종무는 이곳에 목책을 설치하고 쓰시마 해안을 봉쇄해버렸다. 지금은 바다를 매립하여 육지가 넓어졌지만 당시에는 훈내곳을 중심으로 양쪽의 바다가 거의 붙어 있다시피 했다. 그래서 작은 배는 육지로 끌어 올려 이동했다.

조선 정벌군은 두지포와 훈내곳에 이어 1419년 6월 26일 니로군 지역에 상륙한다. 그러나 이곳에서 뜻밖의 상황을 만난다. 지형에 어두운 조선 수군이 적의 매복에 걸려 약 180명의 전사자를 낸 것이다. 이종무 부대의 유일한 패배인 이 전투에 관해 일본측 기록이 남아 있다. 『대주편년략(對州編年略)』에는 쓰시마

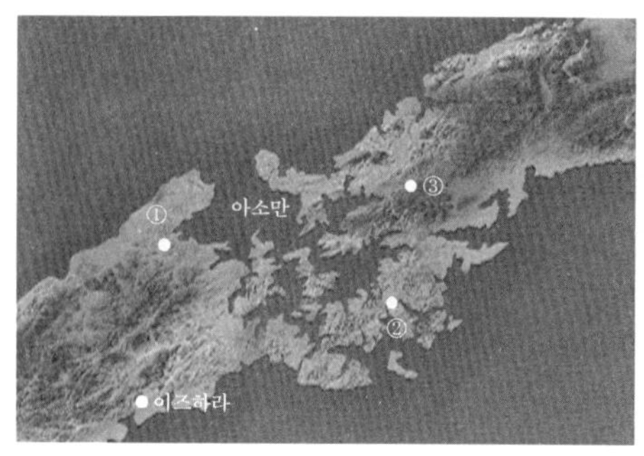 

쓰시마 중심부 ① 두지포 ② 고부나고시 ③ 니이

정벌에 관한 짧은 기사가 있는데, 니로군 전투에서 조선군 약 2천 명을 사살했다고 적고 있다.

"조선군이 상륙해 들어왔으나 누카다케(糠嶽) 산에서 전투를 벌여 아군 123명이 전사하고 조선군 2천 명을 죽였다."

『조선왕조실록』보다 10배 이상 과장된 기록이다. 또한 당시 일본 본토에서는 조선 정벌군을 조·명 연합군으로 파악하고 있었다. 150년 전의 여·몽 연합군의 경우로 여긴 것이다. 당시 교토 귀족의 일기가 남아 있는데 그 가운데 쓰시마 정벌에 관한 기록이 있다. 몽골이 고려군과 연합해 공격해온 것과 마찬가지로, 1419년 쓰시마를 공격한 세력을 명나라가 중심이었다고 생각해서 '몽고습래의 재현'이라고 받아들이는 사람들도 있었다.

그렇다면 조선은 왜 이 시기에 쓰시마 정벌에 나섰을까? 그것은 당시 쓰시마 내부 사정과 연관이 있다. 당시 쓰시마 도주 소 사다모리는 어린 나이에 아버지의 뒤를 이어 왜구들에 대한 통제력이 약했다. 그 틈새로 왜구들의 노략질이 심해졌고 급기야 조선 정부에서 근거지 토벌을 결정한 것이다.

이종무의 원정함대는 신속하게 작전을 전개했다. 그리고 고려 말에서 조선초에 이르기까지 노략질을 일삼던 왜구의 본거지 쓰시마를 완전히 장악했다. 그것은 조선 최대 원정함대의 완벽한 진압이었다.

쓰시마 정벌, 고도의 외교전술

조선이 대군을 일으켜 쓰시마를 친 까닭은 무엇일까? 아무리 왜구 소탕이라지만 전 병력의 3분의 1을 동원한 대규모 정벌전을 하필 건국 초기에 벌인 데는 다른 이유가 있는 것은 아닐까?

도쿄 대학 사료편찬소에는 당시 왜구의 실상을 자세히 볼 수 있는 자료가 있다. 명나라에서 제작한 세로 32cm, 길이 5.2m의 「왜구도권」이라는 그림이다. 이 그림은 명나라 해안에 나타나 노략질을 일삼던 왜구를 자세히 묘사하고 있다. 왜구의 출병과 항해, 상륙과 노략질의 전 과정을 매우 치밀하게 그렸다. 동료의 어깨 위에서 망을 보는 장면이 있는가 하면 노략질한 물건을 옮기는 모습, 토벌에 나선 명나라 군대와 치열한 전투를 벌이는 장면 등이 사실적으로 그려져 있다.

이렇게 그림으로 왜구의 폐해를 경계할 만큼 당시 명나라도 왜구에게 큰 피해를 입었던 것이다. 왜구는 조선뿐 아니라 명나라에게도 골칫거리였다. 명나라는 개국 초부터 해금(海禁)정책을 취했다. 명에서 왜구 대책이 강화되면 왜구는 조선으로 몰려왔고, 조선에서 왜구 대책이 강화되면 왜구는 명으로 몰려 갔다.

명나라가 강력한 해상봉쇄정책을 펴자 왜구들은 중국 남쪽으로 활동 범위를 넓혀갔다. 당시 왜구들의 극심한 노략질과 활동 범위를 보여주는 현장이 있다. 오자키 영주 소다가 살던 곳에서 500m쯤 떨어진 곳에서 깜짝 놀랄 만한 유물이 발견되었다. 15세기 조선왕조 때 허리에 차는 석대의 장식품 등이 출토된 것이다. 발굴 흔적을 덮어놓았지만 어렵지 않게 도자기 파편 등 유물 조각들을 찾을 수 있었다. 이곳은 전체 발굴이 이루어진 곳이 아닌데도 약 60평 넓이의 시굴(試掘)에서 엄청난 유물이 발

「왜구도권」의 일부
1 동료의 어깨 위에서 망을 보는 장면
2 노략질한 물건을 옮기는 모습
3 일본도(刀)·활·장창으로 무장한 왜구. 그림에 보이지 않는 왼편에 명나라 군사들이 맞서고 있다.

견된 것이다.

대부분의 유물은 조사를 위해 일본 본토로 옮겨가고 일부만 쓰시마에 남겼는데, 조선과 중국의 도자기 파편들이 남아 있다. 특히 멀리 베트남의 도자기 파편들이 눈길을 끈다. 왜구는 조선과 명을 포함한 매우 광범위한 지역에서 이런 물건을 노획한 것이다. 불에 탄 흔적이 뚜렷한 동전도 함께 발견되었는데, 연대측정 결과 이종무의 쓰시마 정벌과 비슷한 시기에 불에 탄 것으로 드러났다.

그렇다면 왜구들은 왜 위험을 무릅쓰며 멀리 동남아시아까지 활동 범위를 넓혔을까? 그것은 명나라의 정책과 연관이 있다. 명나라는 왜구의 노략질이 심해지자 강력한 해금정책, 즉 바다를 통제하는 정책을 폈다. 쓰시마 배의 해안 접근 금지는 물론, 일체의 사무역(私貿易)을 금지했다. 약탈과 함께 사무역에 의존하던 쓰시마의 왜구는 심각한 타격을 입었다. 1년에 한두 차례만 허가한 견명선(遣明船)의 무역만으로는 쓰시마의 경제를 유지할 수 없었다.

결국 물자 부족에 시달리던 왜구들은 활동 범위를 넓힐 수밖에 없었던 것이다. 명나라 주원장은 중국 연해에서 그의 라이벌들과 왜구가 결탁해 명을 공격할까봐 두려워했다. 그래서 왜구와 국내 반대세력이 연대하는 것을 막으려고 해금정책을 추진한 것이다. 그러나 해금정책이 강화될수록 왜구는 더욱 극성을 부렸고 오히려 명나라의 부담이 되었다.

마침내 명나라는 병선 1만 척을 동원하여 직접 왜구를 치겠

1 오자키 발굴 터. 지금도 주위에서 유물 조각이 발견된다.
2~5 오자키의 발굴 터에서 나온 유물
2 조선 분청사기 파편
3 베트남 청자 파편
4 석대 장식품
5 중국 동전

다는 의사를 조선에 보내왔다.

"짐이 병선 1만 척을 내어 토벌하고자 한다. 너희 조선도 이를 미리 알아둠이 마땅하겠다."(『태종실록』 13년)

조선 조정은 긴장했다. 명나라가 왜구 토벌을 위해 직접 군사를 일으키면 여·몽 연합군 때처럼 엄청난 부담이 뒤따를 것이 분명했다. 그래서 내린 결론이 쓰시마 선제 공격이었다.

강한 수군 양성과 전함 개량 사업으로 충분한 국방력을 확보한 조선 조정은 마침내 독자적으로 쓰시마 정벌에 나선 것이다.

조선 정벌군이 철수한 진짜 이유

이종무 부대는 65일분의 식량을 준비했다. 장기전에 대비한 것이다. 그런데 이종무와 조선 정벌군은 돌연 철군한다. 쓰시마에 도착한 지 고작 열흘 만의 일이다. 철저한 준비와 최정예 부대의 투입, 전투의 승리로 교두보를 확보한 성공적인 정벌전이었음에도 이종무의 조선 정벌군은 모든 유리한 조건을 버리고 철군했던 것이다. 쓰시마에서 항복을 받아낸 조선군이 철군한 진짜 이유는 무엇일까?

그 해답은 동양 최초의 세계지도에서 풀어나갈 수 있다. 조선 초기에 제작된 「혼일강리역대국도지도(混一疆理歷代國都地圖)」는 조선과 중국, 일본을 중심으로 한 세계 지도다. 지도는 네 개의 지도, 즉 조선 건국 초기 이회(李薈)가 그린 「조선팔도도」와 박돈지(朴敦之)가 일본에서 가져온 일본 지도, 그리고 중국과 아랍의 지도를 합쳐서 제작했다.

이 지도에는 조선 남해안의 섬들이 비교적 자세히 그려져 있는데 쓰시마가 함께 그려져 있다. 정작 일본인이 그린 일본 지도에는 쓰시마가 빠져 있다. 쓰시마가 조선 영토라는 사실은 일본인이 만든 지도에도 나타난다. 일본의 조선 지도에는 쓰시마가 조선에 속한 것으로 나타나 있다.

이런 인식은 후대까지 이어졌다. 도요토미 히데요시가 조선 침략을 위해 사용한 지도에도 쓰시마는 조선 땅으로 그려져 있다. 이처럼 오랜 기간 쓰시마는 조선의 영토라는 인식이 일본에도 넓게 퍼져 있었다. 우리 옛지도를 보면 어떤 지도든 쓰시마가 반드시 명기되어 있다. 이것은 그만큼 쓰시마가 우리 영토라는 강한 인식이 있었기 때문이다. 일본 지도를 보면 초기 제작된 지도에는 쓰시마가 빠져 있다. 일본의 관할 구역이 아니고 지배영역이 아니었기 때문이다. 그러나 일본은 쓰시마가 우리나라와 통상하는 데 중요한 거점이 되면서 그 중요성을 인식하고 일본 지도에 쓰시마를 표시하기 시작한다.

우리가 만든 지도에는 쓰시마가 어떻게 표시되어 있을까? 「조선방역지도」에서 쓰시마는 제주도와 함께 한반도를 받치는 두 다리로 인식되기도 했다. 아예 쓰시마를 경상도로 편입한 지도도 보편적이었다.

이러한 쓰시마의 영토 인식은 정벌을 선포한 태종의 선전포고문에도 잘 나타난다.

"쓰시마라는 섬은 경상도 계림에 속했으나 본디 우리나라 땅이란 것이 문적에 실려 있어 분명히 상고할 수 있다. 다만 그 땅이 매우 작고, 또 바다 가운데 있어서 왕래가 막혀 백성이 살지 않는지라…"(태종이 쓰시마주에게 보낸 교유문)

결국 버티던 왜구는 항복하고 조선 정부에 귀속되기를 원했다.

「혼일강리역대국도지도」(부분), 채색사본, 권근, 김사형, 이무, 이회 등, 158.5×168cm. 우리나라에서 아래로 멀리 떨어진 곳에 일본이 그려져 있다. 쓰시마는 한반도 남해안에 제주도와 마주하고 있다.

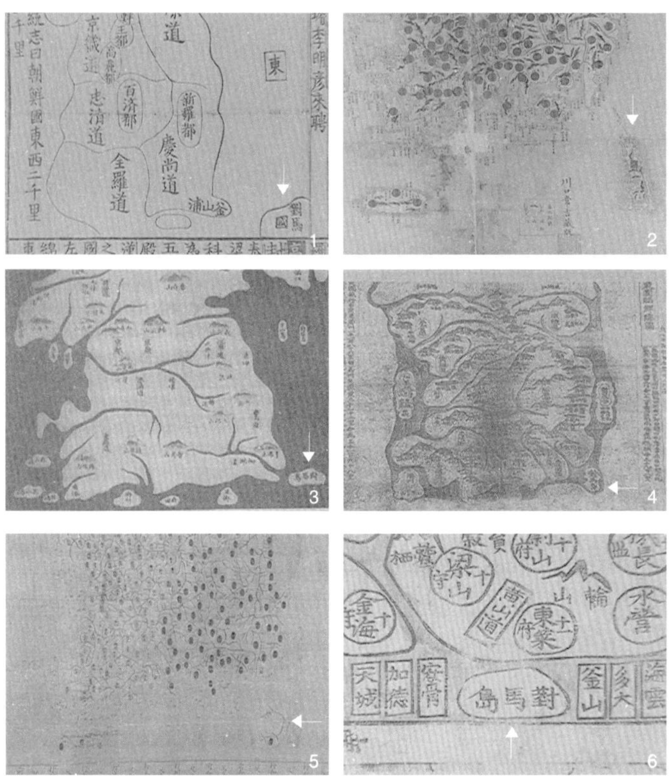

옛 지도에 나타난 쓰시마(표시 부분)
1~4 일본인이 만든 옛 지도 5,6 우리 옛 지도
1「조선국 8도전도」(1747)
2「조선국세계전도」(1874)
3「팔도도」(왜란 전)
4「동국조선총도」
5「조선방역지도」(1557년경)
6「여지도」중 경상도 지도(18세기 후반)

"만일 우리 섬으로 하여금 귀국 영토 안의 주·군(州郡)의 예에 따라 주(州)의 명칭을 정해주고 인신(印信)을 주신다면, 마땅히 신하의 도리를 지켜 시키는 대로 따르겠습니다."(쓰시마 도주의 귀속 요청)

현재 쓰시마는 나가사키현의 일부고, 이곳 사람들은 도쿄 사람들과 다름없는 일본인이라고 생각한다. 하지만 당시 사람들은 그렇지 않았다. 조선의 영토가 되어도 상관없으니 조선과 무역 관계를 유지하고 싶어하는 사람들도 있었다. 그것은 곧 쓰시마가 두 나라의 경계에 위치했다는 데 기인했다.

이종무 부대는 예상보다 훨씬 신속하게 쓰시마를 제압하고 왜구의 항복을 받았다. 이후 쓰시마의 왜구들은 조선의 정치체제로 편입된다. 조선의 국왕이 관직을 내려 왜구 통제의 의무를 주고, 대신 무역을 허락했다. 쓰시마 사람 피고삼포라(皮古三甫羅)에게 벼슬을 내린 조선 국왕의 교지가 이를 증명한다. 왜구들에게 수직(授職), 즉 벼슬을 내림으로써 그들을 조선의 영향력 아래 둔 것이다.

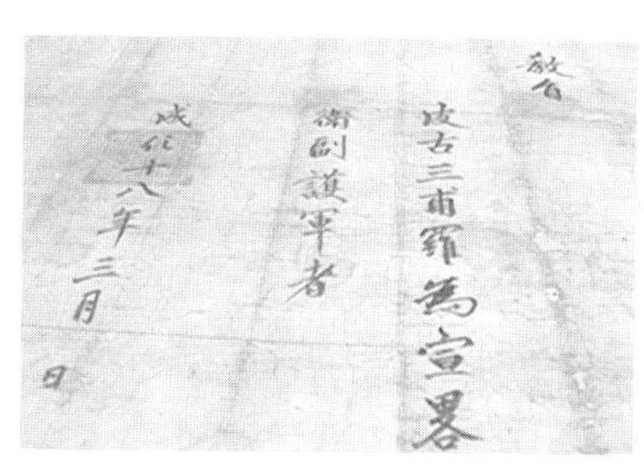

쓰시마인 피고삼포라에게 벼슬을 내린 조선 국왕의 교지

이후 쓰시마는 오랜 기간 조선의 영향력 아래 있었다. 쓰시마가 정식으로 일본의 영토가 된 것은 1868년 메이지유신 때였다.

쓰시마 정벌은 열흘 간의 전투에 불과했지만 고려말부터 70년간 계속된 왜구 문제에 종지부를 찍은 원정이었다.

또한 그것은 명나라가 군대를 일으키는 것을 막을 명분을 마련함으로써 조선을 명나라의 대리 전쟁터에서 구해내는 절묘한 정치적 선택과 고도의 군사적 전략이었다.

최초 공개!
임진왜란 최후의 전투도

1999년 5월, 400년 전의 치열한 전투 장면을 담은 놀라운 그림이 공개되었다. 미국에서 입수한 이 그림은 바로 임진왜란에 대한 생생한 기록화다. 임진왜란을 소재로 한 전투도는 많지만 대부분은 전투 당시가 아닌 훨씬 후대에 그린 것이다. 또한 그 가운데 상당수는 아주 최근에 그린 것이다.

임진왜란 당시 조·명 연합군이 평양성을 탈환하는 모습을 그린 「평양성 전투도」는 임진왜란 전투도 가운데 가장 오래된 것으로 알려져 있다. 하지만 이 그림도 전쟁이 끝나고 200년쯤 지난 뒤에 그린 것이다. 즉 화가가 전투 장면을 직접 목격하고 그린 것이 아니라 당시의 기록을 참조하여 상상력을 가미한 것이다. 엄밀히 말하면 전투 기록화는 아닌 셈이다.

그런데 이번에 입수한 그림은 기존의 전투도와 달리 전투가 벌어진 바로 그 당시에 그린 작품이다. 「평양성 전투도」와 비교하면 그 차이를 알 수 있다. 「평양성 전투도」는 성을 둘러싼 싸움이라는 것은 나타나 있는데 대강의 정황만을 표현했을 뿐이다. 그러나 이 그림은 분위기가 전혀 다르다. 병사들의 동작 하나하나가 생생하게 그려져 있고, 무기나 장수가 탄 말도 아주 세밀하게 묘사되어 있다.

화가가 전투 장면을 직접 보지 않았다면 이렇게까지 구체적으로 표현하지 못했을 것이다. 이 그림은 마치 현대의 종군 기자들이 전투 상황을 사진에 담아 보여주듯이 당시 상황을 생생하게 전달하고 있다.

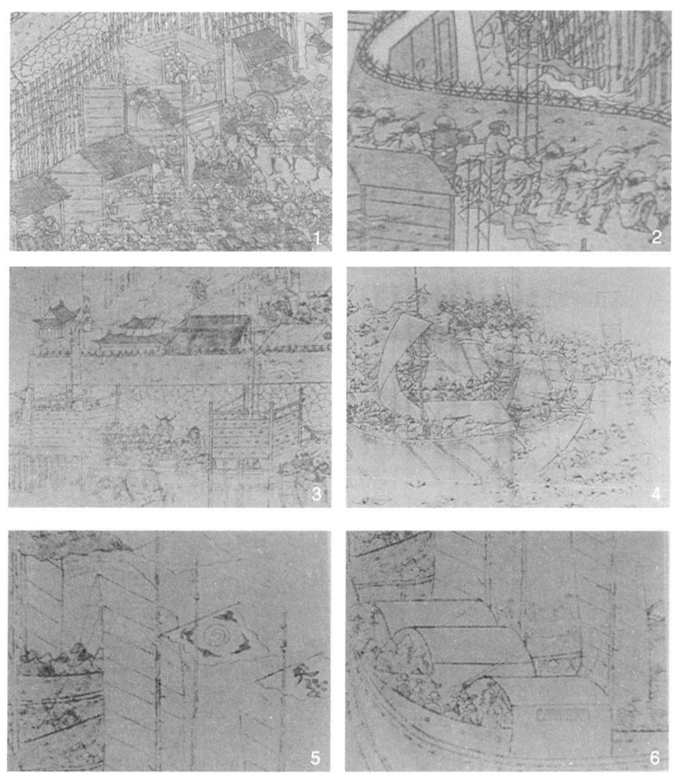

「임진정왜도」의 일부

1 공격하는 조·명 연합군

2 수비하는 왜군

3 정박시설. 아래쪽으론 배를 탄 왜군의 모습이 보인다.

4 격렬한 해전

5, 6 조·명 연합군. 태극 문양의 깃발과 '天兵(천병)'이라 쓴 깃발이 보인다.

복원된 「임진정왜도」

이 그림은 한 성(城)을 둘러싼 치열한 공방전을 묘사하고 있다. 복장으로 봐서 공격하는 쪽은 조선군과 명군이고 성을 수비하는 병사들은 왜군이다. 왜군들이 방어하고 있는 성의 한쪽은 바다인 듯하다. 성벽에는 정박 시설과 배를 타고 긴장한 모습의 왜군이 보이고 바로 그 앞에서 해전이 벌어지고 있다.

그림은 분명 임진왜란의 마지막 전투 장면이다. 1598년 9월에서 11월 19일 노량해전이 벌어진 날까지, 두 달 동안 공방전이 펼쳐진 정유재란 최후의 격전을 다룬 것이다. 그림에는 순천 왜성과 광양만 일대에서 벌어진 임진왜란의 마지막 60일간의 기록이 담겨 있다. 고니시 유키나가(小西行長)의 이름이 뚜렷이 보이는 군기(軍旗)가 이를 입증해준다. 고니시 유키나가는 임란이 끝날 무렵 바로 순천 왜성에 주둔한 장수다.

천병(天兵)이라는 뚜렷한 명문(銘文)과 태극 문양과 비슷한 조선 수군의 깃발이 눈길을 끈다. 각각의 깃발 밑에 있는 수군의 복장으로 봐서 당시 순천 왜성 전투에 참전한 조선군과 명군을 구분하기 위한 것임을 짐작할 수 있다.

화염에 싸인 배와 바다에 몸을 던지는 왜군, 그리고 왜군을 공격하는 명군을 묘사한 한 폭의 그림에는 등장인물 수백 명의 동작과 표정까지 생생하게 표현되어 너무도 사실적이고 현장감이 넘친다. 그렇다면 전쟁의 틈바구니 속에서 이 그림을 그린 사람은 누구일까?

전투에 참전하거나 종군했던 누군가가 그린 것으로 볼 때, 명군의 한 장수 휘하에 종군했던 화가가 아닌가 짐작된다. 당시 명군은 원정 전투에 참여할 때 종군 의승이나 화가, 포 전문 기술자들을 데려갔다. 그래서 이 전투도의 경우도 화공이 그린 것으로 보는 것이다.

그림의 배경인 순천시는 미국의 한 개인 소장자에게서 전투도를 입수했다. 그런데 입수한 전투도는 원본이 아니라 원본을 촬영한 11장의 사진이다. 이 사진은 미국 컬럼비아 대학 게리 레드야드 교수가 가지고 있는 사진의 일부다. 원본은 중국계 미국인이 소장한 것으로 알려졌는데, 현재 어디에 있는지는 정확히 알 수 없다. 1980년대 초 사진이 국내의 한 잡지를 통해 공개되었을 때도 원본이 아닌 사진의 일부만이 공개되었다. 그 뒤 일본 잡지에도 그림이 소개되었는데 역시 원본이 아니었다.

행방이 묘연한 원본의 모습을 짐작할 수 있는 유일한 단서는 레드야드 교수의 사진 전체와 기고문뿐이다. 이번에는 11장의 사진이 추가로 입수되어 6.5m 두루마리 원본의 전모를 파악하게 되었다. 두루마리 원본을 복원하기 위해 주요 장면 전체의 모습을 담은 사진과 그것을 부분 촬영한 사진을 구분하고 레드야드 교수의 기고문에 따라 배열했다. 그러자 왜를 정벌한 공을 기념한다는 뜻을 담은 「정왜기공도권(征倭紀功圖卷)」이 실체를 드러냈다.

원본이 없어서 정확한 모습을 확인할 수는 없지만 원본을 본 레드야드 교수는 기고문에서 「임진정왜도(壬辰征倭圖)」가 일곱 장면으로 구성되어 있다고 했다. 이 두루마리는 400년 전 이 땅에서 벌어진 사건을 그 어느 문자 기록보다 생생하게 전한다.

순천에 거대한 규모의 왜성이 있었다

「임진정왜도」에서 눈길을 끄는 것은 거대한 성이다. 그림으로 봐도 규모나 시설이 대단하다는 것을 쉽게 알 수 있다. 성의 누각 가운데 천수각(天守閣)이 있다. 일본 성이라면 성 한 곳에 반드시 천수각이 있다. 장수가 머무는 곳으로 왜성의 사령탑과 같은 곳이다. 그렇다면 과연 순천에 이와 같이 거대한 왜성이 있었을까?

순천에서 동남쪽으로 25km 떨어진 광양만 바닷가에 섬처럼 돌출한 구릉이 있다. 바로 이곳이 순천 왜성지로, 정유재란 당시 고니시 유키나가 군대의 주둔지였다. 삼면이 바다로 둘러싸인 천연의 요새로 대부분이 숲에 가려 잘 보이지 않지만 지금도 성터의 윤곽이 뚜렷하다. 고니시 유키나가가 지휘했던 천수각의 축대도 확연히 눈에 들어온다. 일제시대에 일부 보수한 흔적이 보이지만 원형은 그대로 남아 있다. 축대 위에서 천수각의 흔적을 찾아볼 수 있다. 주춧돌과 망루를 덮었던 기와 조각이 400년이 지난 지금도 그대로 남아 있다. 성 가운데 위치한 천수각에서는 주변 경관이 한눈에 들어온다.

『난중잡록』에는 고니시 유키나가가 정유재란이 일어난 선조

31년 9월에 순천 왜성을 쌓기 시작한 것으로 기록되어 있다. 그 완성 시기는 고니시 유키나가가 도요토미 히데요시에게 보낸 축성 완료 보고서에 따라 같은 해 12월이었을 것으로 추정된다.

성터 조사 자료와 일본측의 기록을 참고해 당시의 모습을 추측해볼 수 있다. 천혜의 요새, 계단식 3중벽으로 둘러싸인 순천 왜성은 난공불락의 철옹성이었다. 급격한 경사지대인 해안 쪽은 선박이 드나들던 정박지로, 성의 자연적 방어가 가능했다. 육지

순천 왜성(순천시 해룡면 신성리)
1 멀리서 바라본 순천 왜성 일대. 표시 부분은 천수각이 있던 축대다.
2 동쪽 해자가 있던 부분. 성으로 오르는 길이 이어진다.
3 천수각이 있던 자리(표시 부분)와 그 일대 4 3의 앞쪽으로는 넓은 터가 펼쳐진다. 나무들이 서 있는 곳에서 바다 쪽으로 멀리 여수 공항이 있다.

영상 복원한 순천 왜성
의 모습

쪽은 현재 매립하여 논으로 변했지만 당시에는 바닷물로 둘러
싸여 성과 육지가 다리처럼 연결된 형세였다. 육지와 연결된 부
분에는 해자(垓字)가 있었다.

해자를 지나면 본성이 시작된다. 본성은 계단식으로 여러 겹
둘러쳐져 있다. 제1선이 무너지더라도 제2, 제3선에서 방어할 수
있게 한 것이다. 성벽 모서리 부분을 경사지게 쌓은 것은 일본
성의 전형적인 특징이다.

성을 더욱 난공불락으로 만든 것은 바로 성문이다. 이를 호구
(護口)라고 하는데 성 앞에 이르렀을 때 문이 막히고 꺾인 것처
럼 보인다. 적의 시선이나 행동을 교란시키려는 목적이다. 조선
의 성은 모든 것이 한눈에 보이는데, 왜성은 그렇지 않고 꺾여
있어서 미로처럼 느껴진다.

왜 순천에 왜성이 있을까?

고니시 유키나가는 임진왜란 당시 제일 먼저 한양에 입성하고 곧이어 평양성까지 손에 넣은 일본군의 선봉장이다. 그래서 도요토미 히데요시의 신임을 한몸에 받은 인물로도 유명하다. 그런 그가 어떻게 한반도의 남쪽 끝인 전라남도 순천에 성을 쌓았을까? 그 이유를 알려면 정유재란을 되돌아볼 필요가 있다.

임진왜란이 일어난 지 5년이 지난 1597년 1월. 15만 일본군의 대대적인 재침략이 있었다. 이것이 바로 정유재란이다. 왜군의 침략 경로는 1차 침략 때와는 전혀 달랐다. 경상도를 거쳐 바로 수도 한양으로 입성했던 1차 침략과 달리 수군을 포함한 우군, 좌군 전(全)병력이 전라도 쪽으로 진격했다. 수군은 남원성 전투 이후 내려가고 육군 병력은 모두 전주에 집결했다.

침략 경로를 포함한 모든 전략은 도요토미 히데요시가 직접 명령했다. 그는 재침의 최우선 목표를 전라도 장악에 두었다. 1차 침략의 패인이 곡창 지대이자 군량미 공급지인 전라도를 장악하지 못한 데 있다고 판단한 것이다. 전라도 지역으로 수륙병진이 원활하지 않았기 때문에 이 지역의 군량미가 서해를 통해 조선 각 군에게 전달될 수 있었다. 그래서 도요토미 히데요시는 다시 침략할 때 전라도를 장악하는 것이 가장 중요한 전략이라고 생각한 것이다.

이런 계획에 따라 침략군은 가는 곳마다 무자비한 살육을 자행하며 전라도를 철저하게 유린했다. 일본측 종군 의승인 케이넨(慶念)은 그 실상을 적나라하게 폭로했다.

"가는 곳마다 불을 지르고, 어린아이 눈앞에서 부모를 베어 죽였으며, 시체가 무수히 쌓여 있어 차마 눈 뜨고 볼 수 없었다."(『조선일일기』)

1차 침략 때와 달리 왜군은 더욱 참혹하게도 조선인의 귀 대신 코를 베기 시작했다. 왜장의 전공(戰功)을 나타내는 코 영수증이라는 것이 있는데, 전북 김제 지역의 코 영수증만 약 3100개에 이른다. 소금에 절여 일본으로 보내진 수만 개의 코는 당시의 참상을 말해준다.

전주를 점령한 왜군은 우군만 북상하고 나머지 병력은 다시 남하한다. 전라도 침공이라는 재침 목표가 구체화한 것이다. 그들의 전략은 무엇이었을까? 이를 알 수 있는 것은 『난중잡록(亂中雜錄)』에 기록된 왜장들의 전주 작전회의 내용이다.

"부대를 수륙으로 나눠 조선의 해상과 육지의 연결을 차단해야 한다(1597년 8월 20일)."

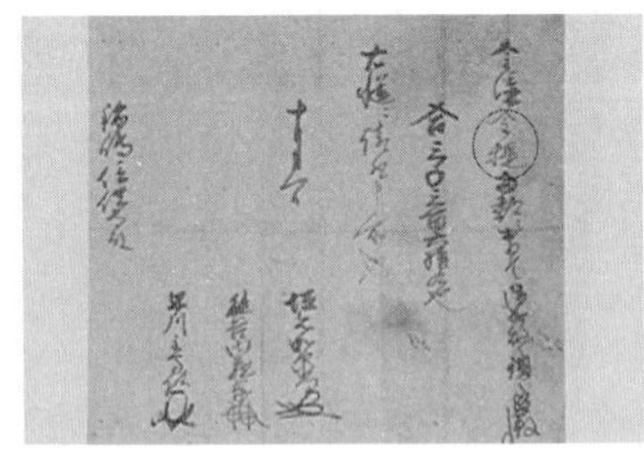

(왼쪽)코 영수증. 표시 부분에 '金堤(김제)'라 명시되어 있다.
(오른쪽)부안군 호벌치 전적지의 코무덤. 1993년 일본에서 이장했다.

왜군의 목적은 바로 보급로의 확보였고 다시 말해 서해안으로 가는 길목을 트는 일이었다. 전주를 점령하고 한 달이 지나 서해안으로 가는 길목에서 대접전, 즉 명량해전이 벌어진다. 이순신 장군이 이끄는 조선 수군은 13척의 배로 수백 척의 일본 함대와 격전을 벌였다. 결과는 일본군의 대패였다. 해상권을 거머쥔 뒤 수륙병진 작전을 펴려던 왜군의 계획은 수포로 돌아갔다. 남해에서 서해로 연결되는 길 자체가 차단된 것이다. 결국 전라도 지역의 육군은 상당한 부담을 안게 되었다. 명량해전이 일본군 지휘부에 준 충격은 대단히 컸다.

명량에서 대패한 왜군은 내륙에 고립되었던 1차 전쟁의 악몽을 떠올리며 일제히 남하한다. 이때 고니시 유키나가는 순천으로 퇴각, 왜성을 쌓고 11개월 남짓 주둔한다. 정유재란이 2년 동안 지속되었으니 전쟁 기간의 절반 가량을 이곳에 머문 셈이다.

왜 28곳에 왜성을 쌓았을까?

고니시 유키나가가 오랜 기간 순천 왜성에 머문 이유는 무엇일까? 임진왜란과 정유재란 기간에 축조한 왜성은 남해안을 따라서 무려 28곳이나 되었다. 고니시 유키나가뿐 아니라 다른 일본 장수들도 이들 왜성에서 전쟁 기간의 절반을 주둔한 것이다. 그렇다면 이들이 노린 것은 과연 무엇이었을까?

남해안 일대에 축조된 28곳의 왜성은 지금도 곳곳에 흔적으

(왼쪽)웅천 왜성의 바다 쪽 성벽 일부
(오른쪽)웅천 왜성 천수각 터에서 내려다본 남해 바다. 사진에는 보이지 않지만 왼편에 가덕도, 오른편에 거제도가 있다.

로 남아 있다. 경상남도 웅천 일대. 바다로 향한 산 입구에 들어서자마자 큰 성벽이 나타난다. 임진왜란 때 축조된 웅천 왜성으로, 왜성의 전형적인 특징인 경사진 성벽이다. 400년이 지난 지금도 성문이 그대로 남아 있다. 성 내부를 지나면 바닷가 쪽에 또다른 거대한 성벽이 나타난다. 바다 위의 능선에 2km에 이르는 길이로 성을 쌓았다. 높이가 6m, 돌담의 두께도 350cm에 이르는 웅장한 규모다. 남해안 일대의 모든 왜성들은 바다가 한눈에 내려다보이는 요새에 자리잡고 있다.

웅천 왜성에서 보이는 가덕도와 거제도에도 모두 왜성이 있었다. 이처럼 왜성들은 가시(可視)거리를 유지하거나 일정한 간격을 두었다. 서로 긴밀한 연락 체제를 유지하기 위해서였다.

성의 모든 것은 치밀한 계획 아래 이루어졌다. 도요토미 히데요시는 일본에서 직접 성터와 축조 책임자, 축성법까지 지정했다. 성과 성 사이의 거리도 하루에 왕래할 수 있는 거리를 계산

했다.

왜성은 각각 별도의 기능을 갖추고 있다. 성의 기능을 잘 보여주는 곳이 부산 왜성이다. 이 성은 자성(子城)과 모성(母城)으로 구분해 작전의 역할을 분담했다. 각 성에 소속된 왜병들은 보안 유지를 위해 엄격한 규율로 통제되었다. 아군들끼리도 교류할 수 없었고 지정된 장소에서의 용무 외에는 허락되지 않았다.

왜성 내부는 어떤 모습일까? 임란 당시 왜성을 출입한 포르투갈 출신 종군 신부 세스페데스의 기록이다.

"여러 채의 웅장한 건물 그리고 그 안에 있는 수많은 장식품과 화려한 금병풍들에 놀랐다. 전쟁 중에 일시적으로 머무는 성이라기보다는 평생 살기 위한 집 같았다."〔「세스페데스의 편지」,(1592년)〕

왜성은 전쟁을 위한 임시 시설물이 아니라 장기 주둔과 그 밖의 목적이 있었음을 짐작케 한다.

그렇다면 왜성 축조의 목적은 무엇이었을까? 일본군은 왜성

부산 왜성. 자성 쪽에서 바라다본 모성(표시 부분)

을 본거지로 수많은 조선인을 일본으로 잡아갔다. 왜성은 일본으로 끌고 갈 조선인이 잠시 머물던 임시 수용소의 역할을 했다. 왜성을 통해 일본에 포로로 건너간 조선인은 15만 명이 넘는다. 왜성은 문화 약탈의 중심지였던 것이다.

왜성은 약탈뿐 아니라 도요토미 히데요시 개인의 욕망을 충족시키는 데도 이용되었다. 당시 조선에 머문 왜장들은 도요토미 히데요시에 대한 과잉충성으로 조선호랑이의 씨가 마를 정도로 호랑이 포획에 혈안이 되었다.

한편 왜군들은 성 주변의 조선인들에게 동화 정책을 펴기도 했다.

"신분증을 나눠주고 사람들을 모아 마을을 만들어 각 사람에게 쌀 서 말씩을 납부케 해 군량미를 비축했다." 〔『난중잡록』(1597년 9월 1일)〕

현지 주둔을 장기화하려는 것이었다. 이처럼 남해안 일대 28곳의 왜성들은 단순한 방어 기지가 아니었다.

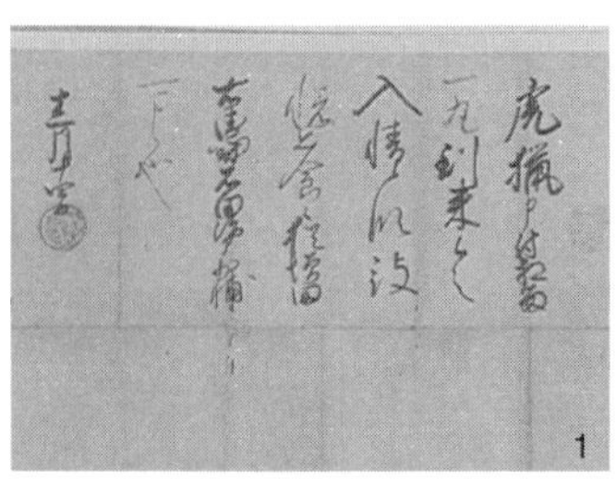

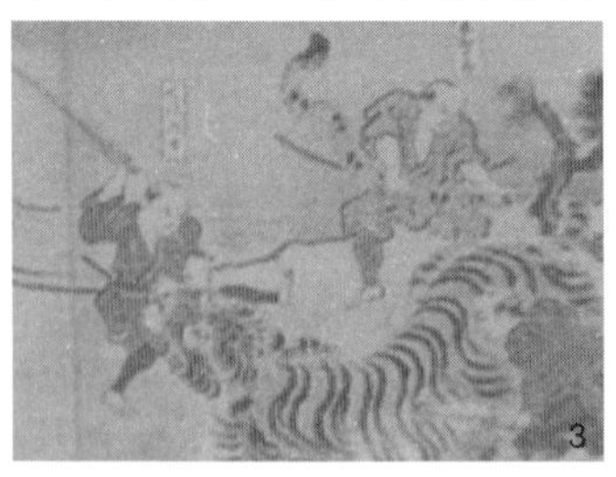

1 조선호랑이 포획 명령서
2, 3 조선호랑이 사냥 장면을 그린 일본 민화

순천 왜성 전투, 그 60일간의 기록 1

고니시 유키나가가 순천 왜성에 주둔한 지 9개월쯤 지난 무렵, 드디어 조·명 연합군은 대대적인 공격을 준비한다. 이른바 4로병진(四路並進) 작전이다. 이 작전의 기본 개념은 육군과 수군이 남해안 일대의 왜성들을 네 방향에서 동시에 공격한다는 것이다. 육군은 동로군과 중로군, 서로군 등 세 개의 군대로 나뉘어 세 방향에서, 그리고 수군은 육군을 돕는다는 것이 구체적인 작전 내용이다. 그렇게 해서 고니시 유키나가가 주둔한 순천 지역에서는 임진왜란 사상 유일무이하게 동양 3개국이 참전하는 대대적인 수륙합동 작전이 펼쳐진다.

「임진정왜도」에는 수륙합동 작전이 펼쳐진 60일간의 순천 왜성 전투가 처음부터 끝까지 담겨 있다. 그림의 각 장면이 기록과 정확하게 일치할 뿐 아니라 전투 상황이 시간의 흐름에 따라 묘사되어 있다.

수륙합동 작전은 조·명 연합수군이 고금도에서 순천으로 출발하는 데서 시작된다. 순천 왜성에 있는 광양만 일대에 전운이 감돈다. 수군은 우선 왜성 바로 앞에 있는 장도를 장악한다. 왜군의 퇴각로를 쉽게 차단하기 위해서다.

왜성 서쪽 2.7km 지점에 위치한 검단산성(劍丹山成)에는 조·명 연합군이 진을 치고 있다. 검단산성은 왜성을 관측하는 최적의 요충지다. 고니시 유키나가 휘하 1만 3천의 병력을 섬멸하기 위해 이순신과 진린(陳璘)의 2만 수군, 유정(劉綎)과 권율의 2만 육군, 모두 4만 명의 연합군이 포진했다. 육군이 왜성을 공격하면 왜군들이 배를 타고 바다로 나올 것이다. 이때 우리 수군이 왜군을 섬멸하는 것, 이것이 수륙합동 작전의 요지다.

공격에 앞서 조·명 연합군은 작전회의를 열었다. 회의를 주재한 사람은 당시 왜교성 전투에 참전한 우의정 이덕형(李德馨)으로 추정된다. 명군과 그 사이에 보이는 장교 복장의 조선군들이 배석한 가운데 작전회의가 진행되었다. 회의 결과 나온 첫 번째 작전은 유인 작전이었다. 고니시 유키나가를 유인해 생포한다는 계획이었다.

그러나 이날의 작전은 실패로 끝난다. 그림에는 고니시 유키나가가 급히 도망하는 모습이 묘사되어 있다.『섬호집(剡湖集)』을 비롯한 각종 기록에도 이날의 상황이 나타나 있다. 매복한 명군이 먼저 일어나는 바람에 산비둘기가 너무 일찍 날아오르자 고니시 유키나가가 눈치를 채고 급히 성 안으로 들어간 것이다.

유인 작전에서 실패한 며칠 뒤, 조·명 연합군은 본격적인 수륙합동 작전을 개시한다. 육군은 공성(攻城) 장비들을 동원해 공격을 감행한다.

그러나 왜성은 난공불락이었다. 왜군은 조총과 화포를 쏘며 맞섰다. 공성 장비가 너무 무겁고 왜군의 저항이 워낙 거세 육군은 엄청난 사상자만 내고 성에 접근하지 못했다. 육군이 왜군을 밀어내주기만을 기다리던 수군은 먼 바다에 대기하는 것으로 이 날의 수륙합동 작전은 실패로 끝났다.

「임진정왜도」의 일부
1 고금도를 출발하는 조·명 연합 수군
2 조·명 연합군 작전 회의. 가운데 앉은 이가 이덕형으로 추정된다.
3 고니시 유키나가(표시 부분)가 급히 도망치는 모습
4, 5, 6 공격을 감행하는 조·명 연합군과 명나라 함선(6)

10월 2일 밤, 왜군이 밖으로 나오기만을 기다릴 수 없었던 수군은 성 가까이로 진격해 대대적인 공세를 시작했다. 전투는 이튿날 새벽까지 계속되었다. 결과는 연합 수군의 대패였다. 충무공 이순신과 진린이 왜성 가까이로 공격해 들어갔다. 하지만 진린은 지형지세를 명확하게 파악하지 못하고 있었다. 물이 찼을 때는 얼마든지 배로 드나들 수 있었지만 물이 빠졌을 때는 상황이 달라졌다. 그런데 진린은 해안 저지대까지 와서 전투를 하다가 물이 빠지자 낭패를 본 것이다. 전함 23척이 모두 파손되는 등 대패했다.

수군과 육군의 연합 작전이 성과를 거두지 못한 까닭은 난공불락의 왜성에도 있었지만 더 근본적인 원인은 명나라 육군 제독 유정의 참전 태도에 있었다. 그는 한편으로는 화해를 강구하고 다른 한편으로는 전투에 임하는 모호한 태도를 취했다. 이에 대한 기록이 당시 전투에 참관한 이덕형의 장계에 잘 나타난다.

"순차(楯車) 안에 들어가 곤하게 잠자는 자들이 많았다. 싸우지도 않고 퇴병도 하지 않으니, 유정이라는 자의 태도를 도무지 알 수 없다."(『선조실록』)

실제로 전의를 상실해 전투 도중 조는 듯한 병사의 모습이 그림에서도 보인다.

정유재란 당시 명군 지휘부의 기본 입장은 일본군과 결전을 벌이기보다 가능하면 인적·물적 손실을 줄이면서 협상을 통해 전쟁을 끝내는 것이었다. 그런데 유정의 경우 1598년 9월경 이미 협상한다는 명분으로 고니시를 생포하려는 계획을 세웠다.

「임진정왜도」의 일부. 졸고 있는 명나라 군사들의 모습

그런데 그것을 고니시가 알아채고 나오지 않은 다음에야 공격했다. 그래서 그 다음부터는 사실상 전투에서 피를 흘리겠다는 생각보다는 자신의 전공(戰功)을 세우는 선에서 전투를 마치려고 한 것이다. 결국 유정은 전열을 가다듬는다는 구실로 퇴각한다.

『난중일기』한 구절에서 당시 이순신 장군의 참담한 심정을 엿볼 수 있다. 당시 장군의 심정은 '통분(痛憤) 통분'이라는 네 글자에 절절하게 나타난다. 이렇게 해서 순천 왜성 전투는 일시적으로 소강 상태에 빠져든다. 그리고 한 달 후 드디어 전투가 대대적으로 재개된다.

순천 왜성 전투, 그 60일 간의 기록 2

일시 후퇴했던 이순신과 진린의 수군이 순천 앞바다로 다시 급히 나아간다. 1598년 8월 히데요시가 사망한 이후 조선에 있던 육군들에게 철수 명령이 떨어졌다. 상황이 급변한 것이다. 당시 순천성에 있던 고니시도 일본으로 돌아가야 했는데, 철수하는 경로는 순천이 마주하고 있는 광양만에서 배를 타고 하동이나 부산을 거쳐 일본으로 가는 것이었다.

11월 13일, 고니시 유키나가는 선발대를 중간 집결지인 남해도로 보낸다. 이미 유정을 매수해 안전한 철수를 약속받은 상태였다. 그러나 왜군 선발대는 이순신에게 퇴로를 봉쇄당한다. 유정과 진린을 자기편으로 끌어들인 고니시 유키나가는 급기야 진린을 통해 이순신에게까지 매수의 손길을 뻗친다. 고니시 유키나가에게 본국 귀환의 유일한 걸림돌은 이순신이었기 때문이다.

이순신의 노력으로 다시 전열을 갖춘 연합 수군에게 봉쇄당

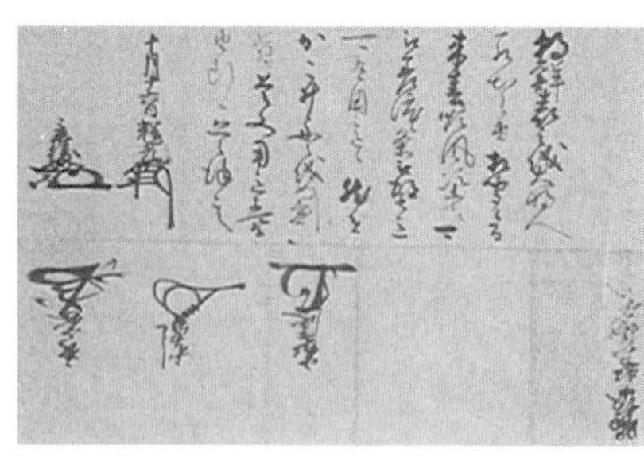

도요토미 히데요시의
철군 명령서

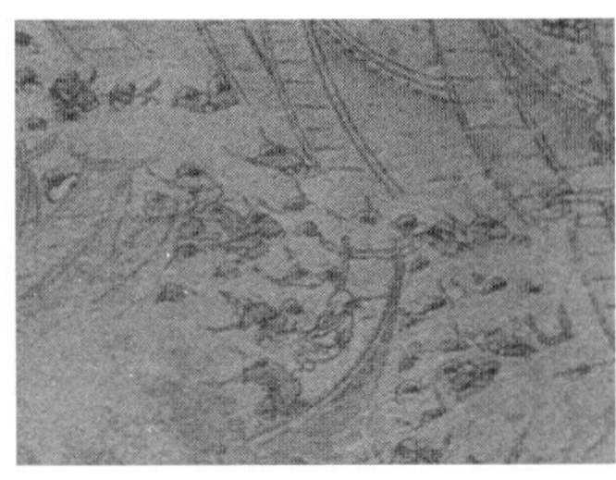

「임진정왜도」의 노량해전 장면. 물에 빠져 허우적거리는 왜군 병사들의 모습이 생생하게 그려져 있다.

한 고니시 유키나가는 선택의 여지가 없었다. 그는 결국 원군을 요청한다. 당시 사천에 주둔하던 장수 시마즈 요시히로(島津義弘)는 왜성에 고립된 고니시군을 구출하기 위해 수백 척의 선단을 거느리고 광양만 일대로 나온다.

이 첩보를 접한 이순신은 11월 18일, 구원 부대의 길목을 차단하기 위해 급히 함대를 보낸다. 이튿날 새벽, 노량 앞바다에서 일본 구원군과 대기하고 있던 조·명 수군은 정면으로 충돌한다. 이것이 바로 노량해전이다. 피비린내나는 격전이었다. 이날 왜병들의 숱한 시체와 난파선이 바다를 피로 물들였다.

그러나 승전고를 올리기 직전, 이순신은 전사한다.

임진왜란 마지막 전투 노량해전, 그후

대부분의 사람들은 노량해전과 함께 임진왜란 7년 전쟁이 완전히 끝난 것으로 알고 있다. 그런데 노량해전이 끝난 뒤에도 그림은 계속된다. 그렇다면 노량해전은 실제로 임진왜란 최후의 전투가 아니며 그 뒤에 또다른 전투가 계속되었다는 것인데, 과연 노량해전 이후 어떤 일이 있었을까?

그림에는 순천 왜성이 아닌 또다른 왜성이 등장한다. 이곳은 어디일까? 단서는 희미하게 남은 명문에 있다. 레드야드 교수는 기고문에서 명문을 노량이라고 적고 있다. 그렇다면 그림의 배경은 바로 노량해협을 끼고 있는 남해도로 볼 수 있다.

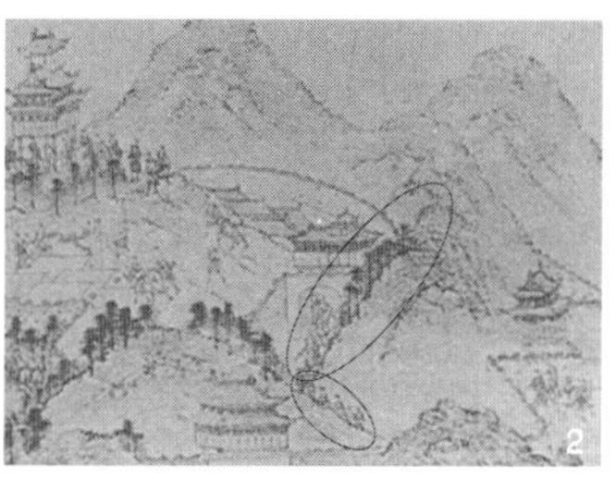

1 남해도 왜성 천수각 터
2 「임진정왜도」의 남해도 소탕 작전 장면. 왼쪽 위에 천수각이 그려져 있고, 표시 부분에 왜군 패잔병을 뒤지는 조·명 연합군의 모습이 보인다.
3 관음포와 갇힌곡(표시 부분)

남해도 왜성은 사천의 시마즈 군과 고니시 유키나가를 구하러 간 소 요시토시(宗義智)가 머문 곳이다. 노량해전 이후 이 일대에선 어떤 일이 벌어졌을까? 기록에서 찾을 수 있는 것은 왜군과의 혈전이 벌어진 남해도 일대에서 왜병 1천 명이 죽었다는 사실뿐이다.

전투의 정체를 알려주는 실마리는 이곳의 한 지명에 있다. 지형이 양쪽 바다를 가로막고 있는 형상으로 가청곡, 일명 갇힌곡이라고 불리는 이곳엔 지명에 얽힌 구전 설화가 있다. 이순신 장군이 왜군을 이 지역으로 몰아와서 섬멸했다는 내용이다.

노량해전 직후 있었던 전투는 조·명 연합군이 벌인 남해도 소탕 작전이다. 그림은 고니시 유키나가의 사위인 소 요시토시가 주둔한 남해도 왜성을 중심으로 왜군 패잔병을 샅샅이 뒤져 섬멸하는 모습을 보여준다. 이 외중에 고니시 유키나가는 왜성을 탈출한다. 남해도 소탕 작전으로 순천 왜성을 둘러싼 두 달간의 전투는 끝나고 7년간의 임진왜란은 대단원의 막을 내린다.

400년 전의 종군 기록화인 「임진정왜도」는 그동안 문헌기록으로만 전한 임진왜란 사상 유일무이의 동양 3개국 수륙합동 작전, 그 최후의 60일간의 상황을 여실히 밝혀주고 있다. 이 그림을 통해 우리는 순천 왜성 전투의 진행 과정과 그 가운데 가장 치열했던 접전인 노량해전을 살펴볼 수 있다. 또한 임진왜란 최후의 전투는 노량해전이 아니라 남해도에서 벌어진 왜군 패잔병에 대한 추격전이었다는 사실도 새롭게 확인된다.

임진왜란 최후의 결전
―울산성 전투

일본 큐슈 북쪽 나고야(名護屋)성에 임진왜란 박물관이 있다. 전시된 많은 유물 가운데 유난히 눈길을 끄는 그림 한 점이 있다. 여섯 폭 병풍에 치열한 전투 장면을 묘사한 「울산성 전투도」는 매우 세밀하고 사실적이다. 조선과 명나라의 연합군이 성을 공격하고 있다. 성 안의 일본군 역시 수많은 희생에도 불구하고 필사적으로 저항하고 있다.

전투도는 정유재란 당시의 울산성 전황을 묘사하고 있다. 1597년 12월 23일부터 이듬해 1월 4일까지, 13일 동안 벌어진 울산성 전투는 양측의 전사자만도 1만 2천 명이 넘는, 그야말로 혈전이었다. 매우 사실적으로 묘사된 이 그림이 증언하는 울산성 전투는 임진왜란의 판도를 바꾼 최후의 결전이었다.

정유재란의 정황

임진왜란을 일으킨 지 6년째인 1597년, 일본은 다시 북진을 시도한다. 이른바 정유재란(丁酉再亂)이다. 일본군은 육로와 해로로 동시에 진격을 시작하지만 육군은 충청도 직산에서 조·명 연합군에게 패배하여 남쪽으로 퇴각하고, 수군은 명량에서 이순신 장군에게 패배한다. 전쟁은 지루한 대치전 양상을 보이는데, 이즈음 7년 전쟁의 흐름을 바꿀 울산성 전투가 벌어진다. 왜 하필 울산성에서 대규모 전투가 벌어졌을까?

태화강(太和江)은 울산시 한가운데를 흘러 동해로 이어진다.

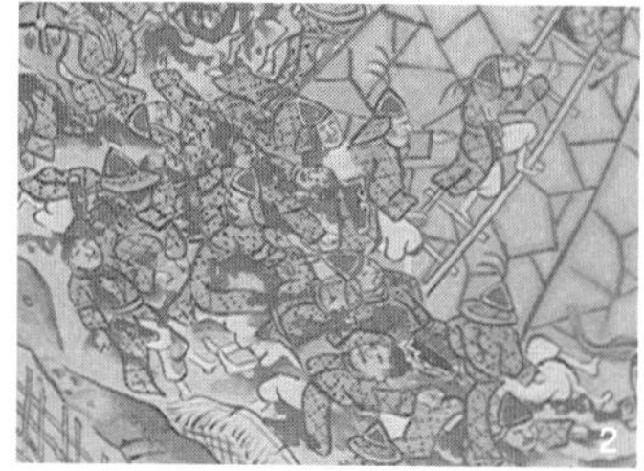

「울산성 전투도」의 일부
(272~273쪽에 전체 그림)
1, 2 성을 공격하는 연합군
3 성 안의 일본군(277쪽에 부분 그림)

울산성은 태화강 옆 해발 약 50m의 언덕에 자리잡고 있는데, 지금은 도시 건물에 완전히 둘러싸여 있다. 정유재란 당시 성이 있던 자리는 공원(학성공원)으로 꾸며졌다. 얼핏 봐서는 치열한 전투가 벌어진 성으로 여겨지지 않는다. 공원 안에 군데군데 우거진 수풀을 제거하면 조금씩 성의 흔적이 나타난다. 일부 지역에는 성벽의 흔적이 비교적 뚜렷하다. 경사진 성벽은 일본군이 쌓은 것이다.

왜 이곳에서 조·명 연합군과 일본군의 대규모 전투가 벌어졌을까?

경남 사천만은 남해에서 내륙으로 이어지는 길목에 있다. 바다와 접한 한 언덕에서는 2000년 봄 유물발굴을 했는데, 다른

발굴터와 달리 다양한 형태의 돌무더기만 나타났다. 제대로 다
듬어지지 않은 이 돌들이 바로 성벽이다. 이것 역시 정유재란
당시 일본군이 쌓은 성이다.

　전라도와 충청도에서 철수한 일본군은 이곳 선진리(船津里)에
성을 쌓았다. 새로운 대치 국면을 맞은 것이다. 선진리성은 고려
의 토성 위에 그대로 돌을 쌓아올렸다. 성을 급하게 쌓았다는 증
거다. 그렇다면 철수하자마자 이곳에 급하게 성을 쌓은 이유는
무엇일까? 일본군은 이곳에 성을 쌓아 진주와 남강을 통해 내륙

1 선진리성 터에서 발견된 고려 토성의 흔적(아랫부분)　2 공원으로 말끔하게 단
장한 지금의 선진리성 터　3 선진리성 터 안쪽으로 경사진 언덕을 내려가면 바
닷가로 이어진다.(나무 사이의 흰 부분)

깊숙이 들어갈 수 있는 교두보를 마련한 것이다.

일본군은 사천 선진리처럼 우리나라 동남해안의 요충지 곳곳에 성을 쌓았다. 앞바다는 부산과 남해 바다를 이어주는 요충지다. 진해 바닷가에도 왜성이 남아 있다. 웅천성은 바닷가의 높은 곳에 있다. 높은 지대는 방어하기에도 수월하지만 조선 수군의 움직임을 파악하는 데도 유리했다. 이렇게 일본군은 동남해안 28곳에 왜성을 쌓고 다시 북상을 노렸다.

한편 새로운 대치 국면을 맞은 조·명 연합군도 대규모 전투를 준비했다. 공격 목표는 동남해안의 왜성들이었다. 그러나 공격 목표를 둘러싼 의견은 둘로 나뉘었다. 순천에 주둔한 고니시 유키나가를 먼저 공격하자는 전라도 공략론과 울산의 가토 기요마사(加藤淸正)를 먼저 쳐야 한다는 경상도 공략론이 팽팽하게 맞섰다.

『선조실록』에는 논란 끝에 결국 경상도 공략론이 힘을 얻었다고 되어 있다. 그렇다면 조·명 연합군은 왜 경상도를 먼저 선택했을까? 왜의 소굴이라고 할 부산이나 서생포(西生浦) 지역은 그들의 상륙 거점이었다. 그 때문에 그 지역을 공략하여 얻는 전략적인 이점이 있었다. 또 한 가지는 왜군의 대표적 장수인 가토 기요마사가 주둔한 곳이 울산성이었기 때문이다. 울산성을 공략

바닷가 높은 곳에 있는 웅천성

하면 왜군의 사기를 떨어뜨릴 수 있고 상대적으로 조·명 연합군의 사기를 올릴 수 있다는 것도 경상도 지역을 목표로 삼은 이유였다.

드디어 약 5만의 조·명 연합군이 출병했다. 그들이 향한 곳은 일본군의 소굴이던 부산과 울산, 그 중에서 가장 북쪽에 있는 울산성이었다.

울산성은 어떤 모양인가?

조·명 연합군과 일본군의 최대 승부처가 된 울산성은 당시 일본군이 쌓은 성이다. 성의 외곽을 따라 높은 성벽이 둘러쳐졌는데, 단조로운 모습이 아니라 꺾여 있기도 하다. 성 안에는 여러 개의 성곽이 성으로 나뉘어져 있다. 적이 성 안으로 들어올 때 방어하기 위해 그렇게 만든 것이다.

또 하나 눈에 띄는 것은 성벽 위의 구조물이다.(261쪽 그림 3 참조) 조선 산성의 경우 성벽 위에는 아무것도 없는데 비해 울산성 성벽 위에는 목조 구조물이 있다. 병사들이 구조물 안으로 들어가 전투를 벌인 것으로 추정된다. 당시 일본군이 쌓은 울산성의 규모에 대한 기록에 따르면 성벽의 높이는 두 간에서 일곱 간까지였다. 한 간을 약 2m로 계산할 때 울산성의 성벽은 최저 4m에서 최고 14m로, 가장 높은 곳은 대략 건물 5층 높이였다.

울산성은 조선 침략의 선봉장 가토 기요마사가 설계했다. 그는 이곳에서 끝까지 전투를 벌였다. 축성의 대가로 알려진 그가 설계한 울산성은 어떤 비밀과 특징이 있을까?

태화강을 따라온 일본군은 곧장 성 아래 선착장에 다다를 수 있었다. 그리고 이 선착장에서 계단을 따라 성으로 올라갈 수 있었다. 울산성의 입구는 왜성답게 매우 독특하다. 적이 곧바로 성으로 접근할 수 없도록 성 입구가 몇 번이나 꺾여 있다.

현재 울산성의 입구는 위치만 파악될 뿐 그 원형은 찾을 수 없다. 조금씩 보이는 성벽은 그나마 왜성의 특징을 보여준다. 성벽은 들여쌓기에 따라 위로 갈수록 비스듬한 각도를 보여준다. 꺾어진 성벽 위에는 전투도에서 본 것처럼 목조 구조물이 있었을 것이다. 현장의 성벽과 구조물의 위치 등은 전투도가 묘사하는 것과 비교적 일치한다.

그러나 다른 점이 있다. 전투도는 지형조건을 무시한 채 울산성을 하나의 성으로 묘사했는데, 실제로 울산성은 모두 세 개의 구역이 계단으로 연결되어 있었다. 본성(本城) 외에 다른 두 개의 공간이 지금도 뚜렷이 남아 있다.

그렇다면 실제로 울산성은 어떤 모습이었을까? 1986년 동아대 박물관팀이 울산성을 발굴했다. 발굴 결과 울산성은 심하게 훼손되어 있었지만 경사진 지형에 모두 세 개의 구역이 있었고 각 구역은 계단으로 연결된 것을 확인할 수 있었다. 울산성은 혼마루(本丸)라는 첫 번째 지역과 두 번째 지역인 니노마루(二の丸), 세 번째 지역인 산노마루(三の丸)가 구릉 위에서 상중하 삼단으로 나뉘어 있고 주변에 석담이 둘러져 있었다. 대체적인 윤곽만

파악된 울산성은 실제로 어떤 모양이었을까?

일본 구마모토(熊本)의 한 전차역은 울산쵸(蔚山町)란 익숙한 이름이다. 이곳의 지명이 바로 울산정, 즉 울산마을인 것이다. 이 지역은 임진왜란이 끝난 뒤 약 400년간 울산정으로 불리다가 1970년대에 신정이라는 이름으로 바뀌었다.

구마모토는 울산성 전투를 지휘한 가토 기요마사가 다스린 지역이다. 그는 전쟁 직후 일본으로 돌아와 이곳에 구마모토성을 쌓았다. 구마모토성은 울산성과 마찬가지로 가토 기요마사가 직접 설계했는데, 그 원형이 지금도 잘 남아 있다. 구마모토성은 약 7년의 공사 끝에 1607년 세워졌다. 성은 몇 번의 내전을 겪었지만 함락되지 않은 난공불락의 요새였다. 구마모토성은 나고야성, 오사카성과 함께 일본 3대 성의 하나로 손꼽힌다. 비스듬한 성벽과 성벽 위의 목조 구조물인 성루(城壘)는 일본 성의 전형적인 특징을 보여준다. 이런 특징은 한국의 왜성에도 적용되었

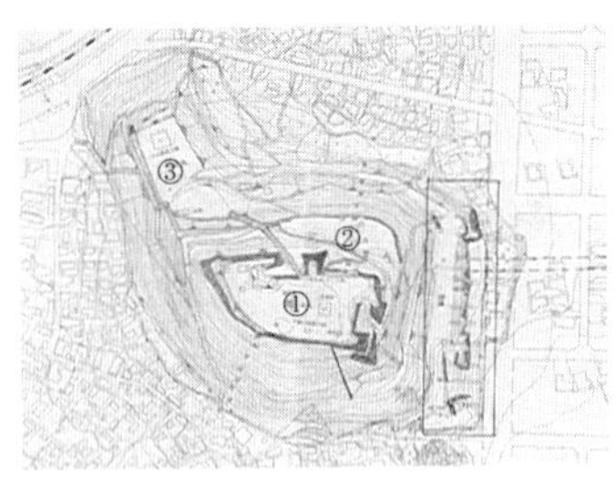

(왼쪽)울산성 지형도. ① 혼마루(本丸) ② 니노마루(二の丸) ③ 산노마루(三の丸)
(오른쪽)울산성의 3구역에 해당하는 산노마루. 현재 공원으로 조성되어 있는 부분이다. 오른쪽에 보이는 표석에 '삼환지(三丸趾)'라 새겨져 있다.

을 것이다. 400년 전 구마모 토성에는 100개 가량의 건물이 있었는데 지금은 13개의 성루와 성벽이 남아 있다.

400년 전에 쌓은 성벽에서 울산성과 비슷한 규모의 성벽을 찾았다. 비스듬한 성벽

구마모토의 울산쵸 버스정류장 표지판

과 성벽 위의 목조 구조물 등 당시 일본성의 보편적인 모습을 모두 갖추고 있다. 약 15m 높이의 돌담 위에 성루가 줄지어 있는데 울산성의 가장 높은 곳이 15m라는 기록이 있다.

성벽을 따라 길게 만든 성루는 평시에는 창고로 이용되는 방어시설이다. 빛이 들어오는 구멍은 전시에 총구로 사용한다. 구멍 사이로 총을 겨누면 아군은 적군을 볼 수 있고 적군의 눈에도 띄지 않는다. 총구는 아군은 보호하면서 적은 효과적으로 공격할 수 있는 각도다. 이미 성벽에 접근한 적을 공격하는 구조도 있다. 성루 바로 아래까지 올라온 적은 돌멩이로 공격하게 되어 있다.

일본 성의 또다른 특징은 내성을 둘러싼 외곽 구조다. 성으로 들어가려면 몇 번 꺾여 있는 입구, 즉 호구(護口)를 지나야 한다. 이는 적의 기병이나 보병이 곧바로 접근하는 것을 막는다. 또한 접근하는 적의 속도를 떨어뜨려 방어가 쉬워진다. 호구에 들어온 적은 적어도 세 방향에서 협공을 받게 된다.

이렇듯 구마모토성의 입구는 방어 구조가 견고하다. 가토 기

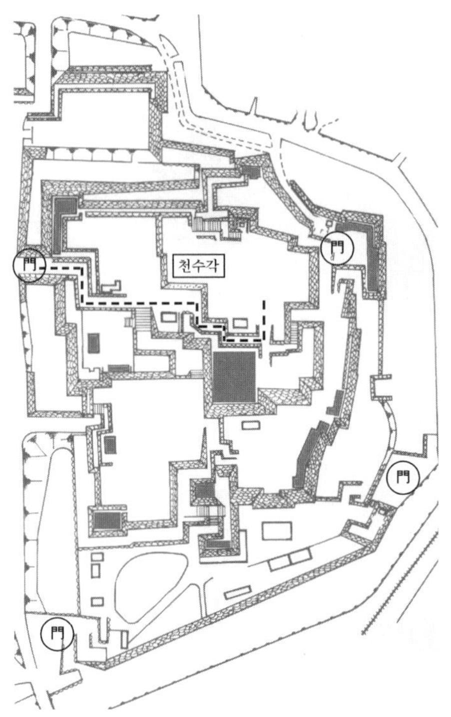

(왼쪽)구마모토성 배치도(일부)

천수각이 있는 혼마루를 중심으로 한 주요 부분이다. 니노마루는 이곳에서 서쪽으로 멀리 떨어져 있다. 회색으로 표시한 부분은 성루 혹은 성루가 있던 자리다. 점선으로 나타낸 부분에서 볼 수 있듯이, 입구에서 성 안으로 들어가려면 이렇게 꺾인 길목을 지나야 한다.

(오른쪽)구마모토성의 일부

1 마구(馬具) 야구라 ① 세마(狹間). 화살이나 탄환을 쏘기 위한 작은 창. 세로로 긴 직사각형 모양이며, 안에서는 밖이 내려다보이지만 밖에선 안이 보이지 않는다. ② 석축 모서리 부분의 이시오토시(石落とし). 기어오르는 적을 향해 안에서 돌을 떨어뜨린다.

2 우도(宇土) 야구라(櫓, 성루). 일본 성에는 높다랗게 쌓은 석축 위에 세운 성루를 흔히 볼 수 있다. 이 성루는 구마모토성의 대표적인 성루로, 천수각과 구조가 흡사하다.

3 다른 성루가 있던 석축의 하나로, 아래로 난 길이 이렇게 꺾인 것은 일본 성의 전형적인 특징이다.

요마사가 설계한 울산성도 가파르고 꺾인 성벽과 그 위의 목조 구조물, 그리고 복잡한 입구까지 구마모토성의 특징을 그대로 갖고 있었을 것이다. 울산성은 구마모토성에 버금가는 철옹성이었던 것이다.

울산성은 모두 세 구역으로 나뉜다. 가장 높은 지역인 본진과 그 다음으로 높은 제2구역, 그리고 가장 낮은 지대인 제3구역인데, 각각의 구역은 계단으로 연결되어 있다. 계단에서 보면 주성벽에서 옆으로 빠져나온 성벽을 볼 수 있는데, 경사를 따라 만든 성벽은 특별히 계단을 보호하기 위한 방어시설이다.

가장 높은 곳에 위치한 본진에는 일반적으로 전투를 지휘하는 천수각(天守閣)이 있지만 울산성의 경우 천수각의 위치를 아직 밝혀내지 못했다. 그 대신 성벽이 빙 둘러서 있고 성벽 위에 야구라(櫓)라는 성루가 있다. 성루가 없는 곳에는 총구가 뚫린 담이 있고, 담 너머로 태화강과 선착장이 보인다. 그러니까 울산성에는 중요한 보급로이자 유사시 퇴각로가 되는 선착장이 발 아래 있던 것이다.

울산성은 1597년 정유재란 당시 급하게 지었지만 일본 특유의 축성술에 현장의 지형 지물을 잘 이용한 철옹성이었다.

영상 복원한 울산성

철옹성을 사이에 두고 대치한 일본군과 조·명 연합군

임진왜란을 앞두고 일본군은 나고야성에 모였다. 부산에서 불과 190km 떨어진 이곳은 한반도와 가장 가까운 일본 땅이다. 일본군이 출정했던 그곳엔 임진왜란 박물관이 들어서 있다. 「울산성 전투도」는 이 박물관의 한쪽 벽에 전시되어 있다. 그림 속의 장군 나베시마 나오시게가 일본으로 돌아온 뒤 가신에게 명하여 그리게 한 병풍이다.

전투도에는 당시 울산성을 둘러싼 치열한 접전이 생생하게 그려져 있다. 일본군은 조총을 쏘고 연합군은 성문을 밀며 사다리를 옮기고 있다. 일본군을 포위한 조·명 연합군의 표정이 비장하다. 성벽을 오르다 떨어지는 모습, 칼을 들고 지휘하는 모습 등 모든 전투 장면이 생생하게 그려져 있다.

당시 울산성의 전황을 기록한 귀중한 자료를 일본 큐슈 동부 지역 우스키의 안요지(安養寺)라는 사찰에서 찾았다. 이 사찰을 세운 승려 케이넨(慶念)은 임진왜란 당시 종군 승려로 참전했다. 지금은 그의 15세손이 주지를 맡고 있는데, 케이넨이 남긴 기록을 소중히 보관하고 있다. 바로 『조선일일기(朝鮮日日記)』 원본으로, 승려이자 시인 케이넨이 남긴 임진왜란 참전기이다. 그의 16세손인 안토오 류유신은 『조선일일기』가 무인들이 은상(恩賞)을 받으려고 흔히 쓴 일기와 다르다고 설명한다. 승려로서 케이넨이 보고 느낀 대로 여러 가지 감정이 솔직하게 표현되어 있다는 것이다.

울산성 전투도(261, 274, 277, 279쪽에 부분 그림)

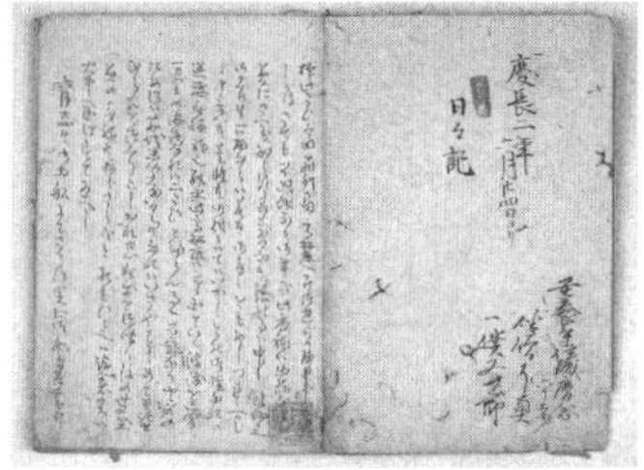

(왼쪽)「울산성 전투도」 가운데 일본군을 포위한 조·명 연합군의 모습
(오른쪽)케이넨이 쓴 『조선일일기』의 앞부분

"1597년 7월 29일. 해변에 시체로 산이 이루어졌네. 도대체 어디까지 계속될지 그 끝이 보이지 않는구나. (…) 8월 5일. 적국인 전라도라고 하지만 검붉게 타오르는 연기는 마치 이런 상황에 분노하는 듯하구나."

케이넨은 울산성 전투 상황도 자세히 기록했다.

"아침에 연기가 솟아오르고 대포 소리가 연달아 들려와서 어떻게 된 일인가 하고 물으니 적군이 기습을 했다고 한다. 적군은 돌담 밑에서 맹렬하게 불화살을 쏘아댄다. 성 안에는 물건들이 수없이 많은데, 침구와 의복, 재물 그리고 보석 등을 담은 상자에 불이 붙었다. 타오르는 연기 때문에 눈을 뜰 수도 말을 걸 수도 없었다. 그 불 때문에 많은 인부와 무사들이 타 죽었다."

울산성 전투 초반에는 연합군이 기선을 제압했다. 연합군은 철저한 고립 작전을 구사했고, 기마병을 매복시켜 태화강 하류를 봉쇄했다. 부산과 서생포 등에서 오는 일본군의 구원병을 차단하기 위해서였다. 실제로 울산성에서 70리 남쪽에 있는 서생포에서 일본군 구원병이 왔으나 저지당하고 말았다.

그런 다음 연합군은 울산지역 전체를 고립시켜나갔다. 양산으로 군대를 보내 이곳을 통해 울산으로 들어오는 일본 육군을 막도록 했다. 그리고 멀리 남원에서는 일본군의 전라도 병력을 견제하게 했다. 실제로 연합군은 양산과 태화강에서 일본군 구원병을 물리쳤으며, 이러한 입체 작전은 전투 초반 효과를 거두었다.

조·명 연합군은 성 안의 일본군을 외부와 완전히 차단하고 물샐틈없이 포위했다. 성 안의 일본군은 최악의 상황에 처했다. 가토 기요마사가 다른 장수에게 보낸 전갈을 통해 당시 성 안의 상황이 얼마나 절망적이었는지 알 수 있다.

"나는 여기서 할복자살할 것이니 당신은 그 성에서 (할복자살)하시오."(「울산농성각서」)

가토 기요마사는 항복 대신 할복자살을 결심하고 있는 것이다. 이때의 상황을 케이넨도 『조선일일기』에 적었다.

서생포 왜성. 해운대에서 울산으로 가는 31번 국도변의 진하해수욕장이 멀리 내려다보이는 야트막한 산 정상에 있다. 45,960평에 이르는 넓은 석성이며, 겹겹으로 쌓은 계단식 성벽 등 전형적인 왜성의 모습이 비교적 잘 남아 있다.

"드디어 아군은 물도 식량도 떨어졌다. 성을 방어할 수 없게 되었다. 내일은 성이 적의 수중에 떨어질 것이다. 밤새 부처님의 자비에 감사드리고 그 마음을 읊는다."

고립된 일본군

전투가 한창이던 당시 상황을 그린 전투도를 보면 울산성 안에서 몇몇 일본군이 말을 잡고 있다. 전투가 한창인데도 이렇게 말을 잡는 이유는 식량과 물 부족 때문이다. 성 안의 일본군들은 말을 잡아먹기도 했다. 식량은 조총수에게만 배급되었다. 그것도 하루에 생쌀 한 홉뿐으로, 전투병의 하루 식사로는 턱없이 부족한 양이었다. 조총수 외에 다른 병사들은 방치될 수밖에 없을 정도로 울산성의 식량 사정은 열악했다.

게다가 울산성은 치명적인 약점이 있었다. 성 안에 우물이 없었던 것이다. 우물은 성 밖에 있었는데 그것조차 조·명 연합군이 돌로 메워버렸다. 결국 일본군은 식수를 구하기 위해 목숨을 걸고 성 밖 태화강으로 나가야 했다. 울산성 전투가 벌어진 때는 12월 하순이었다. 일본군은 조·명 연합군이라는 성 밖의 적 외에 극심한 식량난과 식수난, 그리고 혹독한 추위와 사투를 벌여야 했다.

나고야성 박물관에서 또다른 기록을 만날 수 있다. 『조선물어(朝鮮物語)』는 임진왜란에 참전했던 중급 무사의 참전 기록이다.

「울산성 전투도」 가운데 일본군이 말을 잡는 모습

이 기록 역시 당시 울산성 안의 일본군이 얼마나 심각한 상황에 처했는지 잘 보여준다.

"다리가 점점 야위어 각반을 차자 자꾸 발쪽으로 내려간다."

중간급 장교의 굶주림이 이 정도였던 것이다.

전투도의 묘사는 『조선물어』의 기록과 일치한다. 성 안 곳곳에는 죽은 자와 죽어가는 자가 즐비하다. 굶주림과 갈증 앞에서 선택의 폭은 좁았다. 울산성 전투에서 특히 일본군을 괴롭힌 것은 식수난이었다. 『조선물어』는 일본군들이 목숨을 걸고 식수를 구한 일을 상세히 묘사한다.

"물은 낮에는 구할 수 없어 밤이 되면 물을 구하러 갔다. (…) 나가 보니 주변에 시체가 많았다."

일본군들은 어둠을 틈타 성벽을 넘어 태화강변으로 내려왔다. 그러나 강물조차 제대로 마실 수 있는 물이 아니었다. 기록에는 "할 수 없이 피 섞인 물을 마시고 갈증을 달랬다"고 한다. 조·명 연합군의 공세, 식량과 식수 부족으로 성 안의 일본군은 궤멸 상태에 빠졌다. 심지어 "식량은 점차 떨어져 종이를 씹고 벽

구마모토성 안 건물에 깔린 다다미는 바닥 쪽에 고구마 줄기를 넣어서 만들었다고 한다.

의 흙을 끓여 먹어야 했다"는 기록도 있다.

처절했던 울산성 전투는 가토 기요마사에게 큰 영향을 끼쳤다. 전쟁 후 그는 일본으로 돌아가 구마모토에 성을 세웠다. 이 성에는 우물을 120개나 팠다. 식수 문제로 곤욕을 치른 울산성의 기억 때문이다. 지금은 17개의 우물이 남아 있다. 성의 모든 건물에 깔려 있는 다다미에도 울산성 전투의 교훈이 담겨 있다. 성의 천수각이나 어전에는 보통 짚으로 만든 다다미를 까는데, 구마모토성의 경우 다다미 안에 고구마 줄기를 넣어서 만들었다고 전해진다. 울산성의 고된 농성을 경험하고 식량을 확보, 저장하기 위해서였다고 한다.

울산성 전투는 조선 침략의 선봉장이었던 가토 기요마사에게 죽음의 경험과 패전의 치욕을 함께 안겨준 것이다.

울산성 전투의 결과

전투도는 처참했던 울산성 안의 상황과 열 겹의 포위망을 이룬 성 밖의 조·명 연합군을 잘 보여준다. 공세적인 조·명 연합군과 수세에 몰린 일본군의 모습이 극명한 대조를 보인다. 전투도의 오른쪽 하단에는 강과 배가 보이는데 강은 태화강을 그린 것이다. 배는 일본군 지원병들이 탄 배다.

이쯤에서 울산성 전투의 결과를 짐작할 수 있다. 울산성 안의 가토 기요마사와 일본군은 무사했다는 것이다. 그렇다면 울산성 전투는 어떻게 끝났으며 7년 전쟁에 어떤 영향을 미쳤을까?

큐슈 서쪽의 사가(佐賀) 지역은 당시 나베시마 가문이 다스리고 있었다. 나베시마 가문은 자체적으로 종친회 박물관을 만들어 조상들의 영화를 기리고 있다. 울산성 전투 당시 구원병 장수의 한 사람이었던 나베시마 나오시게는 「울산성 전투도」를 그리게 한 인물이다. 그가 그리게 한 전투도는 모두 석 점이다. 그

「울산성 전투도」의 오른쪽 아랫부분. 태화강에 일본군 지원병들이 탄 배가 떠 있다.

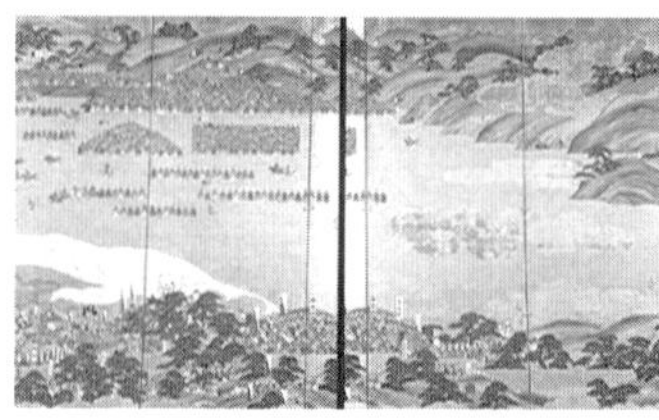

「울산성 전투도」의 제2도. 일본군 구원병과 조·명 연합군의 대치 장면.
가운데 검은 선은 필름을 붙여서 나타난 것이다. (오른쪽은 부분도)

가운데 두 개의 전투도는 필름 상태로 남아 있고 원본은 공개되지 않는다. 필름 상태의 그림은 연합군이 일본군을 포위한 후의 전개 과정을 그려놓았다.

울산성 전투도 가운데 제2도는 강을 사이에 두고 일본군 구원병과 조·명 연합군의 대치를 묘사했다. 울산성 공방전이 길어지자 각지의 일본군 구원병들이 속속 도착하여 병력이 점점 늘어났다. 나중에는 순천의 고니시 유키나가 병력까지 합세하여 구원병은 6만이 넘었다.

한편 제3도는 조·명 연합군의 철수를 묘사했다. 1598년 1월 4일, 결국 조·명 연합군은 경주 방향으로 철수를 시작한다. 전투도에는 이들과 일본군 구원병 사이의 산발적인 전투 장면도 담겨 있다. 6만 명 이상으로 늘어난 일본군 구원병들로 인해 결국 조·명 연합군은 철수를 결정했고 13일간의 울산성 전투는 끝난다. 이 전투로 조·명 연합군 약 5800명, 일본군 약 6000명이 전사하는 등 양측은 엄청난 피해를 입었다.

조·명 연합군의 철수는 울산성 안의 일본군들에게 구원의 소

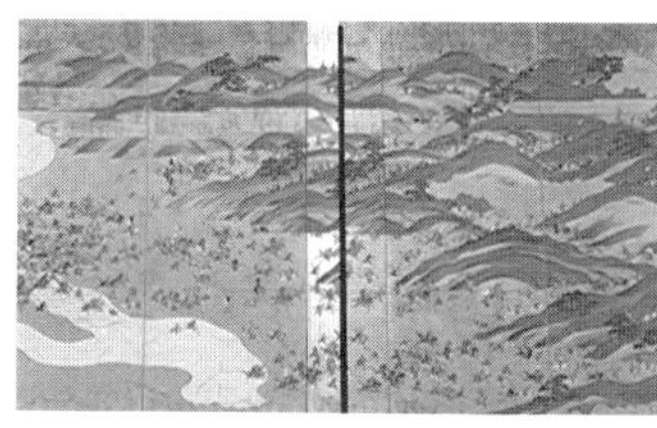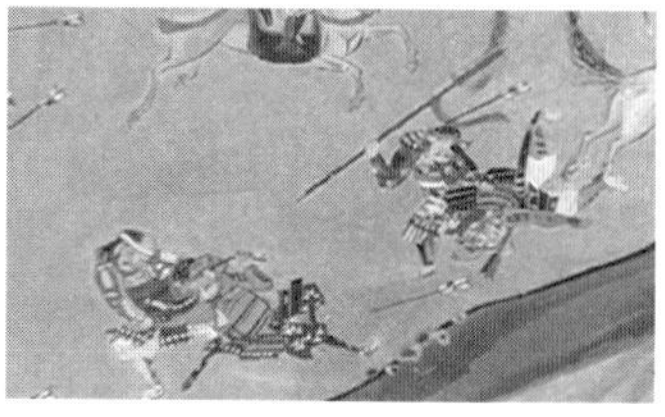

「울산성 전투도」의 제3도. 조·명 연합군의 철수 장면. 오른쪽 부분도는
산발적인 전투 장면이다.

식이었다.

　"성주님이 나에게 배를 타라고 하신다. 너무 기쁘고 도무지
꿈인지 생시인지 분간할 수가 없다. 성을 내려올 때는 너무 기
뻐서 눈물을 흘렸고 마치 공중에 떠 있는 것 같았다."

　조·명 연합군의 철수로 울산성 전투는 일단 끝났다. 그러나
이 전투는 일본군 내부에 큰 변화를 가져왔다. 출전한 일본군
장수들은 전쟁의 상황을 냉철히 판단하기 시작했다. 그리고 스
스로 울산, 순천, 양산을 포기하려고 했다. 13명의 장군들이 모여
도요토미 히데요시에게 울산, 순천을 포기하자고 탄원한 문서가
있다. 울산성 전투가 끝난 후 현지의 장군들은 더 이상 울산과
순천이라는 전선을 유지할 수 없다는 것을 알았다. 그래서 서생
포와 사천까지 퇴각하자고 호소한 것이다.

　그러나 도요토미 히데요시는 참전 장수들의 연대 청원을 한
마디로 일축했다. 일본에만 있던 히데요시는 장군들의 말을 이
해할 수 없었다. 오히려 왜 경주까지 진격하지 못하는지, 그리고
울산을 버린다는 것은 터무니없는 일이라며 장군들을 질책했다.

장군들은 자신들의 필사적인 호소가 전혀 전달되지 않고, 히데요시가 전쟁 상황을 전혀 모르고 있다는 데 크게 실망한다. 결국 일본군은 울산, 순천, 양산 등 주요 거점을 포기할 수밖에 없었다. 이후 일본군은 바다 쪽으로 대폭 후퇴, 전선은 축소된다.

울산성에서 구사일생으로 살아남은 가토 기요마사는 남쪽의 서생포성으로 후퇴, 그 안에서 꼼짝 않고 수성전(守城戰)으로 일관했다. 질책당한 장군들은 전쟁을 계속할 기력을 잃었으며, 조금이라도 빨리 조국으로 돌아가고 싶어했다. 7개월 후인 1598년 8월 도요토미 히데요시가 사망하고 마침내 임진왜란 7년 전쟁은 끝났다.

울산성이 내려다보이는 곳에 2000년 6월 충의사(忠義祠)란 사당이 세워졌다. 이곳엔 울산성 전투에서 순국한 214위의 의병 위패를 모셨으며, 이름 없이 스러져 간 의병들을 위해 무명제공신위(無名諸公神位)를 함께 봉안했다. 한 지역에서 13일간이나 전투가 가능했던 것은 당시 울산 지역 의병들의 활약에 힘입은 바가 크다.

대규모 접전, 엄청난 희생에 비추어볼 때 울산성 전투는 잘 알려져 있지 않다. 그러나 울산성 전투는 임진왜란 7년 전쟁의 전환점이었다. 이 전투 이후 일본군은 완전히 전의(戰意)를 상실했으며 마침내 전쟁은 조선의 승리로 끝났다. 13일간의 혈전은 임진왜란 7년 전쟁의 마지막 결전이었던 것이다.

1597년 12월 하순부터 1598년 1월 초까지 해를 넘긴 13일간의 치열한 전투에도 불구하고 조·명 연합군은 성을 점령하지 못했

충의사 전경
① 임란공신의 위패를 모신 사당 ② 제례에 필요한 제기를 보관하고 제수를 준비하는 전사청(典祠廳) ③ 상충문(尙忠門) ④ 전시관 ⑤ 숭모당(崇慕堂) ⑥ 창의문(彰義門)

다. 그래서 울산성 전투는 행주대첩이나 진주성대첩과 달리 그냥 '전투' 혹은 '혈전'으로만 기록되고 있다.

성을 뺏고 적을 몰아내지는 못했지만 울산성 전투는 가토 기요마사와 일본군을 궤멸 상태에 빠뜨렸다. 화려한 승전보는 아니지만 13일간의 혈전, 울산성 전투를 새롭게 평가해야 하는 까닭이 여기 있다.

임진왜란 비사(秘史),
왜군과 싸운 왜군

『선조실록』에는 임진왜란 당시 공을 세운 인물들이 기록되어 있다. 그런데 그들 가운데 낯선 이름들이 있다. 사야가(沙也加), 평구로(平仇老), 산여문(山如吻), 요질기(要叱其), 사고여무(沙古如武)… 이들은 조선인의 이름이 아니다. 왜군의 이름인 것이다. 7년에 걸친 임진왜란의 승리 뒤에는 왜군과 싸운 왜군들이 있었다.

『조선왕조실록』에는 이런 사람들이 '항왜(降倭)'라고 기록되어 있다. 조선에 투항한 일본군이라는 뜻이다. 이들은 왜 조선에 귀순했을까? 그리고 이들은 전쟁에 어떤 영향을 미쳤을까?

일본 교과서에 실린 인물 사야가

임진왜란 당시 조선에 투항한 왜군 가운데 사야가라는 인물이 있다. 사야가는 1592년 조선으로 출병한 왜군 선봉 부대의 장수였다. 그런 그가 조선에 투항해 자신의 칼날과 총구를 돌려 왜군과 싸웠다. 일본 쪽에서 보면 반역자인 셈이다. 그는 현재 일본에서도 유명한 역사인물이다.

일본 고등학교 검정 역사교과서 26종 가운데 1종에 항왜자 사야가라는 인물이 실려 있다. 조선에 귀화한 사야가를 소개하고, 조선 침략 전쟁의 우매함과 함께 그 속에서 한 개인이 어떤 길을 선택해 살았는지를 기록했다. 사야가는 일본 교과서에 실릴 정도로 유명한 존재다.

일본 와카야마(和歌山) 시내 중심가 한 서점의 진열대에서 우

ピックアップ

朝鮮側に投降した日本武将

順倭と降倭　秀吉の朝鮮侵略は，多くの人々をその渦中にまきこんだ。捕虜として日本に連行された人もあれば，さらにヨーロッパへ転売された人もあった。また，朝鮮人でありながら日本側についた人もいた。彼らは順倭とよばれている。順倭のなかには，心ならずも日本側の手先になった者もいれば，もともと朝鮮国家にうらみをいだき，日本軍の侵略をきっかけに積極的に順倭になった者もいた。そして，日本軍のなかにも朝鮮側に投降した者がいた。彼らは降倭とよばれている。彼らのなかには長陣による兵糧不足と厭戦気分から降倭になった者もいれば，はじめから秀吉の海外派兵に疑問をいだき，積極的に朝鮮側に投降した者もいた。

沙也可という名の日本人　加藤清正軍の先陣となった「沙也可」(日本名は不明)は，1592(文禄元)年4月，朝鮮侵入直後に朝鮮側に寝返った。記録によると，「沙也可」は朝鮮の礼・義と中華文物のさかんなようすを慕い，その配下をひきいて朝鮮側に投降したという。彼は秀吉の行動に批判的だったのである。その後，「沙也可」は朝鮮軍につき，日本軍とたたかって功績をあげ，金忠善と名乗って，朝鮮に骨を埋めた。

降倭は「沙也可」ばかりでなく，かなりの数にのぼるが，それは朝鮮在陣が長びくにつれて多くなる。1597(慶長2)年暮れの蔚山の籠城では，兵糧と水不足，寒さのため朝鮮側に投降する者がふえ，清正はこれにきびしく統制を加えた。

いっぽう，朝鮮側は，降倭を殺すのでなく，降倭から鉄砲・玉薬製造の技術や鉄砲の射撃方法を学びとろうとした。そのため，協力的な降倭には朝鮮の官職を与えて厚遇した。降倭となった人々は，この戦争にまきこまれるなかで，人生の岐路にたち，その道を選択したのである。彼らの子孫は，朝鮮の地で繁栄したが，近代になって韓国併合のころ，日本の歴史家のなかから，皇国の臣民にあって，そのような裏切り者がいるはずはないと，降倭を歴史から抹殺しようとする動きがあった。しかし，1930年代に，朝鮮総督府の朝鮮史編修官が，史料を通じて降倭の存在を証明した。（►p.107）

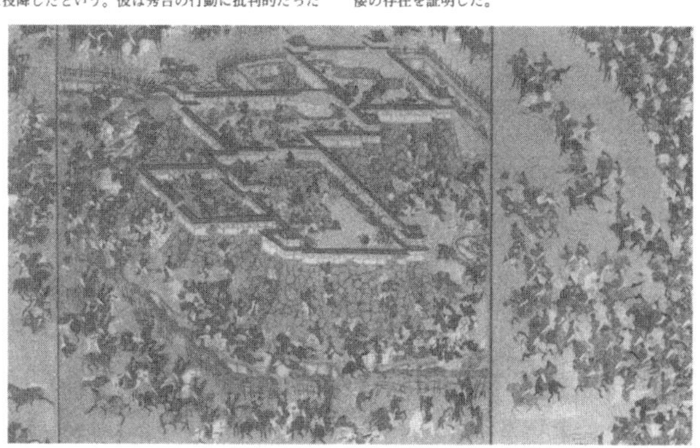

↑「蔚山籠城図屏風」(部分)　秀吉の第二次朝鮮侵略(慶長の役)のさい，加藤清正らの蔚山城を明・朝鮮連合軍が包囲した。蔚山城には井戸がなく，飢えに苦しんだ日本兵は，馬をも食べるなど，籠城が凄惨をきわめたようすを描いたもの。福岡市博物館蔵。

일본의 고등학교 검정 역사교과서『고교 일본사 A』(實敎出版, 1999)에 실린 사야가에 관한 글

리는 쉽게 사야가를 찾을 수 있다. 일본의 문호 시바 료타로(司馬遼太郎)가 쓴 『한나라 기행(韓のくに紀行)』은 사야가를 소재로 한 기행집이다. 『한나라 기행』은 임진왜란 당시 조선에 귀화한 왜군이 있었다는 사실을 일본인에게 처음 알린 책이다. 소설에도 사야가가 등장한다. 하세가와 쓰토무가 쓴 『귀화한 침략병』, 고사카 지로(神坂次郎)의 소설 『바다의 가야금』 등 현재 일본에는 사야가를 다룬 몇 권의 역사소설이 출간되어 있다. 책을 통해 일본인들은 조선에 투항한 한 왜장의 존재를 자연스레 알게 되었다.

방송 역시 사야가에 관심을 가졌다. 1992년 임진왜란 400주년을 맞아 NHK의 「역사발견」이란 프로그램에서는 사야가에 관한 다큐멘터리 '조선출병(出兵) 400년, 히데요시(秀吉)에게 반역한 일본 무장'을 제작, 방송했다. 사야가란 누구인가, 왜 조국 일본을 버리고 조선을 선택했는가에 대해 추론하고 증명한 프로그램이다. 이 다큐멘터리는 일본 전역에 큰 반향을 불러일으켰고, 이후 다른 방송과 신문들도 사야가를 조명하기 시작했다.

일본인들의 관심은 그저 그의 존재를 아는 데 그치지 않았다. 2002년 11월 2일, 요코하마에서 사야가를 연구하는 심포지엄이 열렸다. 이 심포지엄은 일본에서 자체적으로 결성된 사야가회의 주최로 이뤄졌다. 현재 25명의 회원으로 구성된 사야가회는 2000년 2월 발족한 '사야가를 연구하는 모임'이다. 사야가회는 일반인에게 사야가를 제대로 알리고 그가 투항한 의미를 전하고자 정기적으로 심포지엄을 열고 있다. 이 자리에 참석한 대다

수의 일본인들은 그전까지 조선 침략의 실상을 몰랐다. 그들은 역사를 제대로 아는 것이 한국을 바로 알기 위한 첫걸음이라고 생각한다. 그들은 사야가를 히데요시의 명분 없는 침략 야욕에 굴하지 않고 자신의 소신대로 행동한 인물로 새롭게 평가하고 있다.

일반인뿐 아니라 일본 역사학자들도 사야가에 대해 활발하게 연구하고 있다. 조국 일본을 버리고 조선에 귀화한 왜장 사야가는 지금 일본에서 새롭게 조명되고 있다.

조선에 투항한 왜군

사야가에 대한 관심이 뜨겁긴 하지만 일본 역사서에 항왜에 대한 기록은 거의 남아 있지 않다. 임진왜란 당시 일본군이 조선에 투항해 일본에 맞서 싸웠다는 사실을 결코 후세에 알리고 싶지 않았기 때문일 것이다. 그나마 사야가가 일본에 알려진 것은 그가 쓴 『모하당(慕夏堂) 문집』이란 책이 남아 있기 때문이다. 그런데 우리는 『조선왕조실록』에 상당한 분량으로 기록되어 있는 항왜의 존재와 그들의 행적에 대해 전혀 알지 못하고 연구조차 제대로 하지 않고 있다.

『조선왕조실록』에는 사야가의 이름이 두 차례 언급될 뿐, 구체적으로 그가 어떤 인물이었는지는 알 수 없다. 그에 대해 구체적으로 알 수 있는 것은 『모하당 문집』 때문이다. 이 문집은 사야가 김충선(金忠善)이 생전에 쓴 일기와 시조 등을 모아 엮은 것이다. 이 책에는 사야가가 어떻게 조선에 투항했으며, 투항 이후 어떤 삶을 살았는지 구체적으로 적혀 있다.

대구광역시 달성군 가창면 우록리, 야트막한 산줄기에 둘러싸인 시골 마을이 있다. 사슴을 벗삼아 지낸다 하여 우록동(友鹿洞)이라 불리는 이 마을은 400년 동안 이어온 사성(賜姓) 김해 김씨 집성촌이다. 그런데 이들의 시조는 뜻밖의 인물이다. 이 지역 토박이라는 한 노인은 자신들이 임진왜란 때 조선에 투항한 사야가의 자손이라고 한다. 이 마을에 살고 있는 가구 200호 가

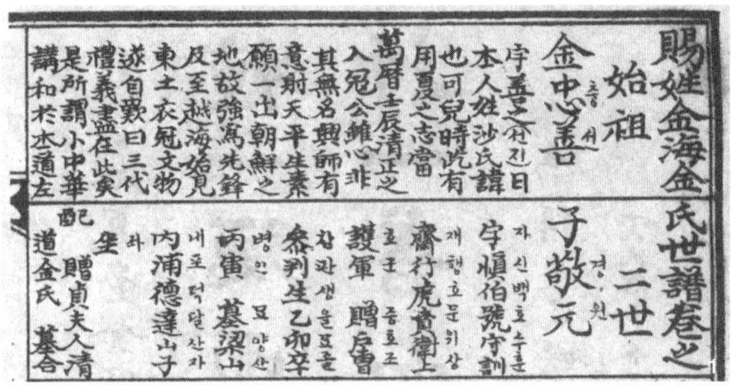

1 사성 김해 김씨 족보의 앞부분. 시조(始祖) 김충선이 임진왜란 때 조선군에 투항하게 된 정황이 간략하게 소개되어 있다.
2 충절관. 김충선의 유품·유물과 한·일 양국의 역사·문화·임진왜란 관련 도서 등을 전시하고 있다. 1998년 6월 개관했다.

운데 사야가의 후손은 70호 정도로, 300명 가까이 이른다.

그런데 왜장이었던 사야가의 후손들은 어떻게 김해 김씨로 살아왔을까? 사야가는 조선에 투항한 후 많은 공적을 쌓았고, 그 공을 인정받아 선조로부터 김해 김씨 성을 하사받은(賜姓) 것이다. 사야가의 우리말 이름은 김충선이다. 임진왜란이 끝난 후 사야가는 진주 목사의 딸과 결혼해 우록동에 내려와 김충선이라는 이름으로 평생을 살았다. 사야가의 유품이 전시된 충절관(忠節館)에는 사야가 집안의 족보도 있다.

1592년 4월, 조선 침략을 위해 출병한 가토 기요마사(加藤淸正)의 군대는 부산에 상륙한다. 사야가는 바로 가토 기요마사 휘하의 선봉장이었다. 사야가는 부산 상륙 후 경상도 좌병사 박진에게 강화서(講和書)를 보내 투항 의지를 밝힌다.

"임진년 사월 일본국 우선봉장(右先鋒將) 사야가는 삼가 목욕 재계하고 머리 숙여 조선국 절도사 합하(閤下)께 글을 올립니다. 이번에 일본이 이유 없이 군사를 일으키며 저를 선봉장으로 삼으매, 저의 소원인 조선에 한번 나가보고 싶은 생각으로 본의 아닌 선봉이 되어서 군사를 이끌고 본국 조선에 이른 것입니다. 다만 저의 소원은 이 나라의 예의문물과 의관 풍속을 아름답게 여겨 예의의 나라에서 성인의 백성(聖人之亡民)이 되고자 할 따름입니다."

조선군에 투항한 사야가는 곧바로 경상도 의병들과 힘을 합쳐 동래, 양산, 기장 등지에서 왜군과 전투를 벌였고, 한 달 동안 여덟 차례나 승전보를 올리는 개가를 이룬다. 한때 곽재우 장군의 군대와도 연합, 경상도 연안의 일본군을 격퇴하기도 했다.

1597년 울산성에서 조·명 연합군과 왜군이 대규모 전투를 벌였는데, 이 전투에 사야가도 참전한다. 사야가는 경상도 우병사 김응서 장군 휘하에서 선봉장을 맡아 병사를 이끌고 성 안에 주둔해 있던 가토 기요마사의 제1부대를 전멸하는 공적을 세운다. 그로 인해 사야가는 선조에게 무관 정3품인 가선대부(嘉善大夫), 지금의 차관급 지위를 하사받기에 이른다.

사야가는 임진왜란이 끝난 뒤에도 여러 전투에 참전했다. 『승정원 일기』 인조 6년의 기록에서 사야가가 이미 조정에서 인정받는 명장으로 이괄의 난을 진압하는 데 참여, 혁혁한 공을 세웠다는 사실을 알 수 있다.

우록마을 입구에서 100m쯤 떨어진 곳에 녹동(鹿洞)서원이 있다. 서원 뒤에는 김충선의 위패를 모신 사당 녹동사가 있다. 서원과 사당은 김충선의 사후 유림이 조정에 소(疏)를 올려 지은 것이다. 중국의 문명을 그리워한다는 뜻의 모하당이라는 호를 지을 정도로 김충선은 유교 문물과 예의를 따른 철저한 조선인이었다.

마을 뒷산 그의 무덤은 일본을 바라볼 수 있는 위치에 있다. 김충선은 1642년 72세의 나이로 두 번째 고향인 조선 땅 우록동에서 눈을 감았다. 그의 사후 조정은 대신급에 해당하는 정2품 정헌대부(正憲大夫)의 벼슬을 내렸다.

녹동서원과 녹동사. 정조 18년(1794) 세워졌다. 고종 원년(1864). 대원군의 서원철폐령으로 철거되었다가 1885년 재건되었고 1971년 현 위치로 옮겼다. 서원 입구의 '향양문(向陽門)'이란 편액은 사야가의 고향(해가 뜨는 곳)을 향해 선 문이라는 뜻을 지닌다. 녹동사엔 그의 영정이 봉안되어 있다.

일본인 사야가는 누구인가?

왜장 사야가는 부산에 도착하자마자 투항한다. 임진왜란이 막 발발했고 왜군이 승승장구할 때다. 그는 패전으로 어쩔 수 없이 투항한 것이 아니라, 출정을 준비할 때 이미 투항을 결심한 것으로 짐작된다.

사야가는 과연 무슨 생각으로 그랬던 것일까? 무슨 사연이 있기에 조국을 버리고 조선에 투항해 일본군과 맞서 싸울 생각을 했을까? 사야가가 투항한 까닭을 알려면 먼저 그가 일본에서 어떤 인물이었는지 살펴볼 필요가 있다.

『모하당 문집』에는 사야가가 일본에서 어떤 인물이었는지에 대한 기록이 전혀 보이지 않는다. 다만 하나의 단서를 찾을 수 있을 뿐이다. 이 문집에는 사야가 김충선이 조선에 투항한 후 조선군에 조총과 화약 제조 기술을 전했다는 기록이 있다. 더구나 사야가는 조선에 귀화한 후 자체적으로 조총 부대를 조직하여 전투에 참가해 공을 세운 기록도 있다. 이 기록이 일본에 있

조총 전문가 고사카 지로의 방엔 여러 점의 조총과 그가 사격하는 모습을 담은 사진이 보인다.

을 당시 사야가의 정체를 파악하는 단서가 된다.

와카야마 현에 살고 있는 소설가 고사카 지로는 자신의 소설 『바다의 가야금』에서 사야가가 조총 기술과 화약 제조술을 조선에 전수한 경위를 말하고 있다. 현재 와카야마현에서 옛 총을 연구하는 고식(古式) 총 연구회의 고문이기도 한 그는 조총 전문가다.

고사카 지로는 사야가가 전국(戰國)시대 일본 최강의 철포 부대원 가운데 한 인물이라고 주장했다. 당시 일본에는 조총을 직접 제조하고 쏘는 여러 개의 철포 부대가 있었다. 그 가운데 최강의 철포 부대는 바로 와카야마현의 '사이카'라 불리는 철포 부대였다. 이 부대는 영주에게 예속되지 않은 독립 집단으로 최고의 명사수들이 소속되어 있었다. 바로 이 사이카 부대에 사야가가 있었다는 것이다.

그들은 자신들이 살고 있던 마을 이름을 따 잡하(雜賀), 즉 일본 발음으로 사이카라 불렀는데 사야가와 발음이 비슷하다. 고사카 지로는 취재진에게 사이카 부대의 전투를 그린 『석산군기(石山軍紀)』라는 책을 보여주었다. 이 책에는 사이카 부대의 대장 스즈키 마고이치로의 모습이 그려져 있다. 고사카 지로는 바로 이 스즈키 마고이치로가 사야가

『석산군기』에 있는 스즈키 마고이치로의 그림

와카야마 시내의 한 도로 표지판. '雜賀(사이카)'라는 지명이 보인다.

라 주장한다.

실제 스즈키는 임란 당시 조선에 출병했고, 이후 그의 흔적은 일본 땅 어디에도 남아 있지 않다. 그는 조선 침략의 출병지인 나고야[名護屋. 우리가 흔히 알고 있는 나고야(名古屋)와 다른 곳이다]까지 100명을 데리고 갔는데, 그 이후 소식이 끊어졌다. 다른 사람들은 남아 있는데 그만 홀연히 사라져버린 것이다.

사야카 집단이 살았다는 사이카 부락을 찾아갔다. 사이카라는 마을 이름은 여전히 그 지방에 남아 있다. 그런데 사이카 부대의 대장 스즈키 마고이치로가 사야가라면 그는 왜 조선에 투항했을까?

최강의 철포 부대로 일본 전역에 맹위를 떨치던 사이카 집단은 임진왜란 발발 7년 전, 히데요시군에게 초토화되었다. 사이카가 히데요시의 지배를 거부하던 영주와 친밀한 관계였다는 것이 이유였다. 이후 사이카 집단은 부락을 떠나 전국에 뿔뿔이 흩어졌다.

그런데 사야가가 사이카 부대의 대장 스즈키 마고이치로라면, 사야가가 가토 기요마사의 선봉장수였다는 『모하당 문집』
의 기록과 다르다. 스즈키는 가토 기요마사의 부하 장수가 아닌
것이다.

사야가가 가토 기요마사 휘하의 장수였다고 주장하는 학자가
있다. 사이난가쿠인(西南學院) 대학 마루야마 교수는 사야가가
가토 기요마사 휘하의 장수 하라다 노부타네(原田信種)라는 새
학설을 발표했다. 가토 기요마사의 출정군 일람표를 살펴보면
마지막까지 살아남은 사람은 사야가가 될 수 없다는 것이다.

혼묘지(本妙寺)는 임란 후 가토 기요마사가 자신의 아버지를
기리기 위해 지은 절이다. 이곳에 가토 기요마사 군대의 진립서
(陣立書)가 보관되어 있다. 진립서는 가토 기요마사가 조선 출병
1년 전에 작성한 것으로, 조선 침략시 출병할 장소들을 기록한
것이다.

과연 진립서에는 사야가라는 이름이 있을까? 수많은 무장들의
명단에 사야가라는 이름은 없었다. 하라다 노부타네 역시 보이
지 않았다. 진립서에는 '여력(與力)'이라는 명칭이 있었다. 하라
다 노부타네는 바로 이 여력 부대에 속해 있었다.

가토 기요마사 휘하의 여력 부대 명단의 맨 위에 하라다 노부
타네라는 이름이 있었다. 하라다 가문의 족보에도 하라다 노부
타네가 조선에 출병한 후 그가 사라진 기록이 남아 있 다. 이는
조선에서 죽었거나 투항했을 가능성을 말해준다.

하라다가 조선 출병 전 직접 작성한 자신의 부대 구성원 명단
인 은서사 문서(恩誓寺 文書)에 도요토미 히데요시의 명령을 받

아 조선을 정벌하기 위해 바다를 건너간다는 내용도 있다. 그렇다면 사야가가 전수했다는 조총 기술은 어떻게 설명할 수 있을까? 은서사 문서는 그 의문을 풀어준다. 그의 조선 출병 부대원 가운데 철포부대가 있었다. 그들을 데리고 투항했다면 조총 기술을 조선에 전했을 가능성은 충분하다.

하라다 가문이 살았던 마에바루에 하라다 가문이 세운 절 킨류지(金龍寺)가 남아 있다. 절 안에는 하라다 집안의 묘들이 있다. 그런데 하라다 노부타네의 묘지는 이곳에서 찾아볼 수 없다. 하라다가 조선에서 돌아오지 못했다는 족보의 기록을 뒷받침하는 것이다.

전국시대에 하라다 가문은 드넓은 영토가 있었다. 그러나 히

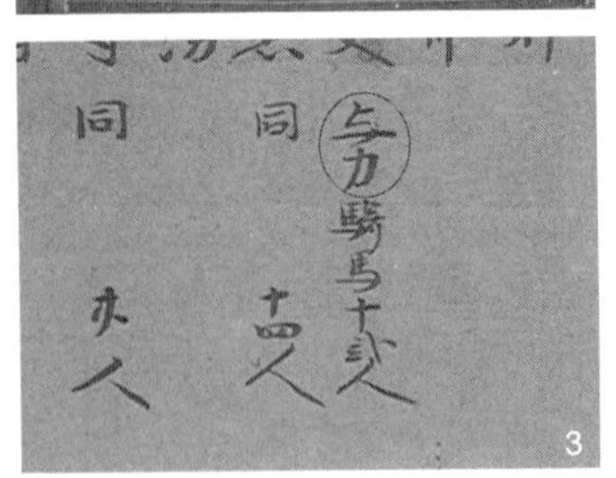

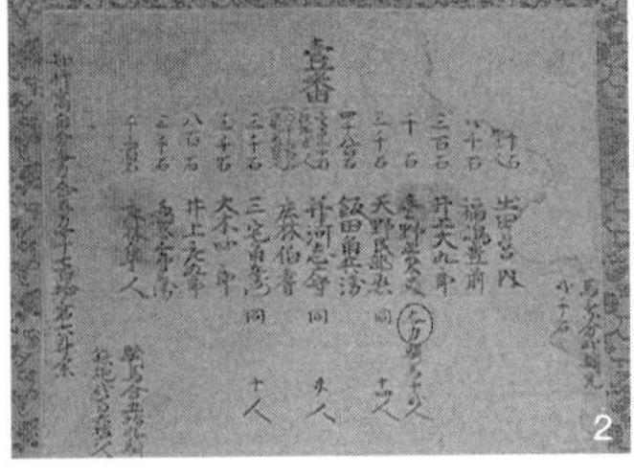

1 혼묘지
2, 3 가토 기요마사 군대의 진립서. 표시 부분에 '與力(여력)'이란 명칭이 보인다. 3은 2의 오른쪽 아랫부분.

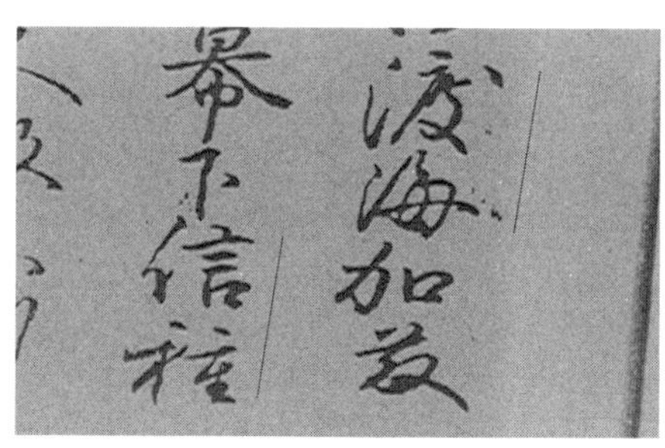

은서사 문서에 실린 하라다의 부대 구성원 명단의 일부. '渡海(바다를 건너간다)', '信種(노부타네, 하라다의 이름)' 등의 필적이 보인다.(표시 부분)

데요시 군대에게 정벌당한 후 가토 기요마사 휘하로 예속되었다. 전국 통일을 꿈꾸던 히데요시가 큐슈 지방을 차지하는 과정에서 하라다 가문이 희생된 것이다. 히데요시는 전국 통일 과정에서 하라다뿐 아니라 많은 반(反)히데요시 세력을 만들었다. 하라다가 조선에 투항했을 가능성은 충분한 것이다.

도요토미 히데요시는 조선 침략을 위해 나고야성에 30만 대군을 집결시켰다. 그리고 반란에 대비해 이곳에 전국 영주의 아내들을 인질로 데려다 놓았다. 신변의 위협을 느끼는 와중에도 히데요시는 대륙 정벌의 야심을 구체화했다. 그러나 많은 영주들과 무사들은 조선 침략을 반대했다. 영주들은 전쟁에 참가할 사무라이들을 모을 수 없었다. 사무라이들이 참전을 꺼려했기 때문이다. 사무라이들을 출정시켜야 했지만 도요토미 히데요시의 명령에 따르지 않고 성 안에 숨어 있다가 처벌받은 영주도 있었다.

반히데요시 세력들은 실제로 반란을 일으키기도 했다. 나고야성에는 반란자들의 아내를 처형하던 처형장 자리가 남아 있다.

(왼쪽)하라다 가문이 세운 절 킨류지   (오른쪽)하라다 집안의 묘

히데요시는 반란군을 두려워하고 있었다. 사츠마(薩摩) 지역의 영주였던 시마즈(島津) 가문이 반란을 일으켰다. 프로이스라는 선교사가 로마로 보낸 편지에 따르면 반란자의 처는 나고야성에서 못박혀 화형되었다.

나고야성에서 반히데요시 세력들은 강제로 조선에 출병해야 했다. 그러나 그들에게는 싸울 명분이 없었다. 반히데요시 세력인 왜장 사야가는 출병 전 이미 투항을 결심한 것이다. 도요토미 히데요시의 명분 없는 조선 침략, 대륙 정복의 야심에 왜군 모두가 동조한 것은 아니었다.

조선에 귀화한 항왜자들

임진왜란 때 조선에 귀화한 항왜자는 얼마나 될까? 임진왜란 발발 5년 후인 선조 30년 실록에 왜병이 조선군에게 한 말이 기록되어 있다.

"일본에서 꺼리는 것은 항복한 왜인이다. 그 수가 이미 1만 명에 이르는데 이들은 반드시 우리 일본의 용병술을 털어놓을 것이다."

어쩔 수 없이 잡힌 전쟁포로가 아닌, 본인의 의지로 왜군 진영에서 도망쳐 조선인이 되겠다고 한 왜병이 약 1만 명이었다. 이들 모두가 김충선처럼 히데요시의 반대 세력이었을까?

『선조실록』에서 항왜에 관한 새로운 사실을 발견했다. 항왜에 대한 기록은 임란 발발 1년 후인 1593년 5월경부터 나타난다. 무슨 이유로 전쟁이 일어난 1년 후부터 항왜자들이 갑자기 생겨났을까?

파죽지세로 평양성까지 밀고 올라간 왜군은 1년이 채 되기 전에 조선군과 명나라군에 밀려 남쪽으로 후퇴했고 전쟁은 장기전에 들어갔다. 오랜 전투로 왜병들은 지칠대로 지쳤다. 조·명 연합군에 밀리는 심리적 압박감과 식량 부족에 따른 배고픔은 그들을 고통으로 몰아넣었다.

가토 기요마사의 군대도 패전 후 남하해 서생포에 성을 쌓고 장기간 주둔하고 있었다. 지치고 배고픔을 견디지 못한 병사들은 하나 둘씩 성을 빠져나오기 시작했다. 그들은 조선군 진영을 향해 달렸다. 1593년, 서생포 왜성을 비롯해 남해안 일대에 주둔하던 왜병들의 투항이 빈번해졌다. 전쟁이 끝날 때까지 항왜는 급격히 늘어난다.

왜군이 투항을 결심한 결정적인 이유는 조선 정부의 적극적인 항왜유인정책이었다. 선조는 항왜가 이용 가치가 있다고 판단하고 그들을 유인하라는 전교를 내린다. 그리고 검술이 뛰어나거나 병기를 만들 수 있는 왜병들을 꾀어내는 자에게 큰 상을 내렸다. 경상도 우병사였던 김응서(金應瑞) 장군은 임란 초부터 항왜들을 적극 수용했다. 그의 부하 가운데 항왜가 1천 명에 이를 정도였다. 사야가 김충선 역시 투항 후 김응서 장군의 수하에 들어가 전투에 참가했다.

투항자들은 병사들만이 아니었다. 히데요시의 제1군 선봉장인 고니시 유키나가(小西行長)의 아우마저 투항을 생각했다. 최고위급의 왜장들까지 투항을 깊이 고려했거나 실제 투항한 것이다. 그들은 임진왜란이 명분 없고 무모한 전쟁이라고 생각해 조선에 투항했다. 김충선도 일본의 조선 침략이 명분 없는 전쟁임을 단적으로 보여준 인물이라고 볼 수 있다.

조총을 전수한 항왜들

선조의 항왜정책은 일본군을 귀순시키는 데 큰 영향을 미쳤다. 선조가 굳이 항왜정책을 쓴 이유는 무엇이었을까? 그것은 오랑캐를 이용해서 오랑캐를 무찌른다는 뜻의 이이제이(以夷制夷) 전략 때문이다. 왜구로 왜구를 무찌른다는 뜻으로, 귀화한 왜군을 이용하려는 묘안을 낸 것이다.

그렇다면 선조는 투항한 왜군을 어떻게 이용했을까? 일본이 임진왜란을 일으킬 수 있었던 것은 조총 덕분이라고 해도 과언이 아니다. 일본에는 신무기 조총이 있었기에 조선 침략을 감행할 수 있었던 것이다. 일본군은 조총을, 조선군은 칼과 활을 가지고 초기 전투를 벌였는데, 우리의 재래식 병기나 화기에 비해 월등히 성능이 좋은 조총을 활용해 보병전술을 구사했기 때문에 조선군은 맥없이 무너질 수밖에 없었다. 조총을 쏘며 진격하는 왜군의 기세에 눌려 조선군은 결국 부산진과 동래부 전투에서 참패하고 만다.

나는 새도 맞춘다고 해서 이름 붙여진 신무기 조총. 일본 전역을 통일한 히데요시는 조총으로 또 하나의 야심을 키웠다. 바로 대륙 정벌이었다. 당시 조선에서는 조총에 대해 잘 몰랐다. 임진왜란 발발 3년 전, 조선엔 이미 조총이 들어왔다. 1589년, 대마도 영주가 선조에게 조총 몇 점을 진상한 것이다. 하지만 선조는 대수롭지 않게 생각했다. 3년 후 일본군은 조총을 앞세워 조선을 침략했고, 조총의 위력을 유감없이 발휘했다.

조선 조정에서는 조총 제조 기술을 습득하는 일이 급선무였다. 뒤늦게 조총의 위력에 놀란 선조는 급히 왜군이 쓰는 조총을 만들라고 전교를 내린다. 조총 제조 기술을 알아내면 곧 전세 역전이 가능함을 뜻했기 때문이다. 속수무책으로 왜군에게 당하던 조선군은 1년 후 드디어 조총을 만들게 된다. 전쟁 중에 그토록 빨리 조총을 만들어낼 수 있었던 비결은 무엇이었을까? 그것은 바로 귀화한 왜군, 항왜 때문이다.

선조는 항왜들 가운데 조총을 만들고 사용할 줄 아는 이들을 서울로 불러들여 조총 제조 기술을 전하라고 명했다. 김충선 역시 조선에 조총 기술을 전수했다. 그가 직접 만들어 사용했다는 조총이 우록동에 남아 있다. 과거 새마을 운동의 일환으로 재래식 가옥을 개조할 때 낡은 담장을 허물자 그 밑에 당시 사용하던 조총이 묻혀 있었던 것이다.

『모하당 문집』에 따르면 선조의 전교가 있기 전, 사야가는 이미 경상도 절도사에게 조총 제작을 건의했고 경상도 병영에 조총과 화약 제조 기술을 전했다. 1592년 4월 귀화한 그는 11월경에 화약 제조법과 철포대 훈련법을 조선에 전했다. 이후 1593년에는 본격적으로 조선에 조총을 비롯한 철포대를 전해서 부하 김계충 등을 통해 집중적으로 훈련을 했다. 사야가는 조총 기술을 전하는 데 그치지 않고 1598년 정유재란 때는 울산성을 거점으로 직접 철포 부대를 조직하기도 했다.

『난중일기』에서 이순신 장군은 선조 26년, 왜군의 조총을 모방해서 우수한 성능의 조총을 만들어내는 데 성공했다고 적었다. 그런데 『모하당 문집』에는 이순신 장군이 제조한 조총에 사

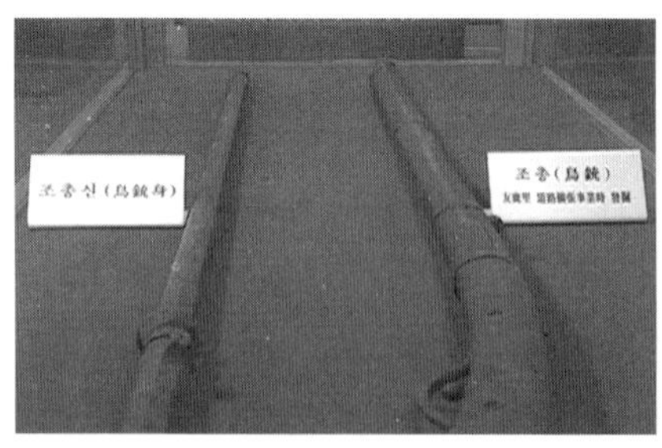

녹동서원 충절관에 전시된 사야가의 조총

야가가 관계했음을 암시하는 기록이 있다. 사야가가 이순신 장군에게 보내는 답신의 내용이다.

"하문하옵신 조총과 화포, 화약 만드는 법은 전번에 조정에서 내린 공문에 따라 벌써 각 진에 가르치는 중이옵니다. 바라옵건대 총과 화약을 대량으로 만들어서 기어코 적병을 전멸하기를 밤낮으로 축원하옵니다."

사야가를 비롯한 항왜는 조선에 조총 제조 기술을 전하고 조총을 직접 제작, 시험하기도 했다. 그들의 노력에 힘입어 1593년 3월, 조선군은 마침내 조총 제조 기술을 확보하기에 이른다. 임진왜란 당시 항왜는 전쟁의 양상을 바꾸는 데 큰 역할을 했다.

이후 조선에서도 조총을 대량 생산하면서 조선의 군 편제와 전술에 변화가 생겨났다. 선조는 임란 중에 치른 과거시험에 조총 사격술을 포함시키고 포수 양성을 본격화했다. 이에 따라 서울에 훈련도감이 정식으로 발족되었다. 훈련도감에 좌·우영을 두고 포수를 훈련해 새로운 조총 부대를 만들었다. 훈련도감을 창설하면서 조선군의 전술은 이전의 활 중심에서 총과 검 중심으로 바뀌었다.

조총이 보급되자 조선군의 편제와 전법이 획기적으로 바뀌어 조선후기 군대는 조총병과 창검병, 궁병으로 재편되었다. 신무기로 무장한 조선군은 이후 일본군과 대등한 전투를 치를 수 있었다. 조선의 재빠른 조총 생산은 임진왜란의 승리에 커다란 힘이 되었다. 바로 그 뒤에 항왜가 있었다.

항왜들의 전공(戰功)

항왜의 공은 조총과 화약 기술 전수에만 그치지 않는다. 훈련도 감에서는 아동 수십 명을 뽑아 아동대를 만들고 검술을 가르쳤는데, 『선조실록』에는 아동대에 검술을 가르친 사람 이름이 구체적으로 나온다. 그 중에 여여문(呂汝文), 산소우(山所于) 등의 이름이 보인다. 이들 역시 조선에 귀화한 항왜다. 그들은 훈련도 감의 훈련에도 참여해 아동대는 물론 조선군에 검술과 포술 등을 가르치기도 했다. 이 밖에도 항왜들은 임진왜란의 승리에 직·간접으로 많은 영향을 미쳤다.

1597년, 남해에서는 명량해전이 벌어졌다. 당시 이순신 장군의 전투선 13척에는 항왜들도 타고 있었다. 『난중잡록』에는 항왜들 가운데 안골포에서 투항한 준사(俊沙)라는 항왜의 공이 기록되어 있다. 준사는 왜선에 탄 왜장 마다시를 곧바로 알아보고 이순신 장군에게 고했다. 이순신 장군은 즉각 마다시를 공격, 그의 목을 벴다. 왜장이 죽자 일본 수군은 큰 타격을 입었다.

항왜들은 왜적을 물리치는 데 적극적이었다. 서생포 왜성에 주둔한 가토 기요마사를 암살하겠다는 항왜도 나왔다. 주질지, 학사이 등의 항왜인은 경상 좌병사 고언백을 찾아가 가토 기요마사 암살 계획을 구체적으로 제시했다. 그들은 가토 기요마사 혼자 자주 오르는 산봉우리를 잘 알고 있었다. 그 길목을 지키고 있다가 그가 나타나면 조총으로 죽이겠다는 것이었다. 조선 측의 반대로 암살 계획은 실행되지 않았지만 조선을 위해 싸우

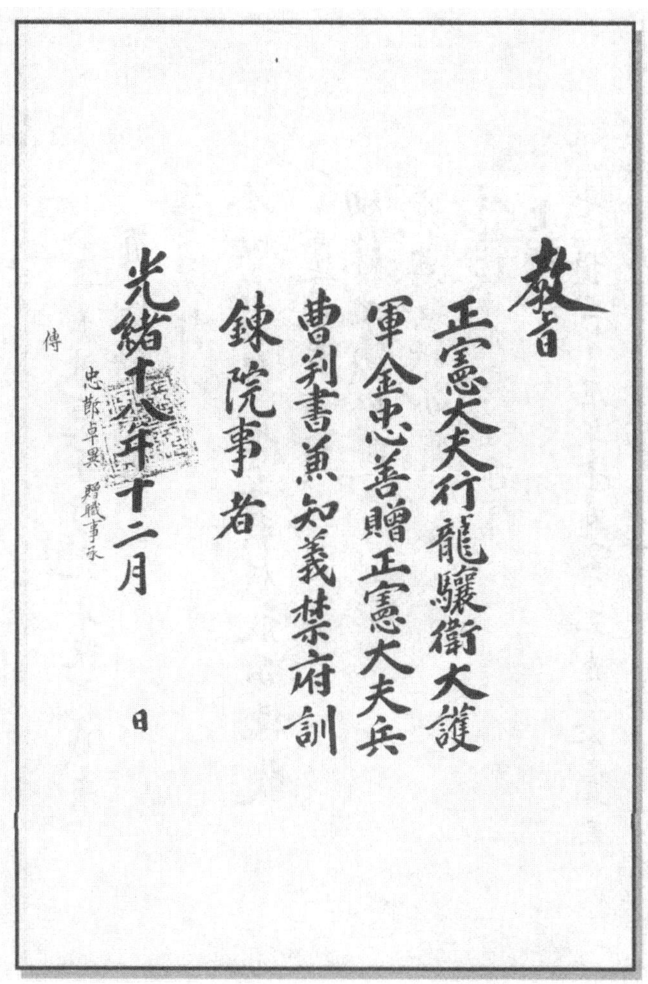

조정에서 김충선 장군에게 내린 교지. 정헌대부 병조판서 겸 의금부 훈련원사에 봉해졌다.

겠다는 항왜들의 강한 의지를 알 수 있다.

항왜들 때문에 전투 전략 등 군사기밀이 새나가자 히데요시는 1595년, 일본 무장에게 철책을 만들어 병사들의 탈영을 막으라고 지시했다. 항왜들은 직접 전투에도 참가하여 몸을 아끼지 않았다. 1597년 김응서 장군 휘하의 항왜들은 왜군을 공격, 조선인 포로 약 100명을 구출하는 전과를 올렸다. 그러나 전투 중 많은 항왜들이 목숨을 잃기도 했다. 그 전투에서 공을 세운 항왜들 가운데 당시 첨지(僉知) 벼슬에 있던 사야가 김충선도 있었다.

조총과 염초 제조 기술이 없는 항왜들 대부분은 한산도로 보내졌다. 『난중일기』에도 이순신 장군의 휘하에 많은 항왜들이 있었다고 기록되어 있다. 그들은 수군으로 활용되어 왜군과의 해전에서 큰 힘이 되었다.

임진왜란의 마지막 승부처인 울산성 전투에서는 양측 전사자만 1만 2천 명이 넘는 혈전이 벌어졌다. 1597년, 조선을 재침략한 왜군 가토 기요마사가 이끄는 1만 군대는 울산성에 성을 쌓고 주둔했다. 울산성에 총공격을 감행한 5만의 조·명 연합군 중에는 사야가를 비롯한 약 150명의 항왜들도 있었다. 항왜들은 왜성 구조를 금세 파악했고 왜군의 전술을 잘 알았기 때문에 큰 공을 세웠다.

『조선물어(朝鮮物語)』에 기록된 항왜 왜장을 통해 울산성 전투에서 항왜의 역할이 얼마나 컸는지 엿볼 수 있다. 투항한 일본 왜장 오카모토 에치고노카미는 약 8천 명이나 되는 대규모

병사를 이끌고 왜군과 싸웠다. 경상도 안의(安義) 지방 황석산성 전투와 정진 달미현 전투, 명량해전 등에서 항왜들의 활약을 볼 수 있다.

전쟁에 공을 세운 항왜에게는 포상과 벼슬이 내려졌다. 조정은 적병을 죽이거나 전세를 역전한 항왜를 모두 당상관으로 승진시키고 은으로 포상했다. 그리고 그들에게 더 이상 왜인이 아닌 조선인이라는 확실한 징표로 조선의 성과 이름을 하사한다. 조정에서 성명을 하사받은 항왜는 많았다. 『선조실록』에도 조선 이름을 가진 항왜들이 자주 등장한다. 항왜들은 김향의(金向義), 김귀순(金歸順), 이귀명(李歸明), 김충선 등 조선의 성과 이름을 하사받고서야 비로소 완전한 조선인이 되었다.

우록동은 사야가 김충선의 흔적을 보려고 서원을 찾은 관광객들로 북적인다. 사야가는 『모하당 문집』을 남겨 세상에 자신의 모습을 드러냈다. 하지만 아직 많은 항왜들은 그 존재가 감춰져 있다. 조선에 투항한 왜병들은 400년이 지난 지금 새로운

1999년 11월 대구에서 열린 우록리 - 김충선 심포지엄엔 많은 관계자들이 참가하여 성황을 이루었다.

의미로 다가서고 있다.

현재 사야가를 제외하면 항왜에 대한 흔적은 그다지 남아 있지 않다. 귀화 후 그들은 자신이 일본인이었음을 감추고 살았기 때문에 흔적은커녕 그 후손들조차 자신의 선조가 항왜였음을 모르는 경우가 대부분이다.

조선이 임진왜란에서 승리한 것은 이순신 장군이 이끈 수군의 활약상과 목숨을 아끼지 않은 의병들의 혈투 때문이기도 하지만, 사야가 김충선을 비롯한 항왜들의 활약도 분명 큰 영향을 미쳤다. 그동안 무시되어온 항왜들의 공을 간과해서는 안 되는 이유가 여기에 있다.

명랑대첩의 비밀
- 13척이 133척을 어떻게 이겼나?

1597년 음력 9월 16일 아침. 좁은 울돌목에서 조선 수군은 수많은 일본 함대를 맞아 힘겨운 싸움을 하고 있었다. 양쪽 해안가에 몰린 피난민들은 응원의 함성을 보내고 있었다. 133척의 일본 전함에 13척의 조선 전함이 고전을 면치 못하고 포위되자 피난민들은 발을 동동 굴렀다. 그러나 잠시 뒤, 바다에는 13척의 조선 전함만이 남았다. 13척으로 133척을 이긴 믿을 수 없는 승리의 순간이었다. 우리는 이 싸움을 명량대첩(鳴梁大捷)이라 부른다.

그러나 400여 년의 세월이 흐른 지금 13척으로 133척을 물리친 이 불가사의한 전투에 대해 우리는 그다지 경외심이나 궁금증을 갖지 않는다. 그저 영웅 이순신이 있었고 무적함대 거북선이 있었으니까 하고 생각하는 것이 고작이다. 그러나 명량해전에서는 거북선을 사용하지 않았다. 이순신 장군은 명량해전을 승리로 이끌고 난 뒤 실로 천행(天幸)이라고 했다. 과연 천행뿐이었을까?

명량해전에서 조선 수군은 완벽하게 승리할 수밖에 없었다. 1천 척이 쳐들어온다고 해도 이길 수밖에 없었던 이유가 있었던 것이다.

명량해전의 승리 – 세계 해전사 불멸의 금자탑

도쿄의 신주쿠 거리 한 모퉁이에는 아오키(靑木)라는 작은 화랑이 있다. 이곳에는 연대를 알 수 없는 그림 한 장이 소장되어 있다. 바로 「조선역 해전도(朝鮮役 海戰圖)」라는 것으로, 정유재란 때의 한 전투를 묘사한 그림으로 추정된다. 그림 속의 '이(李)'

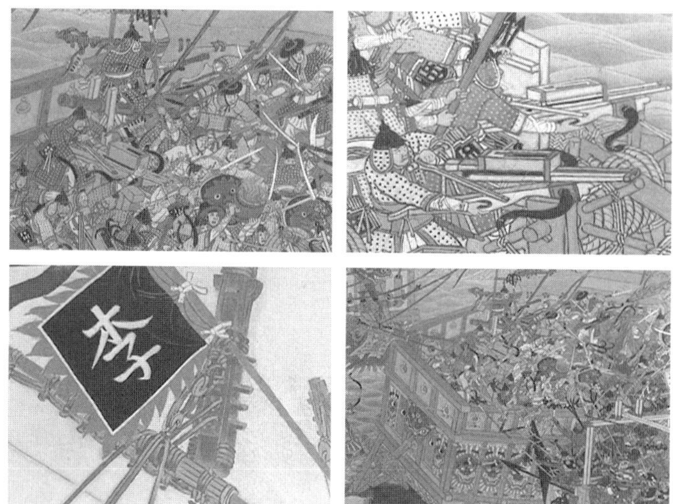

「조선역 해전도」의 일부. '李' 자를 단 깃발이 보인다.

李 자를 단 깃발의 배는 아마도 이순신의 전함일 것이다. 이 배를 작은 일본 전함들이 에워싸고 치열한 전투를 벌이고 있다.

전투에 동원된 각양각색의 무기와 사력을 다해 싸우는 조선과 일본 수군의 표정이 놀랄 정도로 생생하다. 이순신의 기함(旗艦)과 일본 함대의 치열한 접전을 섬세하게 묘사한 「조선역 해전도」는 어떤 전투를 그린 것일까?

그림은 이순신 장군이 실각했다가 복직하고 나서 싸운 1597년 무렵의 전투, 즉 명량해전을 그린 것으로 추정된다. 그림에 나타나는 일본 수군의 깃발이 명량해전에 참전한 장수 구루시마(來島通總) 수군의 깃발이기 때문이다.

현충사에 명량해전의 전투 장면을 묘사한 기록이 있다. 이순신 장군은 1597년 9월 16일 일기에 그날의 긴박한 접전의 순간을 이렇게 적었다.

"적에게 몇 겹으로 둘러싸여 어떻게 될지 알 수 없다. 군사들이 모두 사색이 되어 서로의 얼굴만 쳐다볼 뿐 (…) 나머지 배들도 겁을 먹고 진격하지 못했다."(『난중일기』)

전라남도 해남의 어란진은 현재 약 200호가 사는 작은 어촌이다. 1597년 9월 7일 어란진 앞바다에 133척의 전함과 보습선, 연락선 등 총 500여 척의 대선단이 집결한다. 이곳에서 전열을 가다듬은 133척의 일본 대선단은 9월 16일 이른 아침 어란진을 출발한다. 일본 전투 선단의 목적지는 조선 수군이 진을 치고

1 진도대교가 놓인 울돌목 2 어란진
3 ① 울돌목 ② 어란진

있는 우수영으로, 지금의 진도대교가 가로놓인 울돌목을 통과하는 것이다.

같은 시간, 우수영의 조선군 수군기지로 일본 대선단이 어란진을 출발했다는 정찰병의 보고가 들어온다. 조선 수군 전력의 전부인 13척의 함대는 133척의 일본 대선단을 맞아 싸우기 위해 우수영을 떠나 조용히 명량해협으로 나아간다.

돌격해오는 일본 대선단을 맞아 13척의 조선 수군 전함은 울돌목에 일렬로 포진한다. 조선 전함 13척 가운데 이순신의 전함이 먼저 앞으로 나아가 적선과 맞섰다. 명량해전의 막은 이렇게 올랐다.

그러나 이 전투는 불과 2시간 만에 막을 내린다. 그렇다면 이 전투의 결과는 어떠했을까?

『난중일기』에는 이순신 전함의 피해 상황이 기록되어 있다. 전사자 2명, 부상자 3명. 사상자는 모두 합쳐 5명에 지나지 않는다. 이순신이 사상자의 이름, 부상의 정도까지 직접 기록할 만큼 조선 수군의 피해는 적었다. 남은 13척의 함대를 모두 추정해볼 때 전사자가 약 30명, 부상자가 약 40명으로 모두 70~100명 미만의 사상자가 있었던 것으로 계산할 수 있다.

이에 비해 일본 수군은 그 피해가 실로 어마어마했다. 각종 기록을 종합해 추정하면 명량해전에서 일본이 입은 피해는 다음과 같다. 불타고 부서져서 격침된 배는 31척, 약 90척은 심하게 파손된 채 달아났다. 격침된 배의 전사자는 최소 3500명으로 추산된다. 그렇다면 도주한 배의 사상자는 얼마나 될까? 중선급 수군의 전함 정원을 100명으로 볼 때 일본 수군 9천 명이 배에 타고 왔다가 절반 가량인 4500명이 조선군의 포탄에 맞거나 화살에 맞아서 전사하거나 바다에 빠져 익사한 것으로 추정된다. 결국 일본군의 인명 피해는 총 8천 명으로 추산된다.

반면 조선 수군의 전함은 단 한 척의 피해도 없었다. 13척 대 133척의 불가능한 전투를 승리로 이끈 신화적인 전투가 바로 명량해전이다. 일본에는 이루 헤아릴 수 없는 사상자와 씻을 수 없는 대참패의 오명을 남겼고 조선군에게는 통쾌한 승리를 가져다 준 이 해전은 세계 해전사에서도 비슷한 예를 찾아보기 힘든 전투다.

조선 수군의 궤멸 - 칠천량 해전

명량해전 이전에는 조선 수군의 전함도 300척이 넘었다. 그런데 그 많던 전함들이 다 어디로 사라지고 이순신에게 겨우 13척의 전함만이 남게 되었을까?

일본 해군사의 권위자 사토 씨는 임진왜란에 대해 기록한 희귀한 책의 원본을 소장하고 있다. 에도 시대에 만든 『정한위략 (征韓偉略)』이란 책으로, 임진왜란과 정유재란을 일본의 입장에서 기록한 역사서다. 모두 다섯 권으로 된 이 책은 임진왜란 7년을 연구하는 데 귀한 사료다. 당시 일본이 조선을 보는 시각이 엿보이지만 조선과 중국, 일본의 자료를 정확하게 인용했기 때문에 전쟁 상황을 정확하게 알 수 있다.

이 책에 칠천도(漆川島), 즉 지금의 거제도 앞바다에서 원균이 이끈 조선 수군이 대참패했다는 기록이 있다. 칠천량 해전에서 승리한 일본은 이때의 대전과를 의기양양하게 적어놓았다.

"일본 장수 시즈마 160여 척 격파, 도도 60여 척, 야스하루 16 척, 목을 벤 자만도 수천 명에 이른다. 물에 빠져 죽은 사람은 이루 헤아릴 수 없다."

칠천량 해전으로 조선 수군은 전멸했다. 참패를 거듭하던 일본 수군은 어떻게 이런 대전과를 올릴 수 있었을까? 이 싸움에서 일본군은 처음으로 통합적인 전투력을 발휘했다. 수군와 육군이 따로 싸운 것이 아니라 공동으로 작전을 펼쳐 조선 수군을 섬멸한 것이다. 조선 수군은 수군 단독으로 싸웠기 때문에 패배했다.

거제도 앞바다의 좁은 포구에 정박했던 조선 수군은 일본 수군의 기습을 받자 배를 버리고 육지로 도망갔다. 이때 육지에 미리 매복하고 있던 일본 육군에게 원균을 비롯한 조선 수군이 전멸하고 만다. 당시 조선 수군의 배가 모두 134척이었는데 도주한 배 12척을 빼고는 전부 수장되었다. 수군의 존재가 거의 사라진 것이다. 이는 국가 기능이 상당 부분 마비된 것이라고도 볼 수 있다.

조정의 명령에 따라 마지못해 거제도로 나아간 원균의 수군을 격파한 것은 일본에게 의미가 각별했다. 이 전투로 일본은 해상권을 갖게 된 것이다. 이것은 보급이 보장됨을 의미하며, 이로써 육군과 수군이 상호협력해서 한양까지 진격할 수 있게 되었다. 이것이 일본이 칠천량 해전에서 얻은 가장 큰 성과다.

그동안 조선 수군에게 차단되었던 한반도의 서해 진출로는 일본의 승리로 뚫리게 되었다. 일본이 전라도는 물론 충청도를 뚫고 한양으로 올라가는 것은 시간 문제였다. 조선 조정은 당황하기 시작했다. "대신들은 왜 말이 없는가? 이대로 있으면 왜적이 저절로 물러난단 말인가? (…) 그러나 대신들은 말이 없었다."(『선조실록』 30년 7월) 모두 아무 대책 없이 혼란에 빠져 허둥대고 있을 뿐이었다.

제겐 아직 12척이 있습니다

이순신 장군에 관한 모든 기록을 모아놓은 『충무공 전서』라는 책이 있다. 이 책에 이순신이 부산포로 진격하기를 강요하는 조정의 명령문이 있다.

"가토가 대군을 이끌고 온다고 하니 수군은 부산포로 진격해서 적의 수군을 무찌르도록 하라."

이순신 장군도 칠천량 해전이 있기 전에 원균과 마찬가지로 부산포를 공격하라는 조정의 무모한 명령을 받은 것이다.

조정의 명령을 받은 이순신은 어떻게 했을까? 임진왜란과 정유재란을 상세히 기록한 『조선역수군사(朝鮮役水軍史)』라는 일본 책에 이에 관한 기록이 있다.

"그러나 이순신은 일본군의 속임수를 두려워하여 출격하지 않았다. 권율은 이순신이 명령을 따르지 않았다고 해서 죄를 주어 조정에 보고했다."

유명한 이순신의 백의종군은 바로 부산 진격을 둘러싼 수군과 조정 간의 알력으로 말미암은 사건이다. 부산포로 진격하지 않았다는 이유로 이순신은 수군에서 쫓겨난 것이다.

그렇다면 조선 수군이 전멸할 때 이순신은 어디서 무엇을 했을까?

권율 휘하에서 백의종군하던 이순신은 조선 수군이 전멸했다는 비보를 듣고 다시 수군을 수습하기 위해 정찰을 돌던 중 경남 진주시 수곡면 운계리 마을 손경례라는 사람의 집에 잠시 머문다. 오지 중의 오지인 이곳에서 이순신은 조정에서 내려 보낸 한 장의 교지를 받는다. 백의종군 상태인 이순신을 삼도 수군 통제사로 재임명한다는 것이다. 이것이 원균의 패배로 허둥대던 조정이 찾은 방책이었다.

"지난날 그대를 백의종군케 해서 오늘 이런 패전의 욕됨을 입었으니 무슨 할말이 있으리요. (…) 그대는 부디 충의를 굳건히 하여 다시 나라를 구해주기 바란다."

교서는 조정의 솔직한

경남 진주시 수곡면 운계리 손경례의 집. 충무공 통제사 제수비가 세워져 있다.

사과문이기도 했다. 교서를 받은 그날 밤 이순신은 바로 길을 떠난다. 칠천량 해전에서 겨우 남은 전선을 수습하고 조선 수군을 재건하는 강행군이 시작된 것이다.

창고 안 마을이라는 뜻 그대로 전라남도 보성군 조성면 고내(庫內)마을에는 조선시대 세곡(稅穀)을 보관하던 조양창이라는 창고가 있었다. 지금은 주춧돌 흔적만 있는 조양창 터에 이순신이 도착했을 때 병사들은 모두 도망가고 창고 터만 덩그렇게 남아 있었다.

이름만 수군 총사령관이지 이순신에게는 아무것도 없었다. 버리고 간 곡식을 줍다시피 모으고 다녀야 하는 형편이었다. 하물며 무기 보급은 말할 나위가 없었다. 지금의 보성군청 자리에 보성 관아가 있었다. 다행히 군기 창고에 버리고 간 무기가 남아 있었다. 이순신은 여기서 무기를 수습한다.

수군의 기반이라고는 불과 네 마리의 말에 실은 무기와 120명의 군사가 전부였다. 미약하지만 전투를 준비하던 이순신은 추석 저녁 뜻밖의 어명을 받는다. 군사를 합쳐 육전에 참가하라는 것이었다. 조정에서는 왜 느닷없이 수군을 없애라는 명령을 내린 것일까?

조정에서는 배도 없고 무기와 군인도 턱없이 부족한 수군을 권율이 이끄는 육군의 지원 병력으로 만들 생각

조양창 터. 주춧돌 흔적이 보인다.

이었다. 그러나 이순신의 생각은 달랐다. 바다의 적은 바다에서 막아야 한다는 것이었다. 이때 이순신의 심정을 노래한 것이 유명한 「한산도가」라는 설이 있다.

한산섬 달 밝은 밤에 수루에 올라 / 큰 칼 어루만지며 깊은 시름하는 차에 / 어디서 일성호가는 다시 시름을 더하네

한산도가를 읊은 날이 정유년 중추인데, 바로 조정에서 조선 수군 철폐 명령을 받은 날이다. 고심 끝에 이순신은 수군 철폐를 반대하는 비장한 결의를 담아 장계를 올린다.

"지금 신에게는 아직 전선(戰船) 12척이 남아 있습니다. 죽기를 각오하고 싸운다면 막을 수 있습니다. 지금 수군을 폐지하면 이는 적이 바라는 바로, 적은 호남을 거쳐 쉽게 한강까지 진격할 것입니다. 오직 그것이 두려울 뿐입니다. 비록 전선이 적으나 신(臣)이 아직 살아 있으므로 감히 무시하지 못할 것입니다."

이 장계로 조선 수군의 명맥은 유지된다.

1597년 8월 18일, 이순신은 장흥 회진포에 도착한다. 지금은 작은 항구의 어촌 마을인 회진포지만 조선시대에는 남해안의 중요한 수군 방어 기지 가운데 하나였다. 이 포구에서 이순신은 남은 12척의 배와 새로 합류한 배 한 척, 모두 13척으로 조선 수군을 새로 조직했다.

그러나 문제는 땅에 떨어진 병사들의 사기였다. 결전을 앞두고 이순신은 휘하 장수들과 군사들을 모아놓고 최후의 결의를

밝힌다.

"임금의 명을 받았으니 함께 죽는 것이 마땅하다. 나라를 위한 목숨이 무엇이 아까우랴. 오직 죽음만이 있을 뿐이다."

13척의 남은 배로 초라하지만 비장하게 조선 수군은 다시 일어서고 있었다.

조선과 일본의 수군 전함

이순신은 거북선도 없이 단 13척의 전선으로 일본 수군의 333척을 대파한 것이다. 그렇다면 조선의 전선은 어떤 배였을까?

일본 큐슈 북쪽 해안에 있는 나고야성은 도요토미 히데요시가 조선 침공의 출병 기지로 삼고 쌓은 거대한 성이다. 이 성 터 옆에 나고야성 박물관이 있다. 이곳에 임진왜란 당시 나고야성의 모습을 알 수 있는 귀중한 병풍이 있다. 병풍에는 나고야성 사람들과 가옥 구조 등이 묘사되어 있다.

거대한 군사기지 나고야성 한쪽 구석에 그려져 있는 배는 안택선(安宅船)으로, 임진왜란 때 사용된 일본의 주력 함선이다. 배 앞머리가 뾰족하고 길이가 약 30m인 안택선은 다른 배와 달리 갑판 위에 가옥이 안치되어 있다. 그래서 붙은 이름이 안택선이다. 2층으로 된 이 배에 전투원은 위쪽 갑판에, 노꾼은 아래 갑판에 각각 배치된다. 노는 90개에 노꾼 120명이 필요했다. 갑판에서 전투를 벌이는 전투원은 약 200명으로, 모두 300명 정도

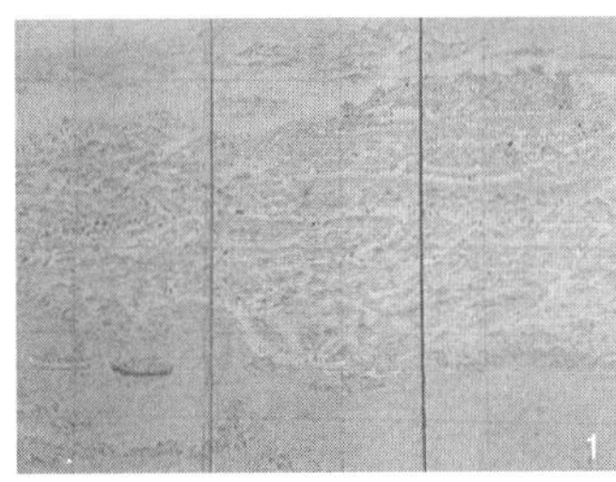

1 임진왜란 당시 나고야성의 모습을 알려주는 병풍.
2 1의 부분 그림으로, 안택선의 모습

가 승선할 수 있다.

그렇다면 일본 수군의 주력선인 안택선에 맞선 조선의 판옥선은 어떤 배일까? 판옥선의 크기는 약 30m고 배 앞머리가 둥글어 거친 바다를 항해하기 쉽게 만든 것이 특징이다. 300명 가까이 승선할 수 있는 판옥선은 겉으로는 안택선과 별 차이가 없어 보인다.

그러나 배를 만드는 방식에서는 큰 차이가 있다. 배의 견고함은 판자를 어떻게 연결하는지에 따라 결정된다. 판옥선의 가장 큰 특징은 나무못으로 연결하는 것이다. 판자의 아랫부분을 ㄴ자로 깎아내고 그 위에 판자를 붙인다. 참나무못을 윗판자에서 아래판자로 내려꽂듯이 박는다.

반면 안택선은 쇠못을 박아 판자를 연결한다. 판자 두 개를 나란히 붙이고 쇠못으로 똑바로 박아 연결한다.

소나무나 참나무는 물이 닿았을 때 불어나는 팽창계수가 크다. 그 때문에 배를 띄웠을 때 판옥선에 박은 참나무못이 물에

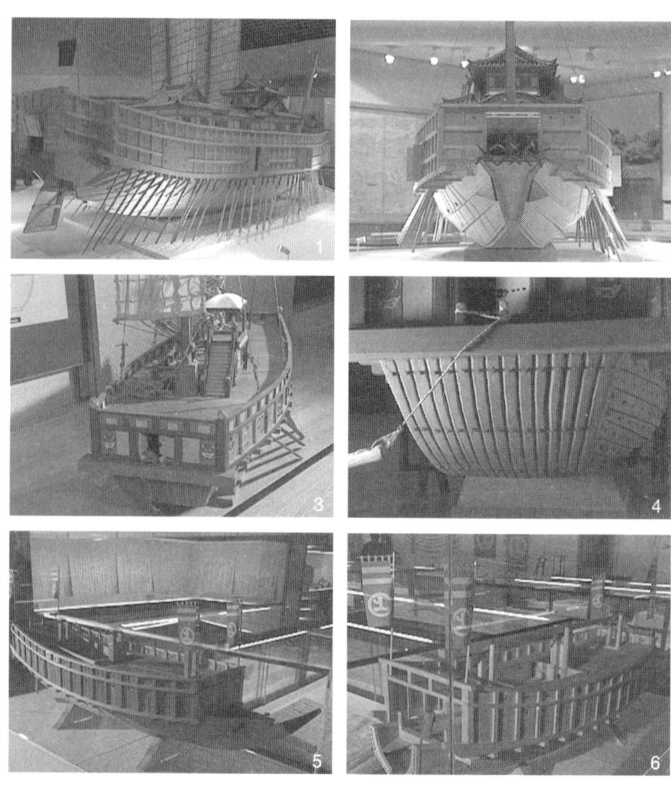

1~4 안택선(1, 2)과 판옥선(3, 4). 배의 앞부분을 비교해보자.
5, 6 일본의 관선

붙어 못 박은 구멍으로 물이 들어가는 것을 막는다. 그러나 안택선처럼 쇠못을 쓰면 충격에 못이 빠져버릴 위험이 높다. 게다가 쇠가 부식되면 못 주위의 나무들까지도 함께 썩어버리기 쉽다.

안택선은 두꺼운 판자를 이어 붙여 바닥을 만들고 반듯하게

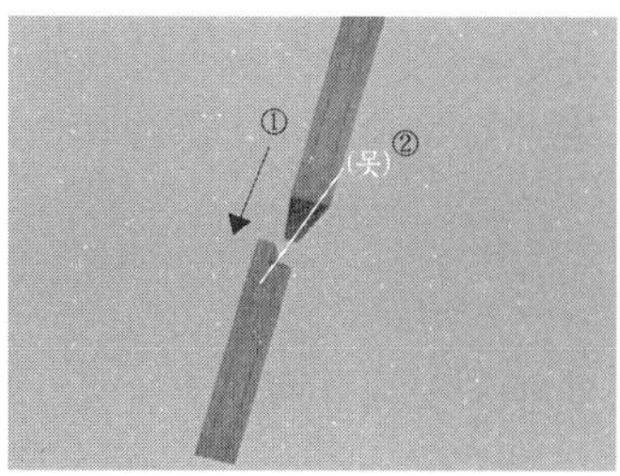

판옥선에 나무못을 박는 모습.
① ㄴ자 모양으로 깎은 부분을 맞댄다 ② 비스듬히 나무못을 박는다

깎은 판자를 이어서 옆면을 세운다. 갑판은 2층 구조지만 측면의 충격에는 약하다. 돛대는 하나뿐이다.

조선의 판옥선은 두껍고 네모난 판자를 이어서 평평한 바닥을 만들고 7개의 판자로 배를 세운다. 배가 옆으로 찌그러지지 않게 장쇠로 골격을 단단히 한다. 2층 갑판에 가옥이 하나, 2개의 돛대를 단 모습이다.

배를 만드는 방식과 구조의 차이가 배의 성능과 튼튼함을 결정짓는다. 밑이 뾰족한 안택선의 경우는 물에 잠기는 부분이 깊어 회전에 어려움이 있는 반면 조선의 판옥선은 밑이 평평하여 빠른 회전력을 갖는다. 구조적인 측면에서 볼 때 안택선은 판옥선과 비교할 수 없을 정도로 취약했던 것이다.

세키부네(關船)라는 일본의 관선은 중형선으로, 일본 전력의 대부분을 차지하는 전투함이다. 관선의 기본 구조는 안택선과 같다. 그러나 문제는 판옥선에 비해 너무 작다는 것이다. 이것은 조선과 일본 수군의 전력차로 연결된다. 조선과 일본의 배

만드는 기술의 차이가 해전의 승리 요인 가운데 하나로 작용한 것이다.

세계 최고의 화력, 조선 수군의 포

조선 수군이 승리하는 데 결정적인 역할을 한 것이 또 있다. 수군의 무기다. 임진왜란과 정유재란에서 일본군은 조총을 사용했다. 조총의 엄청난 위력으로 조선의 육군은 엄청난 피해를 입고 대혼란에 빠지게 된다. 그러나 수군은 달랐다. 조선 수군에게는 조총을 무색케 할 무기가 있었던 것이다.

조선 수군의 가장 큰 특징은 함포에 있다. 배에 포를 장착하고 다니며 사격하는 것이다. 이것은 당시 수전(水戰)의 양상이 이미 근대적 해전 단계로 들어섰음을 뜻한다. 해전에서 화약무기가 사용된 것은 고려말부터지만 근대적 의미의 함포 함대는 이순신 시대에 시작되었다고 할 수 있다.

조선 수군이 사용한 가장 대표적인 함포는 길이가 130cm로 포 가운데 가장 크다. 천자총통(天字銃統)이라 불린 이 함포는 구경 15cm며 무게는 298kg이나 된다. 한 번 발사하는 데 쓰는 화약은 1.1kg이다. 무게 30kg의 대장군전(大將軍箭)을 400m 가량 날려보낼 수 있는 위력이 있다. 탄환의 종류는 두 가지다. 장군전이라는 나무화살과 조란환(鳥卵丸)이라는 수백 발의 작은 탄환이다. 한 번에 300발이 발사되는 조란환은 엄청난 살상력을 지녀 일본 수군에겐 가장 위협적인 무기였다.

여기에 맞선 일본 수군의 무기는 조총이다. 서양에서 들여온 우수한 조총은 중세의 전투 양상을 완전히 바꾼다. 복잡하게 나뉘어 서로 싸우던 일본을 하나로 통일시킨 조총은 일본의 가장 대표적인 무기였다.

조총을 들고 상륙한 일본군은 육지전에서 조총의 위력을 유감없이 발휘한다. 활과 창으로 맞선 조선 육군은 화력이 우수한 조총의 상대가 될 수 없었다. 그렇다면 이 화력을 대포에 적용시키지는 않았을까? 일본은 당시만 해도 대포를 만드는 기술이 없어서 서양에서 이를 수입했다. 자체적으로 대포를 만든 것은 임진왜란이 끝난 뒤 에도 시대에 들어서면서부터다.

설사 서양에서 들여온 대포를 사용한다고 해도 일본 수군에게는 문제가 있었다. 배의 들보에다 포를 매달아놓고 써야 했던 것이다. 대포를 배에 실으려면 배가 튼튼해야 하는데 일본의 전선은 대포를 싣고 다닐 만하지 못했던 것이다.

반면 조선의 판옥선은 사방에 많은 포를 배치할 수 있다. 비교할 수 없는 화력 차이가 바로 해전에서 일본 수군이 조선 수군을 당해내지 못한 전력 차이로 나타난다.

「조선역 해전도」의 일부. 일본 수군은 이렇게 배의 들보에 포를 매달아놓고 썼다.

울돌목의 지형 지세

아무리 우수한 배와 무기가 있다고 해도 13척 대 133척은 감당하기 힘든 전력 차이다. 그렇다면 이순신에게 또다른 무기가 있었을 것이다. 울돌목의 엄청난 조류를 또 하나의 무기로 삼은 것이다.

해남과 진도를 잇는 진도대교 아래가 바로 울돌목이다. 이곳은 암초에 빠른 물살이 부딪혀 소리가 날 정도로 물살이 세기로 유명하다. 요즘도 웬만한 배가 아니고서는 물살을 거슬러 올라가지 못한다. 남해안에서 서해안으로 넘어가려면 반드시 지나야 하는 울돌목의 물살이 유독 센 이유는 무엇일까?

국립해양조사원에서는 우리나라의 해양 지형과 유속을 파악하고 있다. 이곳에서 울돌목의 해저 지형과 유속을 분석해봤다. 밀물 때 넓은 남해의 바닷물이 좁은 울돌목으로 한꺼번에 밀려와서 서해로 빠져나간다. 이때 해안의 양쪽 바닷가와 급경사를 이뤄 물이 쏟아지듯 빠른 급조류를 만드는 것이다.

울돌목 물살에는 또다른 특징이 있다. 국립해양조사원 연구팀이 지형을 분석해 그린 해저 지형도를 보면 울돌목에 수십 개의 크고 작은 암초가 솟아 있다. 급조류로 흐르던 물살이 암초에 부딪혀 방향을 잡지 못하고 소용돌이치는 것이다.

일본 수군은 울돌목의 강하고 빠른 물살을 모르고 이곳을 건너려고 한 것일까?

일본 시코쿠(四國)의 미야쿠보 지역은 일본 수군의 탄생지다.

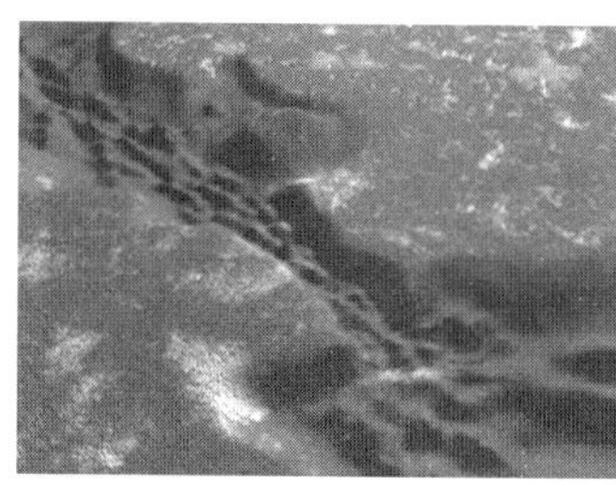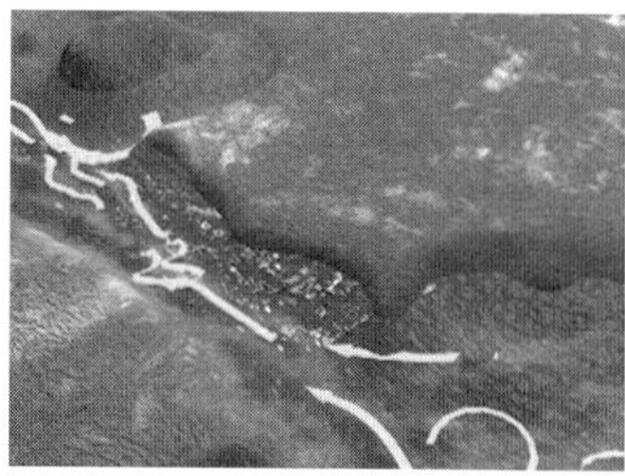

컴퓨터로 분석한 울돌목의 해저 지형. 암초들이 솟아 있고, 급조류가 한 방향을 이루지 못하고 있다.

이곳에도 울돌목처럼 강한 조류가 있다고 해서 확인해보았다. 실제로 울돌목의 형태와 놀라울 정도로 흡사한 지역이 있다. 진도대교와 같은 다리도 놓여 있다. 넓은 바다에서 좁은 바다로 들어가는 곳에는 엄청난 조류가 흐른다. 물의 속도 또한 울돌목 못지않게 빠르다. 이 물살을 가로질러 건너면 바로 명량해전에 참전했던 쿠로시마 수군의 본거지가 있다.

그렇다면 그들은 빠른 물살에 익숙하지 않았을까? 이 지역에는 예부터 수많은 해적과 수군이 있었다. 이 지역의 빠른 물살 자체가 그들에게는 무기였는데, 물살을 이용해 능숙하게 항해하며 수많은 전투를 벌이기도 했다. 즉 명량해전에 참전한 일본 수군에게 울돌목의 빠른 물살은 위험이 아니었던 것이다. 오히려 전투 경험을 살려 울돌목의 물살을 건너려고 했을 것이다.

그러나 일본 수군이 미처 몰랐던 것이 있었다. 지형지세를 이용할 줄 아는 뛰어난 전략가 이순신이 좁은 급조류의 울돌목을 활용한 작전을 미리 세워두고 있었다는 것이다.

이순신의 뛰어난 전략, 전술

전남 완도군 고금도에 노량대첩에서 전사한 이순신 장군의 시신을 안치했던 충무사가 있다. 충무사 사당에는 귀한 자료가 전한다. 조선시대 수군의 전투 진법을 그려놓은 「수군전진도(戰陣圖)」다. 여기에 조선 수군이 구사한 각종 전법이 소개되어 있다.

학이 날개를 편 듯한 진법은 이순신이 즐겨 썼다고 한다. 적선을 유인해 일시에 쳐부수는 학익진(鶴翼陣)은 배를 다루는 고난도의 기술이 필요한 전법이다. 적진을 향해 진격하다가 갑자기 180도로 회전, 반대 방향으로 도망가면서 적선을 유인한다. 적선이 최대 사정거리에 들어오기 직전 다시 180도로 회전해서 따라오던 적선을 에워싸는 것이 바로 학익진법이다.

그러나 울돌목에서는 학익진법도 소용이 없었다. 잘못하다간 빠른 물살에 배가 휩쓸려 떠내려가 버리기 때문이다. 울돌목 현지 주민들에게는 이순신이 어떻게 싸웠는지 전하는 얘기가 있다. 가장 폭이 좁은 진도와 해남 우수영에 쇠줄을 연결해서 당겨 왜적을 격파했다는 것이다. 실제로 불과 10년 전까지도 쇠사슬을 묶던 고리가 남아 있었다고 한다. 실제로 가능한 일일까?

이순신 장군의 무용담을 뒷받침하는 기록을 전남 강진의 금강사라는 곳에서 찾았다. 명량해전에서 충무공과 함께 싸운 김억추(金億秋, 1548~1618) 장군을 기리는 이 사당에 오래된 책이 한 권 전한다. 당시 전라 우수사 김억추가 자신의 행적을 직접 기록한 『현무공실기(顯武公實記)』에 '철쇄(鐵鎖)'라는 기록이 보인다. "철쇄, 즉 쇠사슬과 철구(鐵鉤)로 적선을 깨뜨렸다"는 내용이다. 어떻게 철쇄로 배를 걸어 깨뜨릴 수 있을까?

목포 해양방어사령부에는 지금도 수백 척의 배를 끌어당길 때 쓰는 막개가 있다. 조선시대에도 배를 끌어당길 때 이런 막개를 사용했다고 한다. 이순신 장군은 울돌목에서 이런 막개를 이용한 쇠사슬 전법을 썼을 것이다. 울돌목의 폭은 280~320m 안팎이다. 여기에다 배를 끄는 데 필요한 쇠사슬의 길이를 감안하면 450m 안팎의 쇠사슬이 필요했을 것이다. 쇠사슬의 무게는 배

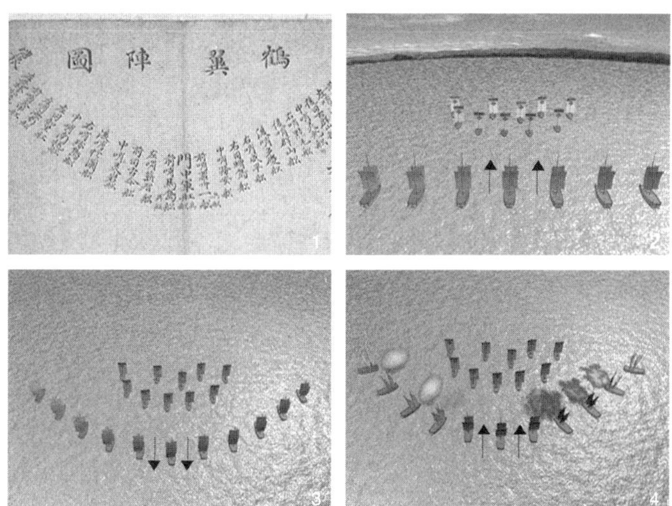

1 『수군전진도』 가운데 〈학익진도〉 2~4 학익진 전술의 실제(CG)
2 적진을 향해 진격한다. 3 반대방향으로 도망하며 유인한다.
4 적선이 따라오면 다시 돌격한다.

의 무게를 감안하면 4t 안팎일 것으로 보인다.

수중 철쇄는 지금의 진도대교가 있는, 폭이 가장 좁은 자리에 걸었을 것이다. 양쪽에 막개를 박아놓고 쇠줄은 물 속에 잠기게 숨겨놓은 뒤 일본 수군을 기다리는 것이다. 1597년 9월 16일 오전 11시경 어란진에서 출발한 133척의 일본 대선단은 우수영으로 흐르는 밀물을 타고 빠른 속도로 울돌목에 들어선다. 거침없이 몰려오던 일본 전선들은 생각지도 않은 철쇄에 걸려 차곡차곡 쌓이며 서로 부딪쳐 여지없이 부서진다. 오후 1시경 밀물이 끝나고 물길이 멈춘다. 그러나 일본 수군들은 좁은 수로에 갇혀 오도가도 못한 채 혼란에 빠져 있다. 이때 조선 수군이 전진하며 각종 화포를 빗발처럼 퍼부어대며 맹렬한 공격을 가한다.

다시 썰물이 되는 순간, 정지했던 물길이 거꾸로 바뀌어 일본 수군 쪽으로 빠르게 흐른다. 유리하던 조류마저 불리하게 변하자 일본 수군은 극도로 사기가 떨어진다. 조선 함선은 떠내려가는 일본 수군을 화포로 쏘며 추격해 완전히 섬멸해버린다.

막개

쇠사슬과 울돌목의 물길을 이용한 이 작전으로 일본 수군은 손 한번 써보지 못한 채 전멸하고, 조선 수군은 단 한 척의 피해도 없이 대승을 거둔다. 한 순간 빼앗긴 조선의 해

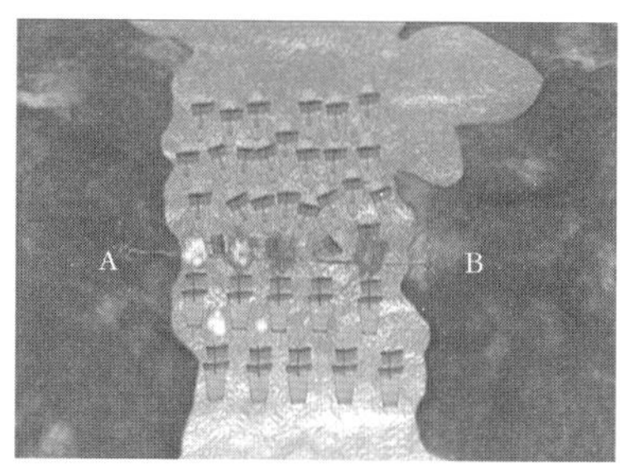

막개를 이용한 쇠사슬 전법으로 수백 척의 왜군 전함을 격퇴하는 장면(CG). 그림 위쪽에서 몰려오던 왜군 전함은 A-B 사이에 설치한 쇠사슬에 걸려 갇히게 된다.

상권을 되찾은 값진 전투였다.

막강한 화력의 뛰어난 전투력을 갖춘 판옥선, 급조류의 좁은 수로인 명량해협, 그리고 물살이 강한 울돌목을 잘 활용할 줄 알았던 이순신 장군의 전략과 전술이 있었기에 명량해전은 이길 수밖에 없는 전투였다. 1905년 러시아 함대를 궤멸한 일본의 영웅 도고(東高) 제독도 이런 말을 남겼다.

"나를 영국의 넬슨 제독과는 비교해도 좋다. 그러나 조선의 이순신 장군과는 견줄 수가 없다. 내가 다시 태어난다 해도 이순신 장군을 따라갈 수는 없다."

왜 수군이 필요한지, 전쟁에서 수군이 어떤 역할을 하는지 알지 못했던 조정의 편협한 전략 속에 오직 이순신만이 바다의 중요성을 알고 수군을 절묘하게 운용할 줄 알았던 것이다.

진주대첩,
3천이 3만을 어떻게 이겼나?

일본 최대의 치욕, 진주대첩

임진왜란 당시 진주성에서는 두 번의 전투가 벌어졌다. 임란 발발 이듬해인 계사년(1593) 6월에 치러진 전투는 진주성의 군·민 6만 명이 몰살당한 참사로 끝났다. 도요토미 히데요시가 한 명도 남기지 말고 도륙하라고 명령했기 때문이다. 8개월 전에 벌어진 1차전에 대한 보복이었다. 1차전은 임진왜란이 일어난 1592년 10월에 발발했다. 진주 목사(牧師) 김시민이 이끄는 조선군은 왜군과 치열한 전투를 벌여 끝내 승리를 거뒀다. 이것이 임진왜란 3대첩 가운데 하나인 진주대첩이다. 진주대첩은 왜군에겐 최대의 치욕전이었다. 얼마나 씻을 수 없는 치욕으로 여겼던지 지금도 그 흔적이 남아 있다.

최관 교수(고려대·일문학)는 『문록·경장의 역(文錄·慶長の役)』이란 책을 일본에서 출간했다. 이 책은 일본 문학 속에 나타난 임진·정유왜란을 분석한 것이다. 그런데 진주대첩과 관련해 유독 눈에 띄는 것이 있다. 바로 '모꾸소(もくそ) 성(城)'이라는 단어다. 이는 목사성(牧使城)이라는 뜻으로, 임진왜란 당시 일본군은 진주성을 목사성이라는 고유명사로 불렀다. 조선시대에는 진주목, 나주목, 성주목 등 20개 고을에 목(牧)이 있었는데, 일본군은 유일하게 진주성만을 목이라 지칭한 것이다. 일본이 임진왜란에서 처음으로 진주성 전투에서 대패했고, 그 패배의 충격으로 진주 목사가 지키는 성을 목사성이라고 부르게 된 것이다.

히데요시는 진주전 참패에 분노해 2차전을 지시했고 반드시

'목소(木曾)의 목을 베어오라고 명령했다. 목소란 목사 김시민을 말한다. 이 같은 사실은 이후 일본 문학에 사실과 다르게 각색되었다. 일본의 셰익스피어라고 불리며 17~18세기에 활약한 일본 최고의 극작가 치카마츠 몬자에몽(近松門左衛門, 1653~1724)의 작품 가운데 목소가 등장하는데, 일본의 두 장수가 목소의 두 발을 잡아찢는 것을 도요토미 히데요시가 부채를 들고 구경한다는 내용이다. 이밖에도 쓰루야 난보쿠(鶴屋南北)가 지은 『텐지쿠 도쿠베에(天竺德兵衛)』를 비롯해 목사가 등장하는 작품은 많다.

이들 작품이 일본에서 얼마나 알려져 있을까? 치카마츠 몬자에몽은 가부키의 기초를 세운 사람이고, 쓰루야 난보쿠는 에도 시대 중반부터 후기까지 유명한 작품을 쓴 사람으로, 고등학교 교과서에 나올 정도로 유명한 사람이다. 일본 역사교과서엔 『본조 삼국지』의 작가 치카마츠 몬자에몽이, 문화사전에는 쓰루야 난보쿠의 작품이 실려 있었다. 「텐지쿠 도쿠베에」는 인기가 있어서 지금도 공연하고 있다. 텐지쿠 도쿠베에는 변신술에 능한데, 특히 물 속에서 변신을 잘해 바닷가에 야외 공연장을 만든다고 한다.

「텐지쿠 도쿠베에」는 1804년 초연되었다. 주인공은 두꺼비로 변신이 가능한 악인이고 그의 아버지가 바로 조선인 목사다. 여기서 목사는 일본의 전복을 꾀하는 요술쟁이 반역자로 묘사되어 있다. 이처럼 일본에서 1차 진주성 전투의 치욕은 여러 가지로 각색되어 나타났다.

임진왜란 중에 왜군은 전투에서 여러 번 패배했다. 그런데 특히 1차 진주성 전투의 패배를 치욕적으로 여기는 까닭은 무엇일까?

진주성 남쪽으로는 남강이 흐른다. 왜군은 10월 5일 진주성의 동쪽인 말티고개에 나타났고, 다음날 진주성을 포위했다. 당시 왜군은 대략 2, 3만 명이었고, 성 안에는 일시적으로 규합한 병사 3800명뿐이었다. 이 전투에서 왜군과 조선군의 비율은 8 대 1. 게다가 왜군은 전쟁으로 단련된 정규병이었다. 더구나 이 전투는 왜군이 임진왜란을 일으킨 이래 최초로 당한 대참패였다. 그래서 왜군에게는 치욕적일 수밖에 없었다.

조총을 꺾은 조선의 무기

모든 면에서 열세인 조선군은 이 전투에서 어떻게 이겼을까?

왜군의 주무기는 조총이었다. 일본은 1500년대 초반에 조총을 도입해서 전국을 통일한 바 있었다. 조총의 사거리는 100~200m 내외였다. 임진왜란 당시 일본의 조총 보유율은 전투원의 30퍼센트였다. 진주성 전투에서 사용된 조총의 수는 4500정 정도였다. 조총은 당시 신식 무기였다. 방아쇠를 당기면 점화하면서 화약이 폭발, 탄환이 발사된다. 이 같은 자동 점화와 조준 사격이 큰 장점이었다.

왜군의 위력적인 조총과 달리 조선군의 주무기는 창과 활이었다. 그런데 「진주대첩도」엔 총 비슷한 무기도 여럿 보인 다. 이것은 무엇일까? 기록에 따르면 김시민은 "사전에 염 초 510근과 총통 170자루를 제작했다"고 한다. 여기서 염 초란 화약의 원료를 말한다.

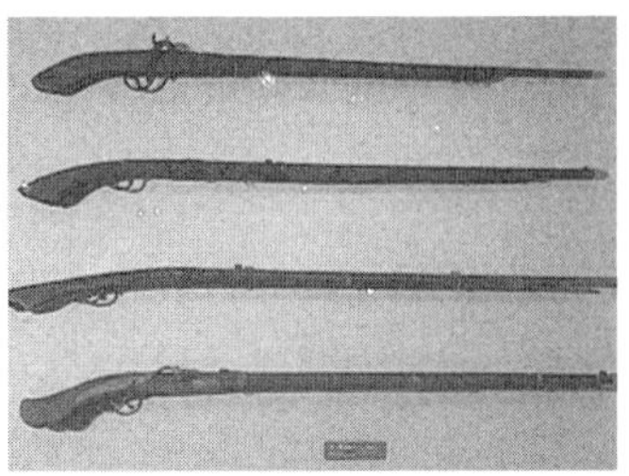

왜군의 주무기 조총

그리고 총통은 승자총통(勝字銃筒)이었다. 임란 당시 조선군에게 도 개인용 화기가 있었던 것이다.

승자총통의 발사 원리는 조총과 비슷하지만 수동식 점화라는 게 다르다. 심지에 불을 붙이면 탄환이 발사된다. 조총과 비교할 때 승자총통의 위력은 어느 정도였을까? 임란 때 사용된 승자총 통에 대해서는 몇 가지 기록만 남아 있을 뿐, 실제로 조사한 바 는 없다. 다행히 육군사관학교 이재 교수의 도움을 받아 직접 만들어볼 수 있었다.

복원할 승자총통은 길이 57cm, 구경 2.7cm로 전형적인 규격 이다. 승자총통의 모형을 만든 뒤 거푸집을 제작, 주물을 부어 만든다. 주물의 주재료는 구리인데, 여기에 주석과 아연을 약간 섞는다. 화약이 폭발할 때의 충격을 견디고 열에도 강하게 만든 것이다.

총통이란 화약의 폭발력을 이용해 각종 화살이나 탄환을 발 사하는 병기로 종류가 다양하다. 그 가운데 승자총통은 장전과 휴대가 간편하고, 총신을 길게 해서 유효 사거리와 명중률을 높

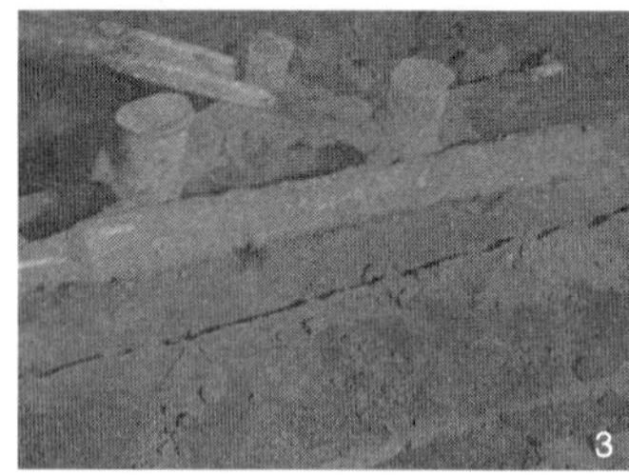

승자총통 복원
1 모형(아래)을 토대로 거푸집(위)을 만
든다.
2 주물을 붓는다.
3 거푸집에서 승자총통을 꺼낸다.

인 것이다. 기록에 따르면 한 번 발사에 화약 37g을 사용하며 15
개의 철환을 발사할 수 있고 조준거리는 600m 정도다. 이는 조
총보다 3배 멀리 날아가는 것이다.

진주성 전투에서 사용한 승자총통이 복원되어 그 모습을 드
러냈다. 완성된 승자총통을 육군사관학교에서 실험 발사해보았
다. 화약은 10g만 넣고 점토로 막았다. 폭발력을 높이는 옛날 방
식이다. 그리고 탄환은 63g짜리 쇠구슬 하나만 사용했다. 발사는
탄도실험실에서 이뤄졌다. 먼저 컴퓨터 측정기를 이용해 속도를
재보았다. 초속 354.9m. 권총과 맞먹는 속도가 측정되었다. 기록
대로 화약을 37g 사용했다면 속도는 현대식 소총과 맞먹었을 것
이다.

승자총통 발사 실험
(왼쪽)탄환을 장전한 승자총통의 심지가 타들어가는 모습
(오른쪽)3cm 두께의 송판에 탄환이 박혀 있다.

다음은 파괴력을 알아보았다. 파괴력 실험에는 3cm 두께의 송판을 이용했다. 실험 결과 승자총통은 놀라운 파괴력을 보였다. 하지만 수동식 점화여서 발사 간격이 길고 조준 사격이 불가능하다는 단점이 있었다. 왜군은 조총으로 무장되어 있었고 조선군은 승자총통을 포함한 대형 화기가 있었다. 수적인 면에서나 성능 면에서 왜군의 조총이 조선군의 화기보다 우세했다. 하지만 막상 조총을 앞세우고 공격해온 왜군은 사거리가 우수한 승자총통과 활 때문에 성에 접근하기가 쉽지 않았다.

"10월 8일 적은 죽편과 3층산대, 토산과 정루로 성을 공격했다."(『난중잡록』)

그러자 왜군은 전투 4일째부터 새로운 장비를 동원, 공격해왔다. 일본의 전쟁사가 기록된 책에 당시 왜군의 장비가 엿보인다. 대나무를 기다랗게 엮은 죽편은 화살을 막기 위한 집단 방패다. 성벽 높이로 흙을 쌓아 토산을 만들고 그 위에 설치한 정루는 성

진주성 전투에 쓰인 장비 및 설치물(CG)
1 죽편
2 토산과 그 위에 설치한 정루
3 3층산대

안으로 사격하기 위한 것이다. 3층산대 역시 성벽 높이로 만든 사격용 장비인데, 바퀴가 있어 기동성이 뛰어나다. 공격하는 입장에서 성의 높은 곳을 올려다보며 쏘면 정확도도 떨어지고 사(射)거리가 길어진다. 그런 단점을 보완하기 위해 정루나 산대를 이용하여 높은 위치에서 공격한다. 또한 죽편이나 긴 둑을 이용해서 성 안으로 진입하려는 군사를 지원하는 역할도 한다. 성을 공격하는 데는 정루에서 공격하는 것이 상당한 효과를 거둘 수 있다.

당시 성 안에는 왜군의 장비에 대응할 만한 무기가 준비되어 있었다. 그 가운데 하나가 현자총통(玄字銃筒)이다. 화약을 이용해서 철환이나 대형화살인 차대전(182쪽 그림 3 참조)을 발사하는

데, 위력이 대단했다. 대형화포인 현자총통은 한 번 발사에 화약 150g을 사용한다. 발사 원리는 승자총통과 같다. 사거리는 차대전의 경우 800m 정도, 철환은 그보다 훨씬 멀어서 1km 이상이라고 한다.

폭탄의 일종인 비격진천뢰(飛擊震天雷)도 있었다. 우리의 독창적인 시한폭탄 같은 것으로 선조 때 이장손(李長孫)이 발명했다. 비격진천뢰의 원리는 이렇다. 도화선이 감긴 나무를 진천뢰에 넣고 불을 붙이면 화약이 폭발, 내부에 있던 철조각들이 사방으로 흩어져 적에게 치명타를 입힌다. 임진년 9월 경주성을 탈환할 때 성 안에 있던 왜군들이 비격진천뢰가 날아오는 것을 구경하다가 갑자기 터지니까 구경하던 왜군 30명이 그 자리에서 즉사했다. 그리고 2차, 3차 날아든 비격진천뢰를 보고 수백 명이 혼비백산해서 달아나는 바람에 쉽게 경주성을 탈환했다고 한다.

이처럼 진주성 안엔 각종 무기가 준비되어 있었다. 비록 수는 적었지만 그 위력은 대단했고 조선군은 이들 무기를 효과적으로 활용했다. 사전에 무기를 철저하게 준비했기 때문에 싸움은 팽팽하게 전개될 수 있었다.

난공불락의 요새 진주성

왜군은 왜 진주성을 공격했을까? 진주대첩 이전의 임진왜란 상황을 보면 왜군은 1592년 4월 14일 부산에 상륙, 부산진성을 점령했다. 곧바로 북상하면서 4월 28일 한성 진입의 방어선인 탄금대를 뚫고 5월 3일 한성에 입성했으며, 6월 15일에는 평양성을 점령하며 승승장구했다.

그런데 6월에 접어들어 명나라가 원군을 파병했고, 전국 곳곳에서 의병이 일어나 왜군에게 큰 타격을 입혔다. 전쟁은 장기전에 돌입했다. 특히 남부지방의 의병 활동으로 왜군은 후방의 보급선이 끊길 것을 우려하기 시작했는데, 당시 경상우도 의병의 본거지가 바로 진주였다.

왜군은 진주를 함락해서 교두보로 삼고 곡창지대인 호남을 침략해서 군량미를 확보, 장기전에 대비하고자 했다. 그래서 왜군은 경상좌도에 주둔했던 병력과 한성에 주둔했던 병력 중 일부를 보강한 3만 대군으로 진주성을 공격한 것이다. 그런데 의외로 성을 함락하기가 쉽지 않았다. 여기에는 무기 외에 또다른 이유가 있었다.

진주성의 외부(일부)
(왼쪽)깎아지른 절벽을 이루는 서쪽
(오른쪽)평지를 이루는 동쪽과 북쪽 ① 내성 ② 외성

　조선의 전투는 기본적으로 성에 의지하고 성을 지켜내는 것이었다. 왜군도 성을 함락해야만 승리라고 보았다. 그런 점에서 진주성은 요새와도 같았다. 남쪽은 남강에 면해 적이 아예 공격하지 못했다. 이곳엔 2차전 후 논개가 왜장을 안고 강으로 몸을 던져 유명해진 의암(義巖)이 있다. 서장대(西將臺)와 절벽 서쪽은 깎아지른 절벽이다. 이 역시 적이 쉽게 공격할 수 없는 험준한 지세다. 성의 동쪽과 북쪽은 평지다. 이곳 성벽은 임란 때 훨씬 더 바깥쪽으로 나 있었는데, 그 외성의 일부가 조금 남아 있다. 그리고 북쪽에는 적의 침입을 막는 해자가 있었다고 한다. 이 해자는 1939~1940년경 매립하고 그 자리에 경찰서가 들어섰다.

　진주성의 옛 모습은 어땠을까? 국립중앙박물관에 있는 「진주성도 병풍」에서 당시의 모습을 찾을 수 있다. 이 그림에서 보이는 외성이 바로 임란 때의 성곽으로, 북쪽에 참호로 만든 해자가 보인다. 임진란이 일어나기 바로 전에 조정은 각지에 영을 내려 왜군의 침입에 대비한 성을 쌓도록 지시했다. 경상 감사가 백성들을 동원해서 성을 쌓고 참호를 팠는데, 다른 지역에서는 백성들의 원성이 심하여 중도에 그만두는 경우가 많았다. 하지만 진주성에서는 기존의 진주성 외곽에 토성으로 외성을 쌓았다. 그리고 외성 바깥에 거대한 연못을 파고 해자를 만들었다. 일반적으로 우리나라 성은 해자를 파지 않는다. 판다고 해도 물을 채우는 경우가 드문데, 진주성은 정석대로 성을 쌓고 참호를 팠기 때문에 일본군의 공격을 막아내는 데 유용하게 쓰였다.

　왜군은 우선 진주성의 서쪽부터 공격하기 시작했다. 절벽이

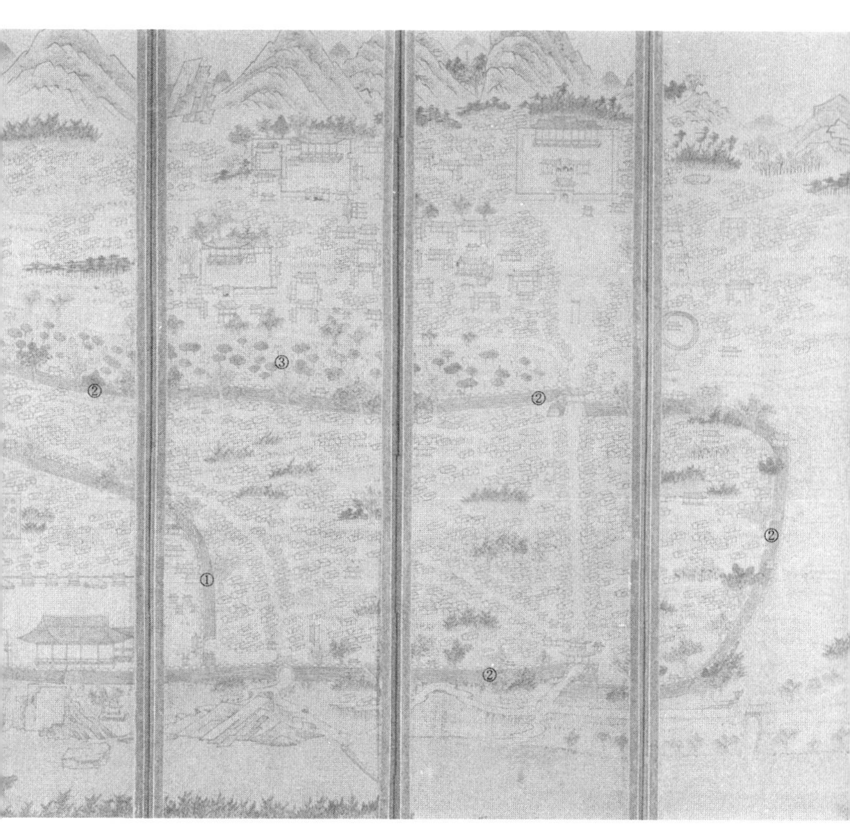

「진주성도 병풍」(10폭 중 양 끝을 제외한 8폭)
1폭의 크기 121.5×33cm, 18세기, 국립중앙박물관 소장
① 내성 ② 외성 ③ 해자

진주성의 북쪽 공격을 위한 왜군의 수단. 솔가지, 나무, 나무판 등으로 해자 위에 임시 다리를 놓고 성 안으로 진입을 시도했다. (CG 화면)

있어 수비가 허술하리라고 판단한 것이다. 다음으로 북쪽을 공격했다. 해자를 솔가지와 나무로 메우고 그 위에 임시 다리를 설치해서 성 안으로 진입을 시도했다. 이러한 시도가 뜻대로 되지 않자 왜군은 평지인 동쪽을 공격했다. 하지만 공격은 실패로 끝났다. 일본군은 전면 포위를 감행했지만 서쪽과 동쪽을 한쪽씩 번갈아 측면공격했기 때문에 공격력을 분산시키는 결과를 낳은 것이다.

게다가 성 안에서는 무기를 적시적소에 사용했다. 준비된 무기, 그리고 요새로 구축된 진주성, 이 앞에서 왜군의 공격은 결국 허사가 되고 말았다.

왜군은 다각도로 진주성을 공격했지만 성은 난공불락이었다.

또 하나의 승리 요인, 심리전

10월 6일 전투 둘째 날 밤. 1차전을 성공시킨 또 하나의 요인이 등장했다. 이날 밤 비봉산(飛鳳山)에 타오른 횃불은 홍의장군 곽재우가 보낸 200명의 의병이 도착했다는 신호였다. 이를 필두로 최강, 정길용, 최경회의 부대 등 의병들이 속속 도착, 진주성 외곽에 포진했다. 이들 중에는 호남에서 온 의병도 상당수였는데, 그만큼 진주성을 지켜내 왜군의 호남 진격을 막는 일은 중요했다.

그러나 원군은 적들과 교전할 수 있을 만한 병력은 아니었다. 그래서 그들은 후방에 머물면서 적의 소규모 부대를 공격하는 게릴라전을 펼쳤다. 밤이 되면 성 주변에 나타나 횃불을 켜고 호각을 불면서 대규모 부대인 것처럼 시위를 해서 적의 사기를 떨어뜨렸다. 심리전을 편 것이다. 그런 심리전은 왜군들과 성 안에 있는 김시민의 부대 사이에서도 오갔다. 과연 어떤 심리전을 펼쳤을까?

육군사관학교에서는 『손자병법』을 비롯해서 여러 가지 심리전을 강의한다. 이곳에서 1차전 당시의 심리전을 알아보기로 했다. 왜군은 전투 둘째 날에 심리전을 시작했다.

"적들은 말을 타고 옆으로 뛰는 자, 짐승 가죽과 가면을 쓴 자, 금빛 부채 모양을 긴 장대에 꽂아 흔드는 자, 청홍 기치(旗幟)를 흔드는 자 등으로 구성됐다."

그들은 여러 가지 가면을 쓰고 색색의 깃발과 금빛 부채까지 흔들어댔다. 전투부대라기보다는 요란한 행렬을 방불케 했다. 이런 모습으로 적을 위협하고자 하는 의도였다. 기세로 눌러 적의 병사들이 움츠러들면 수월하게 공격할 수 있기 때문이다.

전투가 한창인 10월 7일 밤, 왜군은 포로가 된 아이들을 이용하기도 했다. 팔도 사투리로 이렇게 외치게 한 것이다.

"한성이 함락되고 팔도가 무너졌네. 새장 같은 진주성을 지키면 뭐하겠노, 속히 항복하라."

성 안에 있던 사람들의 전투 의욕을 꺾기 위해서였다. 그런데 여기엔 개산아비라는 말이 등장해 눈길을 끈다.

"오늘밤 개산아비가 오면 너희 장수는 죽는다. 그 대가리(머리)를 깃대 위에 달 것이다." 개산아비는 선봉대의 장수를 의미했다. 즉 앞으로 주력군이 오게 되면 그 성이 남아나지 못할 것이라는, 공포를 불러일으키는 심리전을 사용한 것이다.

왜군의 이런 심리전에 김시민은 병사들에게 동요하지 말라고 지시했고, 성 안에서는 한마음으로 이를 따랐다. 그런가 하면 적을 상대로 고도의 심리전을 펼치기도 했다. 활을 쏘는 듯한 허수아비를 성 위에 배치, 적의 눈을 교란했다. 김시민은 무장으로서 심리전에 능했다.

대표적인 또 하나의 전술은 전투 3일째에 있었다. 그날 밤, 악공(樂工)을 시켜 문루에서 피리를 불게 한 것이다. 이것은 성 안에서 충분한 전투 준비가 되어 있다는 심적 안정감을 적군에게 보이기 위한 위장전술이었다. 이 전술은 유방과 항우의 전투에서 착안한 것이다. 항우군이 마지막으로 쫓길 때 유방의 군대는 초나라의 노래를 불러 초나라가 이미 항우에게 투항한 것처럼 보이려는 작전을 펼쳤는데, 여기서도 그와 같은 효과를 기대한 것으로 볼 수 있다. 성 안 사람들은 전술에 능한 김시민을 따라 침착하게 임했다. 이것이 1차 진주성 전투를 승리로 이끈 또 하나의 요인이다.

민·관이 함께 이룬 승리

김시민의 전술 중에는 적이 공격해오면 쥐 죽은 듯 가만히 있다가 적의 공세가 약해지면 그 틈을 타서 맹공을 퍼붓는 것도 있었다. 이 때문에 왜군은 막대한 양의 탄환을 허비하며 당황했다고 한다. 이러한 전술도 민·관이 하나가 되어 성공할 수 있었다.

이것이야말로 진주대첩의 가장 중요한 요인이라고 할 수 있다. 성 안에 있는 백성들은 관군과 한마음이 되어 성을 지키겠다는 결연한 의지를 보였고 김시민을 중심으로 한몸처럼 움직였다. 이러한 혼연일체가 승리의 결정적인 역할을 했다.

충북 괴산에 있는 충민사는 김시민의 사당이다. 김시민은 괴산의 무관 집안 출신으로 1554년에 태어났다. 25세에 무과에 급제, 훈련판관과 부평부사를 지냈고, 임란 1년 전 진주판관으로 부임했다.

목사가 된 김시민은 민간인의 합심을 이끌어냈다. 전투 첫날, 그는 성 안의 남녀노소에게 모두 남장을 시켰다. 이들을 성곽에 배치, 군세가 웅장하게 보이도록 한 것이다. 이때 민간인들이 선뜻 나선 것은 성을 지키려는 의지가 그만큼 강했기 때문이다. 당시 진주성의 둘레는 약 1만 척이었다. 조선에서 도성과 남한산성의 수비영역은 1척 당 1명이었다. 진주성을 수비하려면 적어도 1만 명의 병력이 필요했던 것이다. 진주성을 지키는 관군 3800명으로는 어림없는 일이었다. 그래서 진주성 안에 있는 남녀노소가 모두 남장을 하고 왜군에게 우리 수비병력이 많은 것처럼 보여서 큰 위협을 준 것이다.

이런 일화도 있다. 왜적이 물러나기 전날 밤, 적에게 포로로 잡힌 한 어린아이가 도망쳐 온다. 그 아이에게 입수한 정보는 다음날 새벽에 왜군이 공격해온다는 사실이었다. 미리 정보를 입수한 상태에서 싸웠기 때문에 적을 퇴각시킬 수 있었다.

10월 10일, 전투 마지막 날이 왔다. 새벽에 적은 위장 퇴각했다가 곧바로 돌아와 총공격을 가했다. 민간인들은 돌을 던지고 끓는 물을 쏟아붓는 등 사력을 다했다. 성 안의 기와나 돌, 우물까지도 거의 바닥이 났다. 그렇게 6일간의 치열한 전투는 진주성의 승리로 끝났다. 진주성 전투 이전에 이미 5월에서 8월까지 왜병들은 고성, 사천 방면에서 진주성을 여러 차례 공격했다. 이때 목사 김시민이 이끄는 관군과 진주 일원의 민간 의병들이 긴밀히 협조해서 왜병을 격퇴했다. 이런 와중에서 전투 경험이 쌓이고 긴밀한 연대가 형성된 것이다.

김시민은 전투 마지막 날 부상을 입고 두 달 뒤 숨을 거뒀다. 조정에선 그를 선무공신(宣武功臣)에 추대, 충무공이란 시호를 내리고 영의정에 봉했다. 일본군은 다음해 진주성 공격 때까지 김시민의 죽음을 몰랐다. 당시 후임 목사는 서해원이었는데, 2차 진주성 전투에서 진주성이 함락된 뒤 일본군들은 목사 찾기에 혈안이 되어 진주 목사 서해원을 찾아냈다. 그리고 그의 목을 베어서 '조선의 맹장, 목사'라는 이름으로 도요토미 히데요시에게 보냈다.

진주대첩에서 패배한 왜군은 김해 쪽으로 퇴각했다. 당시 왜군의 사망자는 지휘관급이 300명, 병사가 약 1만 명이었다. 이런 병력 손실 외에도 패배가 준 여파는 컸다. 진주성 전투의 승리를 통해 경상우도의 여러 고을을 지킬 수 있었고 일본군이 곡창지대인 호남으로 진입하는 것을 차단할 수 있었다. 또한 우리 전투 역량을 보전할 수 있었다. 조선 남쪽에 강력한 적이 존재하고 있다는 것은 일본군에게 위협이었다. 진주대첩은 임란 최초로 성을 지켜낸 전투였다. 그 이후 진주성은 조선 제일의 성으로 일본에 알려졌다.

진주성에서의 완전한 참패로 일본군은 퇴각해야 했고, 그런 일본군에게 1차 진주성 싸움은 치욕일 수밖에 없었다. 그래서 강화회담이 진행되고 있는데도 도요토미 히데요시는 굳이 10만 대군으로 진주성을 다시 공격하라고 명령을 내린 것이다.

2차 진주성 싸움에서 왜군은 성 안에 있는 6만 명을 전멸시켰다. 그 6만 명 가운데는 1차전을 승리로 이끈 자들이 많았다. 그들은 2차전 또한 죽기를 각오하고 항전한 것이다.

일본인 학자 소하리 이치로는 2차 진주성 싸움에 대해 조선의 치욕이라기보다는 명예라고 말한 바 있다. 그것은 1, 2차 진주성 싸움이 모두 정신적으로는 일본에 대한 완전한 승리였음을 의미하는 것이다.

임진왜란의 여러 전투 중에서 왜군에게 최대의 치욕을 안긴 진주성 싸움에는 맡은 바 직분을 다한 목사 김시민이 있었고, 그와 함께 혼연일체가 된 민초들이 있었다. 그리고 그 바탕에는 이 땅을 지키기 위해 목숨까지 바치겠다는 정신이 있었다.

역사스페셜 6

전술과 전략 그리고 전쟁, 베일을 벗다

원작 KBS 역사스페셜

2003년 9월 10일 초판 1쇄 발행
2011년 8월 5일 초판 13쇄 발행

펴낸곳 효형출판
펴낸이 송영만

등록 제406-2003-031호 | 1994년 9월 16일
주소 (우)413-756 경기도 파주시 교하읍 문발리 파주출판도시 532-2
전화 031·955·7600
팩스 031·955·7610
웹사이트 www.hyohyung.co.kr
이메일 info@hyohyung.co.kr

© Hyohyung Publishing Co.

ISBN 89-86361-84-1 04910

※ 이 책에 실린 글과 사진은 효형출판의 허락 없이 옮겨 쓸 수 없습니다.

값 7,500원